—上外文库—

本书获中央高校基本科研业务费专项资助

上外文库

数字学术服务创新与实践

蔡迎春　欧阳剑　周　琼　严　丹　等编著

商务印书馆
创于1897 The Commercial Press

图书在版编目（CIP）数据

数字学术服务创新与实践 / 蔡迎春等编著 . —北京：商务印书馆，2024. —（上外文库）. — ISBN 978－7－100－24301－8

Ⅰ. G203

中国国家版本馆 CIP 数据核字第 2024XU7968 号

数字学术服务创新与实践

蔡迎春　欧阳剑　周　琼　严　丹 等编著

商　务　印　书　馆　出　版

（北京王府井大街36号　邮政编码 100710）

商　务　印　书　馆　发　行

北京盛通印刷股份有限公司印刷

ISBN　978－7－100－24301－8

2024年11月第1版　　开本 670×970　1/16

2024年11月第1次印刷　　印张 25

定价：128.00元

总　序

献礼上海外国语大学75周年校庆

光阴荏苒，岁月积淀，栉风沐雨，历久弥坚。在中华人民共和国75周年华诞之际，与共和国同成长的上海外国语大学迎来了75周年校庆。值此佳际，上外隆重推出“上外文库”系列丛书，将众多优秀上外学人的思想瑰宝精心编撰、结集成册，力求呈现一批原创性、系统性、标志性的研究成果，深耕学术之壤，凝聚智慧之光。

参天之木，必有其根；怀山之水，必有其源。回望校史，上海外国语大学首任校长姜椿芳先生，以其“为党育人、为国育才”的教育理念，为新中国外语教育事业铸就了一座不朽的丰碑。在上海俄文专科学校（上海外国语大学前身）开学典礼上，他深情嘱托学子：“我们的学校不是一般的学校，而是一所革命学校。为什么叫‘革命学校’？因为这所学校的学习目的非常明确，那就是满足国家的当前建设需要，让我们国家的人民能过上更加美好的生活。”为此，“语文工作队”响应国家号召，奔赴朝鲜战场；“翻译国家队”领受党中央使命，远赴北京翻译马列著作；“参军毕业生”听从祖国召唤，紧急驰援中印边境……一代又一代上外人秉承报国理念，肩负时代使命，前赴后继，勇往直前。这些红色基因持续照亮着上外人前行的道路，激励着上外人不懈奋斗，再续新篇。

播火传薪，夙兴外学；多科并进，协调发展。历经75载风雨洗礼，上外不仅积淀了深厚的学术底蕴，更见证了新中国外语教育事业的崛起与腾飞。初创之际，上外以俄语教育为主轴，为国家培养了众多急需的外语人才，成为新中国外交事业的坚实后盾。至20世纪50年代中期，上外逐渐羽翼丰满，由单一的俄语教育发展为多语种并存的外语学院。英语、法语、德语等多个专业语种的开设，不仅丰富了学校的学科体系，更为国家输送了大批精通多国语言的外交和经贸人才。乘着改革开放的春风，上外审时度势，率先转型为多科性外国语大学，以外国语言文学为龙头，文、教、经、管、法等多学科协调发展，一举打造成为培养国家急需外语人才的新高地。新世纪伊始，上外再次扬帆起航，以"高水平国际化多科性外国语大学"为目标，锐意进取，开拓创新，在学术研究、国际交流与合作等方面取得了显著成果，逐渐发展成为国别区域全球知识领域特色鲜明的世界一流外国语大学。

格高志远，学贯中外；笃学尚行，创新领航。习近平总书记在党的二十大报告中强调："着力造就拔尖创新人才，聚天下英才而用之。"新时代新征程，高校必须想国家之所想、急国家之所急、应国家之所需，更好把为党育人、为国育才落到实处。上外以实际行动探索出了一系列特色鲜明的外国语大学人才培养方案。"多语种+"卓越国际化人才培养目标，"课程育人、田野育人、智库育人"的三三制、三结合区域国别人才强化培养模式，"三进"思政育人体系，"高校+媒体"协同育人合作新模式等，都是上外在积极探索培养国际化、专业化人才道路上的重要举措，更是给党和国家交上了一份新时代外语人才培养的"上外答卷"。"上外文库"系列丛书为上外的学术道统建设、"双一流"建设提供了新思路，也为上外统一思想、凝心聚力注入了强大动力。

浦江碧水，化育文脉；七五春秋，弦歌不辍。"上外文库"系列丛书的问世，将更加有力记录上外学人辉煌的学术成就，也将激励着全体上外人锐意进取，勇攀学术高峰，为推动构建具有深厚中国底蕴、独特中国视角、鲜明时代特色的哲学社会科学大厦，持续注入更为雄厚的智识与动能！

序　言

随着全球数字化和人工智能浪潮迎面而来，国家发布了一系列政策文件，其中对教育领域数字化也勾画了宏伟蓝图，对人工智能应用提出了相应规划和规范。2023 年，中共中央、国务院印发《数字中国建设整体布局规划》，提出大力实施国家教育数字化战略行动，完善国家智慧教育平台。教育部发布《教师数字素养》，制定了教师数字素养框架，包括数字化意识、数字技术知识与技能、数字化应用、数字社会责任、专业发展五个维度，旨在扎实推进国家教育数字化战略行动，完善教育信息化标准体系，提升教师利用数字技术优化、创新和变革教育教学活动的意识、能力和责任。教育部印发的《学习型社会建设重点任务》中强调要实施“学习型社会建设和国家教育数字化战略工程”，加快推进学习型社会建设，把教育数字化作为推进学习型社会建设的“倍增器”。中央网信办发布《全球人工智能治理倡议》，指出各国应秉持共同、综合、合作、可持续的安全观，坚持发展和安全并重的原则，通过对话与合作凝聚共识，构建开放、公正、有效的治理机制，促进人工智能技术造福于人类，推动构建人类命运共同体。国家网信办联合国家发展改革委、教育部等七部门公布《生成式人工智能服务管理暂行办法》，旨在促进生成式人工智能健康发展和规范应用，维护国家安全和社会公共利益，保护公民、法人和其他组织的合法权益。这些政策都为未来教育的数字化转型指明了方向，对教师的数字学术能力和数字素养乃至人工智能素养提出了全新的要求。此外，中共中央办公厅、国务院办公厅2022年发布的《“十四五”

文化发展规划》中提到，要提升公共文化数字化水平，加快文化产业数字化布局，加快发展数字出版、数字影视、数字演播、数字艺术、数字印刷、数字创意、数字动漫、数字娱乐、高新视频等新型文化业态，改造提升传统文化业态，促进结构调整和优化升级，也对数字内容创作提出了全新的要求，相应的数字学术服务亟待开展。

随着数字化环境的不断演进发展，图书馆在数字环境下的空间格局、资源形态以及用户服务发生了翻天覆地的变革。这种巨大的变化不仅深刻影响了科研人员进行学术研究和交流的方式，更使得科研模式朝着流程化、数据密集化、协作化的方向迅猛发展。对于以创造、保存和传播知识为使命的研究型大学图书馆而言，我们又迎来了新的挑战。在此背景下，"数字学术"这一概念迅速崛起，成为数字时代图书馆知识服务体系的重要组成部分。数字学术（digital scholarship）服务，作为数字时代图书馆知识服务体系的核心，旨在利用数字工具，以数字形式呈现基于学科的学术内容。它正在成为高校图书馆未来发展的重要动力。"数字学术"最初起源于英国，其定义涵盖了使用数字工具制作、以数字形式呈现学科基础的学术内容。这一概念承载着利用数据和数字化工具进行知识生产和知识交流的过程，是数字技术和方法介入学术研究过程的一种研究范式。根据美国大学与研究图书馆协会（The Association of College and Research Libraries，ACRL）发布的《2016年学术图书馆发展趋势》，数字学术正在逐渐成为学术图书馆研究与实践的新焦点。《新媒体联盟地平线报告：2017图书馆版》同样显示，数字学术技术在学术图书馆未来的发展中将加速得到采用。这表明数字学术已经不仅仅是学术界的趋势，更是图书馆未来发展不可忽视的方向。

在我国，2018年首次提出了"新文科"概念，2020年，《新文科建设宣言》正式发布，引起了广泛关注。新文科建设在我国教育界引起了巨大的关注、讨论和实践，它把现代信息技术融入哲学、文学、语言等传统文科研究及教学中，对传统学科进行了转型、改造和升级，旨在寻求人文学科领域内新的突破，推动理论、机制及模式的创新，促进多个学科的交叉、融合、渗透或拓展。如何在新时代的语境下有效推进新文科建设已成为高校亟待解决的一项重要任务。新文科建设的提出与正式启动对高校图书馆的数字服务提出了新的要求。作为高校重要的信息机构，图书馆的信息服务不仅是高校所有工作的出发点和终极目标，同时也是其核心竞争力之基础所在。因此，随着数字化的不断发展，多模态和协作式学术在研究领域中显著增长，数字生态环境不断变迁，数字化作为当今的趋势，强有力地推动了高校图书馆服务模式的变革。在新文科的背景下，重新定位并创新数字化服务成为当前高校图书馆发展的重要议题，向科研人员提供专门的科研支持服务成为新时期研究型大学图书馆面临的新任务。这要求图书馆紧密跟随数字化潮流，灵活应对不断变化的数字生态环境，为学术界提供更加智能、协同和创新的数字服务，以满足新文科建设所需的全方位支持。因此，高校图书馆需要积极主动地适应和引领数字化发展，不断提升服务水平，更好地服务于学术研究和教学的深度融合。

近年来，国外众多图书馆积极创建数字学术中心，开展各类数字学术研究项目并为研究人员提供全面的数字学术支持。为了适应新文科的建设与发展，上海外国语大学图书馆率先筹建了国内首个数字学术中心。该中心不仅在提供传统的信息知识内容服务的基础上推进数字学术服务建设，更致力于打造一个跨学科的数字资源中心和融智慧共享与研讨空间为一体的数字学术环境，以“空间 +”“资源 +”“馆员 +”理念为核心，将这些要素有机融入图书馆数字学术服务体系的建设中。具体而言，该数字学术中心通过创设“数字人文实验空间”，开展以师生“实体环境 + 虚拟环境”跨学科学习与交流，为新文科建设和跨学科研究提供数字资源、数字技术、跨学科交流等全方位服务。“空间 +”注重提供灵活的学术交流空间，“资源 +”着眼于数字资源中心的建设，而“馆员 +”则强调图书馆人员的角色。通过这三者的有机结合，上海外国语大学的数字学术中心全面支撑并融入跨学科融合与协同发展及创新工作中，构建以资源、工具和方法为主体的数字学术环境。该中心为跨学科研究提供数字研究方法及技术支持，有效支持了跨学科研究与教学创新的活动。

本书基于上海外国语大学的数字学术实践与探索，从多个角度展开相关研究，涵盖了数字学术概念及功能定位、数字学术空间建设、数字学术教育、数字学术成果产出、数字学术服务平台建设以及数字人文服务等方面；通过对这些关键领域的深入研究，全面探讨了新数字环境下数字学术的内涵与发展，旨在深刻理解新数字环境下的数字学术，并为相关领域的学术研究提供有益参考。作为国内首个数字学术服务先锋单位，上海外国语大学图书馆在数字学术服务方面的案例具有独创性，并且在该领域发挥着示范效应。通过深入剖析上海外国语大学图书馆的实践经验，读者可以了解到该单位在数字学术服务方面的先进做法，从而为其他高校图书馆提供有益的借鉴和启示。

全书构建了高校图书馆数字学术服务的多元内容框架体系，共分六章，每章都深入探讨了数字学术服务的不同方面。第一章由蔡迎春主要负责撰写，重在厘清数字学术服务的内涵，提出了新文科背景下图书馆数字学术服务功能定位以及服务内容；强调图书馆应成为新文科数字资源、知识及数据服务中心，跨学科数字咨询中心，新文科数字素养及数字能力教育与培训中心及新文科数字学术服务中心，真正为跨学科研究赋能，更好地服务于跨学科研究及教学。第二章由蔡迎春主要负责撰写，旨在探索数字学术空间的变革与场景构建，强调高校图书馆作为支撑学校教学与跨学科建设的研究与服务部门，通过空间的变革，能够有效激发和提升用户数字素养，服务高校数字人才的培养。第三章由周琼主要负责撰写，从理论、内容和形式等多个维度对数字学术教育框架开展了深入探讨，进行了系统的内容设计和形式创新；旨在为读者提供更具实质性的洞见和应用价值，结合理论探讨与实践经验，全面而深入地阐释数字学术教育的框架建构过程。第四章由严丹主要负责撰写，聚焦数字学术成果的多元产出与支持，涉及数字化论著、数字工具、数字应用平台或数据库类等多种形式成果产出与支持。第五章由欧阳剑主要负责撰写，从数字学术服务平台建设与应用出发，提出了基于中台理念的数字学术服务平台建设路径，并通过上海外国语大学图书馆实践案例进行了详细分析。第六章由蔡迎春、欧阳剑共同负责撰写，以数字学术的一个重要分支数字人文为中心，探讨了数字人文的概念与内涵，并通过对中美数字人文研究"差异性"进行比较，在此基础上提出了数字人文应用平台构建模式，以及数字人文项目可持续性等议题。

此外，本书附录扫描了全球数字学术服务实践，通过宏观角度对世界各国高校图书馆数字学术服务现状开展了调研，重点聚焦欧美地区有代表性的高校以及国内典型高校。附录一由严丹负责调研整理，主要对我国九所开展数字学术服务高校的相关实践与进展情况进行梳理；附录二由张静蓓负责调研整理，对美国十所开展数字学术服务高校的相关实践与进展情况进行梳理；附录三由虞晨琳负责调研整理，对加拿大、英国、俄罗斯等八所开展数字学术服务高校的相关实践与进展情况进行梳理。附录以这些高校在数字学术服务领域的实践为例，全面扫描在数字学术的各个方面的实践探索和最新进展，以呈现当前国内外高校图书馆在数字学术服务领域的整体面貌。希望通过这些具有代表性的高校案例，为读者呈现数字学术服务的全球趋势和创新实践。通过比较国内外高校在数字学术服务方面的差异与共通之处，读者能够深入了解不同体制、文化和需求背景下高校图书馆数字学术服务的最新发展动态。

综上所述，上海外国语大学数字学术中心在全球数字学术服务的典型案例基础上，将其进行本土化改造，使之能扎根于中国大地上，为中国文科数字化发展添砖加瓦。本书在诸多服务体系创新探索和实践成果的基础上，经过深入总结和凝练，为外语院校数字学术服务领域贡献了丰富的理论与实践经验。本书由上海外国语大学图书馆馆长蔡迎春带领数字学术中心团队成员著述，并负责主题及框架制定、文稿审核、修改及定稿。各章节除了主要负责撰写人外，还有团队成员徐亚苹、何秀全、李朋真、王健、易东林等参与相关研究，在资料收集和研究方面做了大量的工作，并发表了相关学术论文，为本书的付梓奠定了重要基础。同时，本书也得到了上海交通大学海外教育学院创新分院姜小溪和上海外国语大学图书馆科研助理廖怡晖的帮助和支持，他们为本书的撰写提供了有益的思路和资料。

本书不仅包括对服务体系的不断优化，也包括对数字学术服务理念的进一步深化，为外语院校在数字化时代更好地履行知识传播和学术支持的使命提供了战略性的思考和指导，也为相关的文科院校或者院系开展相关学术服务提供一定的参考、借鉴。希望本书能为推动新文科建设举一隅，尽绵薄之力。当然，由于数字学术服务在不断地发展完善中，同时也由于作者水平有限，书中难免存在不足之处，恳请能够得到专家及同仁的不吝赐教和雅正。

本书编写组

2024 年 1 月

目录

— 第一章 —

数字学术服务的功能定位与多元内容

从 2018 年“新文科”概念首次被提出，到 2020 年《新文科建设宣言》正式发布，新文科建设引起了我国社会各界的广泛关注，如何把新时代语境下的新文科建设好成为高校面临的一项重要命题。新文科建设的提出与正式启动对高校图书馆的信息服务也提出了新要求。图书馆作为高校重要的信息机构，信息服务是高校图书馆所有工作的出发点和最终的归宿，信息服务也是高校图书馆的核心竞争力之所在。因此，随着数字化发展，多模态和协作式学术在研究领域中越来越明显，数字生态环境不断变迁，数字化作为当今趋势，也强有力地助推了高校图书馆服务模式的变革，在新文科背景下重新定位并创新服务成为当前高校图书馆发展的重要命题。

从文献借阅服务、信息情报服务，到学科服务、数据服务、知识服务，再到数字学术服务，服务理念层出不穷，服务内容日新月异。而图书馆数字学术服务在文献获取和服务多样性和知识服务方面持续外延和拓深，不断凸显高校图书馆作为公共学术支撑机构的重要作用；而 2016 年美国研究图书馆协会（Association of Research Libraries，ARL）在充分调查 73 个成员馆的数字学术服务基础上，发布的《SPEC Kit 350：支持数字学术》调查报告[①]，阐释了数字学术服

① ARL, “SPEC Kit 350: Supporting Digital Scholarship (May 2016)”, https://publications.arl.org/Supporting-Digital-Scholarship-SPEC-Kit-350/, accessed 29 July 2021.

务实例、数字项目、项目规划文件、组织结构图以及从事数字学术支持工作人员的工作描述，由此引发国内外图书馆界对数字学术服务的极大关注。

第一节　数字学术服务的概念界定

“数字学术”最早源于英国，意指用数字工具制作、以数字形式呈现基于学科的学术[①]，主要聚焦在研究和服务两个方面。而图书馆参与数字学术活动一般是服务层面，此时数字学术服务的概念和内涵、内容和模式、实践和成效则成为重要的研究问题。

对什么是数字学术服务（Digital Scholarship Services，DSS），数字学术服务内容主要有什么，国内外数字学术服务的差异性如何，目前国内外已有相关研究。一是数字学术服务的界定，有研究者认为是一种利用数字技术与方法介入学术研究全过程的新型研究模式[②]；或是利用数字化工具手段和数据贯穿学术研究的生命周期全过程而进行的基于学科的知识生产和知识扩散的服务过程[③]；有研究者则认为数字学术既是一种数字技术，又是一种教学研究范式或学术交流模式，而数字学术服务则主要就是指针对数字学术各类环节的具体需求提供

---

① E. L. Ayers, “Does Digital Scholarship Have a Future?”, *Educause Review*, 2013, pp. 24-34.

② 曾熙、王晓光：《数字学术：概念、特征与案例分析》，《数字图书馆论坛》2019 年第 3 期。

③ 朱志伟：《国外高校图书馆数字学术馆员角色职能研究》，《图书馆研究与工作》2018 年第 5 期。

相应支持的一种服务创新活动。[①]二是数字学术服务的内容，2019年英国研究型图书馆协会（Research Libraries UK，RLUK）发布的调查报告《数字学术和研究型图书馆的角色》，揭示了英国研究型图书馆数字学术服务性质与范围、基础设施、人员保障、资金来源、服务评估、馆藏数字转型、成员馆潜在合作领域等内容[②]；美国学习型社会委员会（American Council of Learned Societies，ACLS）认为，数字学术服务主要包括基于数字馆藏和分析工具产生新成果、创造或使用工具来分析和研究馆藏、创建工具支持新成果创作等[③]；还有研究者认为国内高校图书馆应通过举办数字学术研究工具与方法的讲座、培训及研习班，推广数字技术和经验，率先开展人文学科的数字学术服务，同时以本馆资源为切入点，协助人文学者使用各种数据分析工具，参与到研究人员的研究中。[④]三是国内外数字学术服务的差异性，相关研究表明国外高校图书馆纷纷通过组建数字学术团队，设立数字学术空间、数字人文实验室等，募集专项基金资助，开展一系列数字学术服务活动；而国内高校图书馆数字学术服务仍处于初创阶段，很少有图书馆开展具体明确的数字学术服务项目，大多零星分布于图书馆网站"科研支持""学习支持"等栏目，服务方式单一、服务内容有待深入，未能形成有效数字学术服务体系[⑤]；还有研究者选取国内20

---

① 涂志芳、徐慧芳：《国内外15所高校图书馆数字学术服务的内容及特点》，《高校图书馆学报》2018年第4期。

② RLUK, "Digital Scholarship and the Role of the Research Library", https://www.rluk.ac.uk/wp-content/uploads/2019/07/RLUK-Digital-Scholarship-report-July-2019.pdf, accessed 20 December 2019.

③ ACLS, "What Is Digital Scholarship?", http://cnx.org/contents/PmUZ95-a@1/What-Is-Digital-Scholarship, accessed 05 June 2020.

④ 宋家梅、王芳、白如江：《英国和爱尔兰研究型图书馆的数字学术服务》，《图书馆论坛》2020年第11期。

⑤ 胥文彬：《国外高校图书馆数字学术服务调查分析》，《情报杂志》2021年第6期。

所高校图书馆作为调查对象，从服务内容、服务团队、服务空间等三个维度调查其数字学术服务开展情况，发现我国高校图书馆数字学术服务取得初步成效的同时，地区差异明显。①

由此可知，目前对数字学术服务概念尚未达成共识，国内外数字学术服务相关研究和具体实践差异明显。国外相关研究相对成熟且形成一定的服务机制，服务内容较为明确，覆盖面广。而国内数字学术服务尚处于初创阶段，各馆开展的数字学术服务也各有侧重，较为零散，未能形成一致性、系统化的服务内容，很多高校图书馆尚未建立专门机构，缺乏专业的人才队伍和馆员团队，大多数图书馆也未配置与之相应的数字学术空间，服务往往停留在学术团队虚体层面，或分散于学科服务、学习研究支持等服务中。

数字技术在学术研究中的应用带来学术研究环境的深刻变化，催生了“数字学术”概念。数字学术是在数字人文的基础上发展起来的，研究方法、研究工具和应用学科的延伸和扩展是数字人文发展为数字学术的必要条件。数字人文主要是文本编码、语义分析、可视化方面的研究，但是随着地理空间数据、多媒体叙事、数字测图等数字技术逐渐跨越社会人文学科的界限，延伸到生命科学等自然科学领域，数字人文的内涵已不能涵盖其研究内容，逐渐向数字学术过渡。②因此，数字人文是数字学术的孕育源泉和组成部分，数字学术是数字人文的领域拓展和范围延伸，高校图书馆在开展相关服务时可以兼容并包，与时俱进，不断适应数字化研究新范式在人文社科乃至其他更广泛学科领域中的创新应用。

---

① 杨敏：《我国高校图书馆数字学术服务现状调查与分析——以 20 家研究型高校图书馆为例》，《图书馆工作与研究》2021 年第 6 期。

② 王贤：《美国伊利诺伊大学香槟分校图书馆数字学术服务及启示》，《图书情报工作》2018 年第 11 期。

综合国内外相关研究，可以看出数字学术服务是一种新型的、促进和支持数字环境下学术研究的服务形式，是高校图书馆充分运用各类数据资源、数字技术、工具和方法等优势，面向数字学术研究的全过程，融入科研流程的各个环节，提供嵌入式、系统化的全方位服务，引导并支撑各个学科领域的研究者应用数字方法工具、开展跨学科研究、推动学术跨界分享交流、促进数字化学术成果发布或产品转化的服务新范式。其核心是学科领域范畴从人文学科拓展到更广泛的学科领域，服务内容范围覆盖科研全程，服务理念是全方位、系统化对学科提供支撑。

第二节　数字学术服务的功能定位

“数字学术”源于学科融合，而新文科相对于传统文科而言就是把现代信息技术融入哲学、文学、语言等研究及教学中，对传统学科进行转型、改造和升级，寻求我国在人文学科领域新的突破，实现理论、机制及模式创新，以及多个学科的交叉、融合、渗透或拓展。因此，学科融通、技术应用、协同支撑是新文科的重要特征。[①] 新文科建设的首要工作就是要科学认识新文科建设的特征与要求，促进文科融合。此外，新文科建设的一项重要任务是重构我国高等院校文科人才培养体系，适应科学的发展，培养我国新文科复合型人才。高校图书馆作为数字资源存储、传播的主要机构，在新文科建设中承担着重

---

① 王铭玉、张涛：《高校“新文科”建设：概念与行动》，《中国社会科学报》2019 年 3 月 21 日，第 4 版。

要角色，为新文科的学科融合、人才培养提供各种数字学术服务。新文科的“新”主要体现在科学与人文相融合、信息技术融入、人才培养模式等方面[①]，高校图书馆需要适应新文科建设的新形势，满足用户服务新需求，在服务的学科融通、技术应用、协同支撑等方面积极变革，不断创新。

一、数字学术服务的内涵特征

服务是贯穿图书馆发展的主线，是图书馆的核心价值[②]，20世纪90年代以来，随着信息技术、网络技术等的飞速发展，数字资源逐步取代传统信息资源，图书馆服务也逐步进入数字化服务阶段。图书馆数字学术服务通常是指运用先进的计算机技术和网络技术等现代数字化技术为用户提供便利、高效的信息服务，广义的数字学术服务是指借助数字技术为用户教学、研究等提供支持的服务。随着信息环境的发展，人们对图书馆的数字化服务的要求及需求越来越高，图书馆的数字学术服务理念、服务意识等发生转变，数字学术服务的内容与形式也发生了改变，图书馆相继开展了数字资源及资源导航服务、学科馆员服务、数字素养教育及数据服务等，高校图书馆数字学术服务以不同的形式存在于师生进行的教学及科研项目生命周期的任何一个阶段。

高校图书馆数字学术服务在文献获取服务多样性和知识服务方面持续外延和拓深，随着数字学术服务理念的拓展及数字技术的发展，数字学术服务的内涵也变得更为广泛。数字时代下，图书馆虚拟空

---

① 蔚海燕、李旺：《图书馆数据服务助力新文科建设之路径》，《图书与情报》2020年第6期。

② 程亚男：《再论图书馆服务》，《中国图书馆学报》2002年第4期。

间在高校数字化的进程中具有不可替代的重要意义，备受图书馆行业内外关注。从图书馆物理空间数字学术服务发展到虚拟空间数字学术服务，虚拟空间逐渐成为图书馆数字学术服务重要的组成部分，物理空间与虚拟空间的界限变得模糊且趋向融合，为用户带来突破时空的感知和服务体验，图书馆数字学术服务提供的虚拟空间从虚拟空间数字资源整合到数据素养及数字技能培训，搭建了场景化的虚拟数字学术服务空间，充分释放了数字学术服务的潜能，虚拟空间成为图书馆促进新文科及跨学科建设的重要场所，拓展了高校图书馆服务空间与内涵。[①]

二、数字学术服务的基本职能

2015 年，教育部发布的《普通高等学校图书馆规程》[②] 第一章总则里明确指出图书馆“是学校的文献信息资源中心，是为人才培养和科学研究服务的学术性机构，是学校信息化建设的重要组成部分”，“图书馆的主要职能是教育职能和信息服务职能”，由此可见文化教育职能、传递信息职能、文化知识保存职能是高校图书馆三大基本职能，这三大职能决定了高校图书馆数字学术服务的内容和方式。随着社会的发展，图书馆的服务在不断拓展和延伸，图书馆关于服务的理念和实践也在发展和变化，新文科建设的需求也赋予了图书馆数字学术服务新的职能，新文科背景下高校图书馆在支撑高校创新型人才培养、跨学科研究和文化传承创新等方面起着越来越重要的作用。新文科背景下图书馆需要采用跨学科的观点和方法来研究和认识新环境中的图

① 倪代川：《文化与空间》，上海：上海人民出版社 2018 年版，第 289 页。

② 教育部关于印发《普通高校图书馆规程》的通知（教高【2015】14 号），http://www.scal.edu.cn/gczn/sygc/，访问时间：2021 年 08 月 29 日。

书馆数字学术服务，针对新文科背景下研究及教学的需求展开相应的数字学术服务，以期更全面、客观地认识图书馆数字学术服务的本质。

（一）数字资源及知识服务

高校图书馆作为信息存储、信息获取及传播的主要机构，丰富的数字资源为新文科背景下的研究与教学奠定了坚实的基础，高校图书馆庞大的数字资源也为新文科建设提供有效保障，在新文科建设中提供各种资源并承担着重要角色。知识创新是开展学科活动的最终诉求，信息资源只是知识的初级材料，只提供信息资源不能满足用户解决问题的需求，需要的是更多的跨学科知识，知识组织及服务是高校图书馆一项具有创新性的服务内容，图书馆在知识服务领域也有较长的积淀，从 20 世纪初就开始知识服务的探讨，提出了不少知识服务理念与模式[①]，也不断开展知识服务领域的实践，展开了有针对性的知识组织与重组，为用户提供知识创新的服务，把知识服务融入用户的问题解决过程，进而推动学科创新，新形势下知识融合符合新文科建设理念，高校图书馆为新文科背景下的研究与教学承担数字资源及知识服务职能。

（二）数字及学科咨询服务

新文科中的跨学科具有高度的综合性与跨界性，所需的信息资源要求涵盖面广，更强调创新性的信息及知识。图书馆数字资源虽然庞大，但依然难以满足新文科背景下跨学科研究及教学的需求，参考咨询及学科服务则是重要的补充方式并已成为高校图书馆信息服务的主要途径，也突破了原有的被动信息服务模式，比较好地解决了被动信

---

① 任萍萍：《国内图书馆知识服务研究综述（1999—2011）》，《图书情报工作》2012 年第 7 期。

息服务偏离现实需求的状态。跨学科咨询服务是信息咨询的重要发展趋势，通过搭建不同学科知识和背景的专家交流与服务平台，提供高质量的跨学科综合性信息服务[①]，建立跨学科数字咨询服务团队，开展定题性服务，以便快速响应跨学科研究的信息需求，数字咨询服务是高校图书馆数字学术服务的重要组成部分。国内学科服务则始于清华高校图书馆所创立的学科馆员制度，学科服务具有专业化、个性化、知识化的特征，学科服务是从传统图书馆走向现代图书馆转型变革的重要标志，学科服务与传统图书馆信息服务相比具有巨大优势，因而被全国各大高校图书馆所采纳，随着数字环境的变化，学科服务也不断丰富，逐步发展到融入学科一线、嵌入学科过程的嵌入式学科服务，在数据成为关键生产要素和基础资源的背景下，数据服务已成为研究型高校图书馆的基本服务之一，基于数据支撑的科学数据服务等成为学科服务的新模式。

（三）数字素养教育及培训

图书馆在高校中承担着部分文化教育功能，培养师生获取、管理和利用信息的技能已成为图书馆的基本工作之一。数字技术对研究者的研究行为、研究思维模式带来了深刻的影响，在新文科背景下，研究者不仅需要具备较高的学科信息素养，数字能力也成为知识个体参与跨学科活动的必备技能，在跨学科研究中知识个体之间跨学科信息素养与数字能力具有很大差异，信息素养及数字能力教育培训很有必要。

数字化背景下数字技能将成为新文科研究者未来的重要技能，新文科研究者除了研究领域的专业知识外，也要与时俱进，不断更新研

---

① 刘洁璇、何春建：《高校图书馆跨学科信息服务研究——以南京师范大学物科院为例》，《贵图学苑》2015 年第 3 期。

究方法，新技术的发展为跨学科研究创造了新的领域，数字技能及方法的培训有助于加速跨学科研究进程。经过半个世纪的迅速发展，信息技术已广泛地应用于其他学科，数字研究方法及技能给学科研究带来了巨大变革，其中，人文社科领域正是受此影响最大的领域，新技术的发展和广泛应用，使学科研究更为“科学化”，通过数字技术手段，突破传统人文学科的研究范式，促进人文社会科学发展，从而真正实现跨学科合作。近年来，随着数字时代的发展，不少高校图书馆开展了比如爬虫工具、编程语言、数字方法和工具等数字能力培训的课程，以适应数字时代的科学研究，图书馆已成为高校师生信息素养及数字能力教育培训的重要阵地。

（四）提供跨学科交流环境

新文科建设非常注重学科的交叉与融合，而跨学科（学科交叉）研究已经成为当前创新的重要趋势和方向[①]，新文科背景下单一学科的分析很难触及真实的现实，离现实的距离也就较远，因此跨学科研究者应当站在学科与现实的交汇地带[②]，推动学科与学科之间的交流，利用合适的平台场所，通过合适的交流方式完成对某一问题的探讨。跨学科的交叉研究在学习时间上的花费是巨大的，据调查，学生群体拥有跨学科学习需求的高达54%[③]，因此新文科背景下需要有跨学科的氛围，需要跨学科学术交流与研究环境，促进不同学术领域学者、师生之间的知识和方法充分而有效地交流与合作，弥补

---

① 王兴旺：《面向新文科建设的高校图书馆智库式服务研究》，《现代情报》2021年第11期。

② 黄华新：《跨学科研究中的问题意识》，https://epaper.gmw.cn/gmrb/html/2011-03/29/nw.D110000gmrb_20110329_1-11.htm，访问时间：2021年08月29日。

③ 李珍香：《云南大学本科生跨学科学习需求调查研究》，云南大学2015年硕士学位论文；黄天一：《当代大学生课外阅读倾向研究》，江苏大学2016年硕士学位论文。

课堂教学疑难性思维的不足，解决教与学实践中存在的悬疑性体验困境，以最大程度释放教育潜力，更好地加速科学研究进展与新型人才的培养。

图书馆在高等教育中已成为跨学科活动的中心，自爱荷华大学成立第一个信息共享空间信息拱廊以来[①]，图书馆空间改造已成为全球各高校图书馆建设的重要内容，高校图书馆空间围绕“资源”“空间”“馆员”及“服务”的理念，构建信息共享与研讨空间为一体的数字学术环境，将创新交流平台嵌入图书馆实体空间之中，为师生提供了一个新的跨学科交流空间与环境。在提倡学科深度融合建设语境下，不少高校图书馆建立了跨学科交流与支撑平台，图书馆员利用信息共享与研讨平台开展创新的教学、学习、研究、对话、反思等活动，提升图书馆跨学科的支撑与服务能力，也促进了师生跨学科思维的形成，从而全面助力跨学科融合与协同发展及创新。

三、面向新文科的数字学术服务功能定位

高校图书馆主要任务是为教学、科研和学科建设提供文献信息保障，在新文科背景下高校图书馆数字学术服务应有明确的定位，不越界也不缺席，充分利用自身在信息资源和空间方面的多维优势，为新文科建设提供其他机构所缺乏的数字学术服务，真正为新文科背景下的研究与人才培养赋能。

（一）数字资源、知识及数据服务中心

新文科对图书馆的数字学术服务知识边界有了更加宽广的要求，

---

① D. Beagle, “Conceptualizing an Information Commons”, *The Journal of Academic Librarianship*, vol. 25, no. 2, 1999, pp. 82–89.

用户需求将不局限于单一学科领域，对跨学科信息需求快速增加，而且对服务的知识内容及结构也提出了更高要求。[①] 越来越多的学者也提出新的知识服务需求，需要图书馆帮助解决研究及教学中的跨学科知识存取问题，从而帮助发现不同学科知识之间的关联[②]，揭示相关学科领域中知识内容的共同特点与联系，真正打破不同学科之间主题及知识的界限，实现学科通融。

在第四范式逐渐深入各学科研究领域的背景下，以数据思维对接学科的转型和升级，特别是通过数字技术手段，突破传统人文学科的研究范式。数字时代的数据对人类生活、工作与思维方式产生了深远影响，加速了人文社会科学的数据驱动（data-driven）研究，数据驱动的人文社科研究改变了传统人文社科研究的惯用逻辑，从实践领域到科研领域、从技术方法到理论创新都正在经历以数据驱动为引领的转型，在研究范畴、研究重心和研究方法等方面呈现出重大变化，数据正日渐成为现代学术研究的基本要素，更多地利用数据资源，跨学科研究对数据服务需求激增。图书馆数据服务是顺应数字环境的发展而开展的新服务，数据服务协助研究人员组织、管理和整理数据，涉及从创建数据管理计划和寻找合适的数据类型到软件培训和帮助[③]，数据服务丰富了图书馆数字学术服务内涵。图书馆逐步从数字资源中心发展到知识、数据服务中心，充分发挥图书馆在数字资源检索、信息及知识组织、数据管理等方面的优势与经验。

---

① 刘艳红：《新文科建设背景下的高校图书馆服务研究》，《图书与情报》2019 年第 4 期。

② 王忠义、夏立新、李玉海：《基于知识内容的数字图书馆跨学科多粒度知识表示模型构建》，《中国图书馆学报》2019 年第 6 期。

③ UO Libraries, “Data Services”, https://library.uoregon.edu/data-services, accessed 29 August 2021.

（二）数字咨询中心

张红霞通过对我国50所高校图书馆的调查发现[①]，90%以上的图书馆开展了参考咨询、学科服务等服务，形成包括参考咨询服务、个性化定制服务、专业化学科馆员服务、专题知识库服务、咨询团队式服务等在内形式丰富的信息服务体系。咨询服务及学科服务是高校图书馆为师生提供信息及知识服务的主要途径，也是图书馆学科馆员发挥其价值的重要方式。新文科建设的提出，使文科教学、科学研究等呈现出综合性、跨学科等特征。在新文科建设环境下，文科范围内乃至整个科学体系内的学科交叉、融通是常态。这拓展了学科知识边界，从而对参考咨询及学科服务提出了更高要求。新文科背景下学科咨询服务是信息咨询的核心发展趋势，顺应新文科的需求，通过组建跨学科数字咨询团队为跨学科团队提供咨询服务，转变原有以馆员为核心的学科服务模式，突破跨学科资源及现有知识咨询效果偏离现实的状态，快速应对师生跨学科、跨专业领域的信息及知识需求，形成以“为人为本”的服务理念，使图书馆的咨询服务走向科学化、纵深化，成为高校数字咨询中心。

（三）数字素养及数字能力教育培训中心

2021年11月，中央网络安全和信息化委员会印发了《提升全民数字素养与技能行动纲要》，数字素养及数字能力建设成为重要议题，随着数字时代的发展，数字技术已广泛应用于人文学科研究与教学中，无论是研究还是人才培养都要求他们拥有数据意识、数据思维能力、信息（数据）处理能力与信息道德及数据伦理辨识能力，新文科背景下师生的数字素养及数字能力教育与培训服务也成为一种紧迫的

---

① 张红霞：《高校图书馆知识服务现状调查与分析》，《农业图书情报学刊》2011年第2期。

需求。图书馆在信息及数据素养教育与数字能力培训方面具有独特的优势，而且也具有多年的经验，高校图书馆在提升师生数字素养与技能中是重要主体，图书馆深度融合到新文科的培养体系之中，更好地为图书馆发挥自己在数据素养教育、数字能力培训等方面的资源与优势提供了机会，更是高校图书馆“拓新”之必需。

（四）数字学术服务中心

发挥图书馆“空间价值”是近年来图书馆界探讨的新主题。图书馆空间要素也从最初的图书馆建筑设施这一物理空间，向由物理和虚拟两个空间交织起来的复合空间转型，使图书馆的定义也从“机构”转到“场所”[①]，拓展了图书馆的内涵。图书馆不仅是搜索和寻找信息的地方，而且是共享信息的场所[②]；图书馆空间由“学习空间”向“交流及体验空间”延伸，形成了以空间、资源、服务相结合的数字学术环境。

高校图书馆作为支撑教学与新文科建设的研究与教学服务部门，为新文科的理念推广、研究讨论与实践探索提供良好的空间设施、多样化资源及用户服务等；通过空间的变革，图书馆不断创新体验式学习的方式，从信息共享空间（information commons，IC）、学习共享空间（learning commons，LC）到知识共享空间（knowledge commons，KC）的发展，为读者提供新的学习、教学与科研平台，在图书馆空间中主导跨学科活动，通过开展跨学科交流活动，把数字资源及多元化服务嵌入其中，形成“一站式”学术环境，拓宽读者视野和思维空间，培养新知识获取意识，引导他们以跨学科的方式解决

---

① 柯平、邹金汇：《后知识服务时代的图书馆转型》，《中国图书馆学报》2019 年第 1 期。

② Card H. Library 2.0, “A New Model for Library Services”, http://www.lib.whu.edu.cn/calis4/files/Library_20_Presentation.ppt, accessed 09 August 2021.

问题，利用多种技术与方法介入学术研究全过程，更加有力地支撑高校数字复合型人才的培养。

第三节　数字学术服务现状与问题

近几年我国高校图书馆界对数字学术及数字学术服务研究讨论逐渐增多，一些图书馆也尝试开展数字学术服务，但由于资源、空间、人员队伍及研究环境等方面的因素，目前数字学术服务在内容、形式上还比较简单。然而随着新文科建设、双一流建设的提出，我国高校对新的数据密集型研究范式、跨学科研究空前重视，特别是文科类高校迫切需要通过数字学术、数字人文相关技术推动学科建设和发展。[①] 在此形势下，很多高校的院系部门尝试自行开展数字学术相关的培训，甚至是建设资源平台和实体空间。为了避免有限的空间、资源、系统、人员出现分散化现象，减少不必要的重复投资或重复建设，图书馆作为学校最适合开展数字学术服务的机构，应该适时构建高校数字学术服务体系，建设全校通用的数字学术服务平台。通过总结分析当前高校图书馆数字学术服务的现状和存在的问题，在剖析当前流行的“中台”的概念及本质作用的基础上，提出利用中台理念来建设开放共享型数字学术服务平台及服务体系，推动数字学术在高校的落地和持续性发展，提升图书馆的服务价值。

---

① 查清华：《以数字人文、人工智能推进新文科建设》，《中国社会科学报》2020 年 12 月 21 日。

数字学术与高校图书馆有着相辅相成关系。一方面，图书馆作为高校的研究支持中心，具有坚实的资源基础，为数字学术的发展提供良好的实践条件，是数字学术的孵化器[①]；另一方面，在互联网、大数据的环境中，师生对图书馆的传统需求逐步弱化，图书馆的存在必要性逐步弱化，迫切需要进行服务的创新，实现从资源服务到知识服务的提升。而数字学术所要求的空间、资源、服务可以为图书馆的转型变革提供新的有力抓手，成为推动图书馆发展的新引擎。鉴于数字学术对图书馆发展的重要意义，国内很多学者积极调研学习国外高校图书馆开展数字学术服务的经验，一些知名高校图书馆，如北京大学图书馆、武汉大学图书馆、复旦大学图书馆、上海交通大学图书馆等较早地开展了数字学术服务[②]，取得了一定的成效。然而目前国内高校图书馆在数字学术服务方面还存在着明显的不足和困难。

一、服务理念转变不足

国外高校图书馆大部分通过建设诸如数字学术空间、数字学术实验室、数字人文实验室、数字学术服务中心这样的数字学术物理空间，提供配套的软件工具、硬件设备、数字资源来开展相关服务。大陆高校目前还没有图书馆建设了真正意义上数字学术空间。一些高校图书馆将学习空间、研讨室、创客空间也作为数字学术服务空间混合使用。数字学术空间不仅代表着空间格局变化，也是反映出图书馆服务理念与服务模式的转变，图书馆应该重视这方面的建设。

---

① Bryan Sinclair, “The University Library as Incubator for Digital Scholarship”, https://er.educause.edu/articles/2014/6/the-university-library-as-incubator-for-digital-scholarship, accessed 30 May 2014.

② 韩滢莹：《开放数据背景下中国高校图书馆数字学术服务环境分析》，武汉大学 2018 年硕士学位论文。

二、服务不系统不深入

国外高校图书馆提供的常见服务项目，国内高校图书馆基本没有能全面提供的，基本是提供有限的几项，难以满足用户开展数字学术所需的“一站式”空间、资源、工具、技术服务。一些服务项目，如研究数据服务、数字科研工具培训、数据分析与可视化服务还很简单基础，不能直接为用户的数字学术提供有效帮助。服务宣传工作不到位，未能在图书馆网站开设专门栏目或建设专门系统介绍数字学术服务，用户无法了解数字学术服务的全貌、本馆所能提供的服务。此外，数字学术服务还未能成为图书馆的常规业务，配套的服务目标、服务评价考核等也难以建立。①

三、服务重点不甚明显

学界普遍认同数字学术涵盖了数字人文，数字人文是数字技术在人文社科领域的应用。目前高校正在推进新文科建设，重点工作包括积极推动现代信息技术与文科专业深入融合，积极发展文科类新兴专业，促进原有文科专业改造升级。数字人文与新文科建设的需求高度契合，它系统地研究“数字”与“人文”相结合的普遍规律和应用方法，能够为新文科四大体系建设（理论体系、学科体系、教学体系、评价体系）及人才培养提供方法学支持。②很多高校图书馆还未意识到数字学术、数字人文与学科发展的重要联系。图书馆应该利用新文科建设的契机，主动收集本校学科发展的具体需求，集中资源和

---

① 周力虹、原源、韩滢莹：《中美顶尖高校图书馆数字学术服务对比研究》，《图书与情报》2018 年第 2 期。

② 王丽华、刘炜：《助力与借力：数字人文与新文科建设》，《南京社会科学》2021 年第 7 期。

人员，重点深入开展数字人文服务，承担起数字人文的资源提供者、平台构建者、项目研究者、成果推广者四个角色的任务。[①] 尽可能在各院系学科点有需求的时候主动站出来，对接潜在的研究、教学服务需求，建设全校性的开放式可共享的基础服务平台，避免出现重复建设、“各自为战”的局面。

第四节 数字学术服务的多元内容

高校图书馆开展面向新文科建设的数字学术服务研究具有十分重要的意义，图书馆服务必须根据新的数字用户特性重新明确多元服务内容[②]，高校图书馆需要关注新文科背景下用户跨学科活动及服务需求，图书馆数字学术服务围绕着日趋多样化的用户需求应运而生。新文科建设的提出与正式启动，对高校图书馆数字学术服务广度和深度的需求不断增强，对高校图书馆而言既是挑战更是机遇，同时为高校图书馆的转型发展带来新契机。

一、国内外数字学术服务现状调研

通过对国内外 10 所代表性高校图书馆数字学术服务的具体开

① 朱思苑：《数字人文环境下高校图书馆角色定位研究》，江苏大学 2019 年硕士学位论文。

② 黄文彬、刘天祎、张久珍：《基于用户数字能力探讨图书馆创新服务》，《图书馆杂志》2015 年第 5 期。

展内容的调研，可以看出数字学术服务的多元内容实践的具体表现（见表1.1）。

表1.1　国内外10所高校图书馆数字学术服务的开展内容

名称	机构设置	数字学术服务主要内容
哈佛大学图书馆	数字学术中心	①数字学术平台建设方面，在图书馆主页建立Digital Humanities Café专题，汇集数字人文的发展、研究项目、机构、联盟以及研讨会等资源；②数字人文项目支撑方面，图书馆紧密联系艺术与人文研究计算平台，合作成立“数字未来合作社”，组建数字学术支持团队，定期举办与数字人文和数字学术相关的讲座、工作坊、研讨会及拓展活动；③数字学术空间提供方面，创立哈佛大学元数据实验室，为艺术和人文学科实验的创意铸造、知识设计与生产提供了工作环境；④数字素养教育培训方面，开设数字学术相关的选修课程及各类最新的数字学术软件技术和软件使用培训，参与组建面向全校的人文与科技训练营。[1]
耶鲁大学图书馆	数字人文实验室	①数字人文项目支撑方面，为人文学者设计共享资源，提供甄别和取得外部支援的专业知识，包括就申请程序和技术实施细节提供意见；②数字素养教育培训方面，利用培训、咨询和讲座，为数字人文技能获取提供支持，既支持数字人文学科项目构思，也支持现有项目的创新方向，包括图像计算、文本和数据挖掘、网络分析、空间分析四个领域；③数字工具技术支持方面，开发开源软件，促进人文研究和聚集规模分析。[2]
哥伦比亚大学图书馆	数字研究与学术中心	①数字学术交流出版方面，汇集技术和研究支持，主要包括数字出版、学术交流、学术协作等方面；②数字工具技术支持方面，提供与特定用户相关的数字格式基本支持，支持历史和人文科收集的材料，并转介给其他图书馆或部门，以便使用具体的工具；③数字素养教育培训方面，提供数字

续表一

名称	机构设置	数字学术服务主要内容
哥伦比亚大学图书馆	数字研究与学术中心	化参考咨询和教学服务；④数字学术空间提供方面，建立大学信息团队（特别是图书馆数字计划、图书馆 IT 办公室等）以及校园其他部门计算机组之间正式密切合作和互动的网站，为数字产品的演示，实施和评估提供场地，这些团队的工作人员也可以根据自身需要开辟工作空间。[3]
纽约大学图书馆	数字学术服务工作室	①数字学术空间提供方面，创设研究共享空间（Research Commons）；②科研数据全域管理方面，贯穿于整个数据生命周期，提供数据访问、调查和统计，GIS 和定性分析软件的运用，确定和使用数据源，以及提供数据管理支持等服务，通过咨询、研讨会、课程整合或指导以及在线文档和工具应用指南等形式实现[4]；③数字素养教育培训方面，提供数字学术各方面的研讨与培训；④数字学术交流出版方面，提供期刊出版咨询、版权咨询，并提供版权研究指南，供用户参考和使用。
华盛顿州立大学图书馆	数字学术与管理中心	①数字素养教育培训方面，提供数字管理、网站规划、数字隐私、地理空间可视化、数字储存、图像编辑等培训[5]；②科研数据全域管理方面，提供覆盖数据生命周期的研究数据服务，包括数据管理、数据建模、元数据咨询服务等，根据“研究工作档案数字保存政策”提供数据保存服务；③数字学术交流出版方面，提供学术出版咨询服务，包括“绿色 OA”和“金色 OA”咨询、OA 期刊发表及其费用咨询、公共资助的研究成果出版咨询等。[6]
剑桥大学图书馆	数字人文中心	①数字工具技术支持方面，提供文本和数据挖掘软件、文字编码软件、社会网络分析软件、数据可视化软件和 3D 建模等常见的软件；②数字工具技术支持方面，提供高性能计算支持，包括节能 GPU 计算集群、大型 CPU 计算集群和数据驱动发现的剑桥服务（简称 CSD3）等。其中 CSD3 提供驱动数据密集型仿真和高性能数据分析，为数字人文研究提供强有力的技术支持。[7]

续表二

名称	机构设置	数字学术服务主要内容
香港中文大学图书馆	数字学术实验室	①数字人文项目支撑方面，满足用户数字学术全生命周期的需求，协助师生识别、获取数字学术研究项目所需的资料和数据，提供 3D 打印、信号模拟、计算机仿真、数据可视化等增值服务；②数字素养教育培训方面，注重数字学术素养培养，以基于慕课的嵌入式课程、系列主题培训与研讨会等形式，定期讲授数字学术工具使用指南、科研数据标准解读及知识产权、开放获取等知识[8]；③数字工具技术支持方面，提供多种专业工具，包括地理信息系统软件 GRASS GIS、电脑辅助设计绘图软件 Auto CAD、统计计算及图像软件 R 等。
北京大学图书馆		①数字素养教育培训方面，提供数字技术服务如各类数字化工具的支撑与培训，数字加工服务如数字化、元数据、珍贵字画复制、讲座或会议摄录和直播等；②科研数据全域管理方面，提供科研数据管理服务；③数字人文项目支撑方面，数字人文研究支持，如举办数字人文论坛、发布《北京大学数字人文指南》、开设数字人文工作坊和数字人文课程、建设北京大学开放研究数据平台等。[9]
清华大学图书馆		①数字工具技术支持方面，依托海量馆藏资源和专业分析软件，长期从事信息计量分析领域的服务和研究，为用户提供基于科研文献、事实数据等基础数据的决策咨询、绩效评价、学科分析等计量服务[10]；②科研数据全域管理方面，面向校内师生提供科研数据检索、共享、出版传播等方面的咨询服务，并面向全国科研院所提供科学数据 DOI 注册服务[11]；③数字人文项目支撑方面，数字人文方面提供各类数据分析工具，举办数字人文与文学研究国际工作坊、数字人文研究全球趋势讲座、北京数字人文国际工作坊、创办《数字人文》刊物等。[12]

续表三

名称	机构设置	数字学术服务主要内容
复旦大学图书馆		①数字学术平台建设方面，对馆藏特色资源进行数字化建设；②科研数据全域管理方面，提供科研数据管理平台，开发复旦大学社会科学数据平台；③数字素养教育培训方面，举办“慧源共享”上海大学开放数据创新研究大赛，通过以提升数据素养为主题的“数据悦读”学术训练营、数据竞赛和成果孵化等三个阶段，促进开放数据资源在教育科研领域的实际应用，促进大学师生利用新技术发掘数据的潜在价值。[13]

资料来源：

［1］ 王晓阳、郭晶：《哈佛大学数字学术服务暨 FDS 培训项目实践与启示》,《图书馆杂志》2019 年第 4 期。

［2］ “耶鲁 DHlab 网站”，https://dhlab.yale.edu/about.html, accessed 08 August 2021.

［3］ 安结：《美国哥伦比亚大学图书馆数字人文实践探究》,《图书情报工作》2018 年第 8 期。

［4］ 尹雪等：《高校图书馆数字学术服务初探——以纽约高校图书馆数字学术服务工作室为例》,《图书馆杂志》2019 年第 8 期。

［5］ WSU Libraries, “Join Us|WSU Libraries & College of Arts and Sciences|Washington State University”, https://cdsc.libraries.wsu.edu/events-and-news/join-us/, accessed 30 August 2021.

［6］ University of Washington Libraries, “Digital Scholarship-metadataservices”, http://www.lib.washington.edu/digitalscholarsh/services/metadata-services, accessed 30 August 2021.

［7］ 郭丹丹：《国外高校图书馆数字人文实验室研究——以剑桥高校图书馆为例》,《山东图书馆学刊》2021 年第 3 期。

［8］ 李天月：《高校图书馆数字学术空间服务核心要素与创新路径研究——以香港中文大学图书馆数字学术实验室为例》,《图书馆工作与研究》2021 年第 4 期。

［9］ “北京高校图书馆”，https://www.lib.pku.edu.cn/portal，访问时间：2021 年 09 月 14 日。

［10］ 清华高校图书馆：“科研支持：信息计量”，http://lib.tsinghua.edu.cn/kyzc/xxjl.htm，访问时间：2021 年 09 月 27 日。

［11］ 清华高校图书馆：“科研支持：科研数据”，http://lib.tsinghua.edu.cn/kyzc/kysj.htm，访问时间：2021 年 09 月 27 日。

［12］ 清华大学人文社科图书馆：“开放 · 融合 · 创新 · 共享——《数字人文》创刊仪式暨工作坊在清华大学举行”，http://hs.lib.tsinghua.edu.cn/content/1602，访问时间：2021 年 09 月 27 日。

［13］ 复旦高校图书馆：“第三届‘慧源共享’全国大学开放数据创新研究大赛”，http://www.library.fudan.edu.cn/2021/0519/c956a162505/page.htm，访问时间：2021 年 09 月 27 日。

通过上述调研可知，数字学术空间提供、数字学术平台建设、数字素养教育培训、数字工具技术支持、数字人文项目支撑、科研数据全域管理是目前国内外图书馆开展数字学术服务的主要内容类型，相对较为成熟和普遍，而数字学术交流出版和数字内容创作服务则较为薄弱，尤其是专门针对数字内容创作的服务尚不多见。有研究者指出，国外高校图书馆数字学术服务的类型已相当丰富，从服务内容来看呈多元化特点，主要包括通过设立资助计划支持数字学术项目研究，为教师的数字学术项目提供技术支持，为数字学术项目研究开发新工具与平台，为学生开展数字学术研究提供文献资源保障，在教师开设的课程中讲授数字技术相关知识等[①]；从研究生命周期来看贯穿于研究全过程中，是从结果到过程，从局部到全局，从孤军奋战到团队协作，从单学科到跨学科，从学术孤岛到数字学术生态。[②]

国外高校图书馆比较重视实体空间的打造，多创设了实体的数字学术中心或实验室等空间，并配置有较为成熟的研究团队，所提供的服务内容主要涵盖数字资源和数据的获取、整合管理、数据存储、工具方法支持、数字能力培训、成果转化和数字出版等，较为全面地覆盖了数据和学术的整个生命周期。因此，国外高校图书馆数字学术服务是图书馆为研究者提供的一系列专业化的服务，主要围绕数字项目生命周期中所涉及的各种学术活动而展开。[③]而国内涉及的数字学术服务内容类型则相对较少，更多体现在学习与研究支持等相关业务

---

① 鄂丽君、蔡丽静：《美国高校图书馆典型数字学术服务项目实践及启示》，《图书馆学研究》2020 年第 18 期。

② 任树怀：《数字学术发展动向及高校图书馆的角色》，《上海大学图书情报工作研究》2017 年第 4 期。

③ 鄂丽君：《北美高校图书馆数字学术支持现状及启示——ARL〈SPEC Kit 350：支持数字学术〉调查报告分析》，《图书情报知识》2017 年第 4 期。

中，数字人文研究支撑的相关服务相对较为突显，但大多图书馆尚未建设专门的数字学术空间和配备专业的数字学术团队，目前开展较多的主要有文献资源数字化开发、数字人文研究支持、科研数据存储管理、数字学术素养培训等服务。其问题主要表现在缺乏理念上对数字学术服务的足够关注与持续投入；空间、设备、工具等的配置也显得不足，相应的经费支持也相对有限；各项服务的开展较为零散，不成系统，难以形成贯穿数字学术全周期和科研数据全程的服务体系；在具备较高胜任力的数字学术服务馆员团队方面十分欠缺，数字人文研究或科研数据管理的能力素养亟待提升。

二、数字学术服务的多元内容

依据数字学术服务相关研究及内涵界定，高校图书馆数字学术服务内容至少包括以下八个方面（见图 1.1）。

一是数字学术空间提供。随着服务理念的转变，空间资源作为图书馆存在和发展的必要条件已诞生了许多新需求。国外高校图书馆特别重视数字学术物理空间建设，如哈佛大学“元数据实验室”、耶鲁大学“数字人文实验室”、纽约大学“研究共享空间”等，虽然称谓各不相同，但是功能服务相似，主要为数字学术服务提供沉浸式的互动体验环境。这不仅代表着图书馆以自我发展和用户服务为导向的空间格局变化，也反映出图书馆服务理念与服务模式的转变。国内还鲜有此类专用空间创设，作为国内首个由图书馆创设

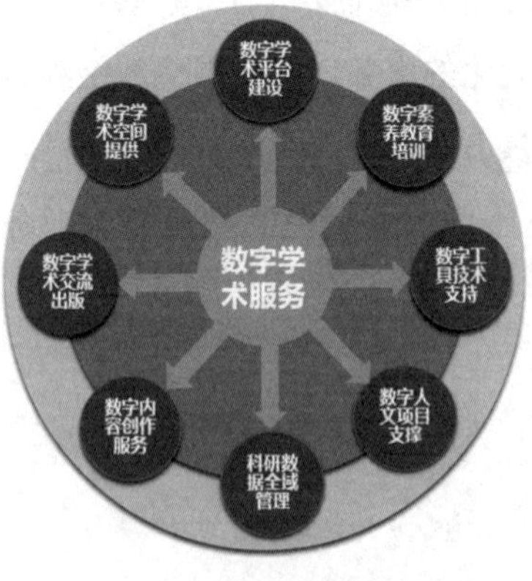

图 1.1　高校图书馆数字学术服务的多元内容

的“数字人文实验空间”，上海外国语大学则具有一定的创新引领作用，为服务的开展提供相应空间和基础设施支持。

二是数字学术平台建设。数字学术服务就是提供与数字技能和学科研究相关的文本化、数字化、数据化的资源和数据，以及研究方法和技术工具等，同时必须借助一定的设施设备、平台系统得以实现。因此，加强理论研究，对那些具备共享基础的，与数据资源相关的平台建设、标准规范，以及基本技术方法和研究工具进行整合，形成数字学术研究与共享平台，才能更好地为跨学科数字学术交流提供支撑，这也是国外数字学术服务较为重视的一个环节。

三是数字素养教育培训。数字思维和技能的养成是开展数字学术活动的前提，势必要求图书馆相应推出关于数字意识、工具、方法、内容等教育培训。在意识方面，涉及数据安全、数据共享、数据隐私、数据版权、数字身份等；在工具方面，涉及图书馆提供的软硬件工具，如高性能计算机、全景相机、三维打印机、三维扫描仪等硬件和文本挖掘工具、文本编码与标注工具、地理空间系统分析工具、图像内容管理与分析工具、数据可视化工具、三维建模工具、数据管理发布工具等软件[①]；在方法方面，涉及数据管理、学术出版、项目申请与管理咨询等；在内容方面，涉及数字学术、数字技术等的发展趋势等。

四是数字工具技术支持。数字学术以数字工具和技术为支撑，图书馆在提供数字学术服务时除了需要对相关工具和方法进行培训，还需要为用户提供具体的技术支持。不仅在空间设备设施的配置方面，尽可能提供师生需要的多样化的软件和工具，而且还需要提供技术咨询服务，以及面向数字人文项目的技术解决方案等服务。

---

① 曾熙、王晓光：《数字学术：概念、特征与案例分析》，《数字图书馆论坛》2019 年第 3 期。

五是数字人文项目支撑。虽然数字人文仅是数字学术中的部分内容，但是作为数字人文项目本身而言，仍然是国内外高校图书馆数字学术服务的重要内容，主要就是面对跨学科重大课题和科研项目，嵌入数字人文项目，提供数据收集、元数据著录、平台搭建、数字工具与方法等方面支持，以助推跨学科研究。例如，耶鲁大学数字人文实验室不仅支持数字人文项目构思和创新方向，而且自身也开展此类项目研究；哈佛燕京图书馆东亚数字学术实验室参与数字人文项目的合作研发，为东亚学术研究学者提供数字人文技术指导、咨询服务，实验室建有数字人文资源平台，提供增强虚拟现实展示与体验。[①] 笔者认为，这将是未来高校图书馆开展数字学术服务的重要必由之路。

六是科研数据全域管理。主要指嵌入科研数据生命周期，提供包括与科研数据的收集、组织、分析、存储、保护、出版、共享等相关的一系列咨询、研发和管理服务。国外数字学术服务有一项明显的特征是覆盖科研过程全生命周期，服务较为系统化，而国内高校图书馆一般通过研发科研数据管理平台，嵌入科研数据生命周期的某个环节，或利用收集、整合、分析和管理科研数据，撰写基于研究数据的学科或行业发展报告，为跨学科发展提供咨询与支撑，尚未形成贯通于科研全程的服务体系。

七是数字内容创作服务。数字内容创作主要指将数字工具、方法或技术应运到创作过程中，呈现出与传统创作不一样的新型作品形式，这种作品可以是动画、视频、简报、交互式程序等成果形式，或融合各种形式的结合体。[②] 高校图书馆开展此类服务，需要围绕学生数字内容创作全过程的行为构建资源和空间，主要包含对主题的讨

---

① 俞德凤：《哈佛高校图书馆数字人文实践及启示》，《图书馆学研究》2020 年第 15 期。

② 杨漫：《自媒体时代的数字内容创作与出版》，《大众标准化》2019 年第 16 期。

论、头脑风暴、数字内容制作、编辑、展示等。这种服务国外较为普遍，而国内高校图书馆则开展较少。在新文科建设背景下，为了更好培养学生数字内容创作能力，高校图书馆理应承担融媒体时代赋予的新使命。

八是数字学术交流出版。根据美国图书馆出版联盟（Library Publishing Coalition，LPC）对118所图书馆服务进行统计，数字学术交流出版已经成为数字学术服务的重要内容，尤其是在数字学术环境下，更是承担着日益重要的作用。这里的出版不仅包括传统意义的出版，更注重数字出版，以及与数字交流相关的一系列活动，如数字学术成果咨询、发布、展示、推广等。交流出版的途径已不仅仅局限于传统载体，社交网络、数据平台等已经成为新的知识传播路径。数字成果不再仅仅是文字图表，还可以是视频、数据集、图像、声音等。

三、数字学术服务的创新实践

（一）数字学术中心建设与发展目标

新文科背景下，上海外国语大学（以下简称“上外”）图书馆结合数字人文的思维、方法和工具，围绕全校跨学科研究全过程进行支撑和探索，2020年以来通过与新闻传播学院、区域国别研究院等合作，合作开发“上外多语种新闻数据管理平台”“国际舆情与全球传播案例管理平台”等。同时在图书馆二期改建中建立“数字人文实验空间”，成立“SISU数字学术中心”，并获得学校专项经费的支持。在“十四五”规划中，将建成以数字中心、学习中心、文化中心和学术中心为一体的智慧型学术图书馆作为发展方向。一方面基于多语资源的馆藏特色，固本创新，锐意进取，坚定以师生为本的办馆宗旨，为师生提供更为便捷的多语资源与空间服务的同时，加强校园文化的引领促进学生价值观养成，争取成为全校的文化地标，这是高校图书馆的立馆之本。另一方面，继续加强数字化建设力度，以学科专业为支撑，紧密围绕“资源+”“技术+”“工具+”理念，构建以集学科服务、资源组织、科研数据、参考咨询、信息素养等服务于一体的数字学术服务中台，融入并支撑跨学科建设，争取成为全校的学术地标，这是图书馆的创新之源。

（二）数字人文实验空间的开展与运维

近几年，上外图书馆基于数字学术服务的实践，逐渐认识到数字学术基础设施建设服务的深入开展具有非常重要的支撑作用，尤其是体验式或沉浸式的服务方式是学生数字思维的养成的关键。这需要图书馆从空间、平台与教育培训等方面入手。因此，图书馆在二期改造中，调研国内外大学较有代表性的数字人文实验室建设现状，邀请来自图情及校内外学科领域专家组织“数字人文与跨学科建设”研讨会，围绕“如何助力新文科建设开展数字人文与跨学科支撑”“图书馆数字人文实验室的创建及策略”和“数字人文的教育培训”等议题进行跨界交流，共同探究数字学术未来发展之路，积极探索数字人文实验室建设路径，并在建设过程中借鉴“共享场景”理念，将基础设施、时空呈现、参与人员、交互体验四个构成要素贯穿于“数字人文实验空间”的建设中，以充分体现其共享性、通用性和开放性的建设理念，寻求图书馆支撑跨学科建设与交流的融合构建模式。

（三）数字学术教育培训体系构建与实践

上外图书馆依托学校研究生院的“学术训练营”项目，将多元化开展信息素养、数据素养和数字学术相关教育培训作为支撑跨学科建设的重要环节，开启了研究生学术训练营系列讲座及工作坊，培养师生的数据意识，提高收集、分析、处理、应用数据的能力，内容涉及数据检索、数据挖掘、数字人文三个系列。此外，还面向全校本科生和研究生开设“专业学习与信息素养形成”“信息素养之科研工具应用”“学术思维养成与论文写作指导”“数字人文理论与研究方法”等通识课程，主要采用多媒体与现场演示等手段，提供学生将所学的检索技能和数字工具、方法应用到论文写作、学术研究等的实践体验场景。同时，图书馆举办“带上 Python 去挖矿”数据分析大赛，通过孵化项目形式开展创新实践，定期以线下线上相结合方式，开设数据素养及人文工具系列公开课，吸引师生学习和体验数字人文魅力。可以说上外图书馆依据教育与培训两大主线，采用模块化的方式建立了一个面向数字学术服务，并且融内容、方法、经验为一体的框架体系，不仅帮助学生理解和接受使用数字思维研究学科问题，而且还帮助学生更好地在日益数字化的城市中生活和工作，深受师生喜爱。自开展以来 50 余场线上或线下培训课程，吸引了不同学科和方向的师生参加，四个系列的通用公选课程选课率均达到 100%，同时还吸引了很多学生参与旁听。

（四）数字学术专业团队的建设与培养

制约数字学术服务进展的往往不是资源与理念，而是工具与方法，考验的是高校图书馆的技术驾驭能力，因此也需要其重视具有数字技术能力的人才引进工作，才能更好地支撑和引领数字学术服务的开展。近几年，上外图书馆为应对大数据技术的发展和满足新文科对数据素养的需求，一方面重组业务部门，加强数字学术服务功能，2019 年以来相继引进或招聘数字人文和大数据分析方面的专业技术人才 5 名，不断充实服务与研究力量；另一方面加强馆员培训与培养，以老带新、以强带弱共发展，注重项目和业务、培训与实践相结合，头脑风暴、互相激发相促进，建立数字学术科研与服务团队，分阶段分层次分专题鼓励馆员培养科研选题与论文写作能力，有效激发团队的创新意识和学术潜能。近三年团队成员共发表C刊论文40余篇，其中策划撰写了两组“数字人文与跨学科支撑”专题文章，大大助推图书馆学术与服务的相互促进。同时，上外图书馆非常注重未来数字人文与知识传播的前沿研究，并组建了跨学科科研团队，成员主要来自于图书馆的各个业务岗位，均具有专业理论基础和实践经验，后续还将对团队开展与数字人文相关的专业化培训，培养其数据管理与服务技能。团队目标是通过对国内外行业调研学习，总结相关理论研究，探索一条可行的适合外语类院校未来发展的数字人文与知识传播创新道路。

第五节　数字学术服务的对策建议

新文科背景下，对图书馆数字学术服务提出了新要求，高校图书馆集资源、人员、空间于一体，图书馆必须在数字学术服务内容、服务模式等方面推出新举措，以应对新文科建设需求。有研究指出，我国高校图书馆的数字学术服务，可从建立专门的数字学术服务团队与部门、率先开展人文学科的数字学术服务、重视数字学术服务资金筹集、建立数字馆藏资源共享机制等方面着手。[①] 结合当前国内高校图书馆数字学术服务存在的问题，并借鉴国内外相关案例以及上外图书馆的实践，新文科背景下图书馆数字学术服务要以馆藏数字资源、知

① 宋家梅、王芳、白如江:《英国和爱尔兰研究型图书馆的数字学术服务》,《图书馆论坛》2021年第4期。

识及数据为核心、以用户需求为驱动，面向师生提供跨学科数字资源、数据素养及数字能力等服务，组建跨学科团队为用户研究及教学提供跨学科咨询及数字学术服务。因此，我国高校图书馆的数字学术服务需要从理念先行、经费支持、体系构建、内容创新、赋能技能、团队配置等六个方面进行不断完善和持续建设。

一、理念先行，重视并厘清数字学术服务主要内容

跨学科性是新文科建设的一大特征。新文科建设以学科交叉、交融为基础，强调文理交叉、技术融合，因此首先需要打通传统学科之间划分壁垒，做到学科通融；其次需要做到人文社会科学与理工类学科间的贯通。当前高校图书馆在实现跨学科知识服务方面仍然存在一些困难与不足，从知识资源组织角度看，传统馆藏资源是以学科体系为基础进行组织和建设，图书馆按照“学科—文献类型”的传统资源组织方式和文献保障思路，传统馆藏资源组织方式为各学科的知识发现、理论拓展做出了巨大的贡献，为整个科学体系的向前发展与完善起到了巨大的推动作用，但由于学科间存在严格的分界，不同学科的资源及知识缺乏关联，使得不同学科之间的理论、方法等存在学科隔阂，容易形成碎片化的学科知识孤岛，使得知识的流动性和渗透性受到局限，成为跨学科知识组织的一大障碍，一定程度上已难以适应新文科背景下跨学科研究及教学的变化。因此，新的信息及知识组织体系是非常有必要的，这就对图书馆数字学术服务的内容结构组织提出了更高要求。

新文科背景下的研究对象或科研问题的知识分布在不同的学科之中，使不同学科的相关知识建立关联是解决图书馆跨学科服务的关键。目前，图书馆基本上是按学科体系来进行知识组织的，较少

考虑知识资源的跨学科特征[①]，使得相关联的知识呈分割状态，图书馆的知识组织方法需要从基于文献、按学科的知识组织向基于知识内容的跨学科知识组织转变，以数字化文献资源为基础，将这些文献资源组织成数据、公式、事实、结论等细粒度的“知识元”，对馆藏知识资源跨学科的共性与差异特征进行分析，为跨学科的知识表示提供理论支撑，依据知识的抽象程度对馆藏知识进行多粒度划分，识别出知识表示的基本单位，以知识单元为基础构建跨学科的知识表示模型，实现馆藏知识资源的跨学科多粒度知识表示[②]，使知识单位建立关联，最终形成不同学科的知识关联图谱。图书馆在信息资源的知识组织方面也进行了不断探索，并提出了诸如主题词表、书目记录功能需求（Functional Requirements for Bibliographic Records，FRBR）、知识本体及知识图谱的解决方案，为跨学科关联知识组织奠定了基础。

同时，数字学术服务作为一种创新的服务形式，当前尚有很多高校图书馆未能对其足够重视，且对其体系构建、服务内容和服务方式也不甚明了。为此，首先必须转变观念，明确开展数字学术服务是大势所趋，从理念上认清其重要性和紧迫性，并进而深入了解数字学术服务的多元内涵。在具体的数字学术服务领域明晰上，各高校图书馆可以根据自身的特色和优势有所侧重，不求千篇一律，但本章认为主要应以数字学术活动的全生命周期所涉及的各个主要环节为主要服务内容，如包括从数字人文项目设计与策划、科研数据管理与存储、数字工具方法支持与应用、数字成果展示与出版等

---

① 王忠义、夏立新、李玉海：《基于知识内容的数字图书馆跨学科多粒度知识表示模型构建》，《中国图书馆学报》2019 年第 6 期。

② 王忠义、夏立新、李玉海：《基于知识内容的数字图书馆跨学科多粒度知识表示模型构建》，《中国图书馆学报》2019 年第 6 期。

过程中所涉及的培训、支撑与服务，从而全面支持学者开展数字学术研究。

二、经费支持，基于项目提供可持续性的资金投入

当前很多高校图书馆开展数字学术服务都是出于自发性、公益性，但由于缺乏充裕的经费支持，导致其可持续性较弱。为了使图书馆的数字学术服务能够充满活力并长足发展，需要寻求有力的资金投入。一方面，高校图书馆在数字学术实体空间的打造上，以及各类高性能实验设备和软硬件设施的配备上，可以通过向大学国资处申请专项经费，也可以申报各类信息化项目获得资金支持。实体空间的打造和相关设备设施方面，可以在统一规划的基础上，分阶段、分步骤建设，数字学术平台建设方面，可以采取循序渐进、不断完善的方式。另一方面，数字学术服务重点支持和服务对象是大学教师的各类科研项目，理应成为科研项目建设和实施中的重要组成部分。因此，图书馆也可以通过协作方式，有效融入此类项目，争取获得相应的经费支持，不仅为教师的科研提供所需的实验场所、高性能设备、软件工具和技术方法，也将促进数字学术服务的可持续良性发展。

三、体系构建，设置专业部门并打造数字学术空间

数字学术服务不能零敲碎打、各自为政，必须有专业部门的设置和专属空间的打造，从而形成体系化建设。

首先，高校图书馆的角色逐渐从大学内部的知识服务提供者转变为高等教育生态系统中资源最丰富的教学和研究伙伴，新文科背景下图书馆需要全面支撑对学科交流与合作的需求，加强学科协作融合，拓展学科服务内涵，构建面向跨学科研究及教学的数字学术服务体

系。数字学术在促进师生数字研究方法和思维的养成中发挥着重要的作用，借鉴数字技术工具和方法，促进了数字化成果的产出，数字化的交流环境加强了跨学科学者的合作，以数据为主体面向跨学科交流的数字学术服务模式助推学科发展进程，弥合数字差距，将成为未来高校图书馆必由之路。[①]数字学术与人文学科紧密相关，新的技术与数据环境为人文社会科学研究带来机遇，形成了新的数字研究环境，数字学术研究在促进不同学科交叉研究和人文学科转型方面发挥着重要作用。为了适应新文科的建设与发展，上海外国语大学筹建了国内首个数字学术中心，在提供传统的信息知识内容服务的基础上，推进数字学术服务建设，致力于打造一个集跨学科的数字资源中心、智慧共享与研讨空间为一体的数字学术环境，将“空间+”“资源+”“馆员+”理念融入图书馆数字学术服务体系建设中[②]，开展以师生“实体环境+虚拟环境”跨学科学习与交流，共同为新文科建设、跨学科研究提供数字资源、数字技术、跨学科交流等服务，全面支撑并融入跨学科融合与协同发展及创新工作中，构建以资源、工具和方法为主体的数字学术环境，为跨学科研究提供数字研究方法及技术支持，支持跨学科研究与教学创新。

其次，当前很多高校图书馆并没有设立专门的数字学术服务部门，多是依托原有的学科服务部、学习和研究支持部等部门的人员重新组合开展相应工作，服务内容比较零散，难成体系，人员也都是临时抽调，机动成分更多，不太稳定。同时，虽然成立了数字学术中心之类的机构，但多为虚体，没有打造实体空间和实践场所，更多流于

① 饶权等：《弥合数字鸿沟促进数字包容：信息社会中图书馆的新使命》，《图书馆杂志》2021年第2期。

② 蔡迎春、欧阳剑、严丹：《基于数据中台理念的图书馆数据服务模式研究》，《图书馆杂志》2021年第11期。

虚拟的项目团队合作。图书馆数字学术空间是研究人员从事数字学术工作、进行交流与协作的空间，是图书馆为提高用户数字素养开展实训活动的场所。[①] 建设数字学术空间，以沉浸式教学与培训体验为主导，引导师生参与到数字学术的迭代改进中，不断提升师生的数字能力，从而促进整个数字生态的良性循环，是图书馆主动融入数字学术环境的有效方式。[②] 因此，为了落实和推进数字学术服务，成立专业性部门，集中专职服务人员，设置专属数字学术实体空间，切实开展具体服务内容，才能真正确保覆盖数字科研全程的服务得以常态化开展和持续性推进。

四、内容拓展，提供面向数字学术全过程的保障服务

在数字学术服务的内容上，应当在原有的重点关注数字人文领域的基础上有所拓展、不断丰富和改革创新。数字学术服务涉及的学科范围不再仅仅是人文学科，其将拓展到社会科学和自然科学等各个领域，而科研全程包含了数字学术的整个生命周期的各个环节，所需的服务保障内容更为全面丰富。因此，针对这样的需求变化和目标定位，图书馆需要拓展和完善相应的服务内容，从数字学术项目的初期规划和研究设计、项目书的撰写、资源的数字化加工和检索获取、数字技术和方法的运用、科研过程数据的管理与存储、数据统计与可视化呈现、研究成果的数字化出版或发布、相应数据库的建设与应用推广等，都需要提供对应的服务保障。服务形式可以多元化，如提供数字方法的理念指导、数字工具的应用支持、数据管理的存储平台、成

---

① 鄂丽君：《美国高校图书馆数字学术空间建设调查分析》，《图书与情报》2017 年第 4 期。

② 蔡迎春、姜小溪：《数字内容创作：图书馆空间变革的新态势》，《图书馆学研究》2021 年第 6 期。

果发布的数字渠道等，从而嵌入科研团队协同开展研究。

五、赋能技能，搭建数智通融的数字学术教育体系

新文科建设强调人文学科与信息技术融合。随着数字化进程的不断发展，数字能力已被广泛视为新信息环境下必备的技能之一，学界对数字能力的关注度与日俱增。图书馆既是数据、信息、知识的获取场所，图书馆也承担着学术数字能力培训的重任，高校图书馆作为信息素养与数字能力教育工作的重要承担者，新文科背景下需要不断根据现实需求和学科发展调整和完善，数字能力成为当下教育教学的重点，开展更多的数据素养及数字能力教育培训讲座和课程，提升用户、数字素养、技术素养等跨学科能力，满足用户新文科背景下不断增长和变化的数字能力需求。

对于图书馆而言，新文科背景下的数字素养、数字能力培训是图书馆全素养教育理念新的探索和尝试，为了适应新文科背景下高校对数据素养和数字能力培训服务的新要求，复旦大学、上海财经大学、上海外国语大学等高校图书馆开展了以数字素养和数字能力为主题的学术训练营为主要的新探索①，创设了以开放获取的数据空间平台为主的数据应用现实场景，开展了多样化的实践操作项目和数据训练，从专业数字素养和数字能力培训、空间平台、应用场景、实践项目等各个方面给予支撑，为提升广大师生在新文科背景下应用数据开展跨学科研究的数字素养和数字能力做出新的贡献，逐步实现图书馆从信息素养向数字素养和数字能力教育转型发展的改革创新。

① 严丹、蔡迎春、何秀全：《学术训练营：新文科背景下图书馆数据素养培训新模式》，《图书馆杂志》2021 年第 11 期。

六、团队配置，融合各方专业性人才协同开展服务

新文科的基本特征是问题导向，为了解决问题而进行多学科、跨学科的密切合作，通过跨学科的研究，给出新解或者更优解。[①] 传统的图书馆服务范式主要是被动的、单兵作战式的服务形式，更多是依靠个体馆员某一方面的业务素养来实现，而新文科背景下更加注重个性的、主动的服务形式，因此需要组建具有不同学科背景的馆员参与的跨学科服务团队，个体馆员之间相互协调、相互配合，参与并深入到用户解决问题的过程之中，以用户任务驱动为基础将图书馆海量、动态、多样的数据有效集成为有价值的信息资源满足用户信息及数据需求，能动态、快速地根据跨学科的需要提供与研究匹配的相关数字资源、知识与数据。近年来跨学科的服务团队及嵌入式学科服务建设越来越受到高校图书馆的重视，为新文科背景下跨学科研究团队提供所需要的专题资源、知识及数据服务，不断整合和提高信息服务能力，打通图书馆内部学科信息孤岛，聚合和治理跨域数据，匹配研究跨学科研究需求，开展专题数字资源定制、知识咨询、信息组织等数字学术服务，凸显图书馆所具有的数字资源中心属性及价值。

新文科背景下的研究对图书馆数字学术服务的协同性、技术融合性也提出了更高要求，尤其是大数据时代和人工智能的到来，推动了图书馆数字学术服务的转型与升级，由原来人工数字学术服务向个性智能化服务转型，由原来传统型学科服务向基于数据和知识的智慧服务转型[②]，通过对用户的服务情景进行计算为用户提供多样

---

① 《新文科研究，不止“文科＋新技术”那么简单：在信息化时代回答与“人”相关的问题，更需要现实问题牵引下的学科融通》，https://wenhui.whb.cn/third/baidu/202103/17/396262.html，访问时间：2021 年 08 月 29 日。

② 刘艳红：《新文科建设背景下的高校图书馆服务研究》，《图书与情报》2019 年第 4 期。

化、专业化和泛在化服务，实现技术赋能，从服务的内容来说，从单纯的文献、文献单元的服务，逐渐深化到提出以知识为单元来提供服务。

由此可见，面向新文科的数字学术服务馆员应具有跨学科研究学科领域的教育经验，对跨学科研究中馆藏发展和学术交流的关键问题有深刻的理解，对与师生合作具有浓厚兴趣，且能够在跨学科领域提供有效的专业参考和指导，具备一定的数字素养与数字技能，致力于以用户为中心的图书馆服务。[①] 面向新文科的数字学术服务团队组建已成为趋势，以上海外国语大学图书馆为例，针对跨学科团队在数据建设、数据管理、科学研究几个阶段中不同的需求进行有针对性的服务而组建了数据馆员团队，为研究团队提供更为高效的数据服务。同时，面向科研全程的数字学术服务的内容较为多元，且专业性极强，对提供服务人员的相应科研能力、数字技能、信息素养、技术水平等均有较高要求。因此，必须整合各方专业性人才组成数字学术服务团队，发挥各自所长，协同开展各类服务。如上外数字学术教育培训课程体系就是在集合各方专业人员的基础上，发挥团队中每个成员的学科与专业优势，通过协同拼课的形式建立，并得到师生的认可。香港中文大学图书馆专门设置了“数字学术馆员”岗位，并广泛联系校内专家学者组建数字学术服务团队，在为用户数字学术研究中的问题提供帮助与支持的同时，深度参与用户数字学术研究的全过程，而这些服务与支持的提供，必须依靠强有力的专业性人才队伍才能实现。目前，高校图书馆特别缺乏的是具有科研项目统筹策划能力，具备较高的科研水平和数字学术能力，能够在整个数字学术研究中发挥引导、设计、规划、工具方法应用指导等作用的专门人才，需要不断在团队

---

① “Research Librarian for Interdisciplinary Studies”, https://www.lib.uci.edu/research-librarian-interdisciplinary-studies, accessed 30 August 2021.

建设和服务开展过程中逐渐培养和形成这方面的能力，如此才能更好地提供数字学术服务。

本章总结

新文科建设对高校图书馆的数字学术服务提出了新的要求，图书馆需要关注用户新文科背景下的服务需求，用户对图书馆数字学术服务广度和深度的需求不断增强，对图书馆而言既是挑战更是机遇，同时为图书馆的转型发展带来新契机。新文科背景下图书馆数字学术服务应有明确的定位，认识到自身在数据、信息、知识及空间方面的多维优势，成为新文科数字资源、知识及数据服务中心、跨学科数字咨询中心、新文科数字素养及数字能力教育与培训中心，以及新文科数字学术服务中心，真正为跨学科研究赋能，更好地服务于跨学科研究及教学。

数字学术服务作为高校图书馆服务创新的一项新生事物正方兴未艾，虽然国内外各高校图书馆开展的数字学术服务在内容上、形式上各有侧重，其成熟和完善程度也有较大的差异，但总体目标和主旨方向是基本一致的，都是服务于数字化的学术科研全过程，为其提供设计理念上、思路方法上、技术工具上、成果转化上的各类支持与帮助。当前国内的数字学术服务刚刚起步，很多服务内容如科研项目设计与策划咨询、科研成果数字化出版与转化等都尚未开展起来，图书馆具备相应科研水平和数字能力的专业人才队伍也尚未建立起来。因此，高校图书馆需要适应新文科建设的新形势，在服务的学科融通、技术应用、协同支撑等方面积极变革，不断创新。同时，必须在数字学术服务的内容、模式等方面有所新举措以回应新文科要求，通过创建和提供一套变革性的数字学术服务，将高校图书馆置于新兴的新文科建设中，通过利用其在高等教育中的地位成为跨学科活动的中心，将其跨学科的数字学术服务提升到更高水平。

— 第二章 —

数字学术空间的变革与场景构建

近几十年，空间一直是图情领域一个纯粹的建筑和实践问题。传统理念认为图书馆是一个藏书的地方，是借阅图书和查找资源的地方，是学习和参考工作的服务区。当图书馆作为一个物理空间由于技术和社会的变化而受到质疑时，国外的图书馆员和学者们开始思考图书馆作为场所的作用，并且提出了“空间”的理念，随之产生了学习与研究共享空间、创客空间等具体实践场所。而在国内，图书馆界的专家们也提出图书馆需要变革、需要创新，同时图书馆作为物理和虚拟空间的作用也越来越得到重视，但是在高校图书馆的空间变革与实践方面，更多的是以信息共享空间、学习共享空间或创客空间为主，而对数字学术服务在图书馆未来空间的探索和研究还未有涉及。因此，高校图书馆作为支撑学校教学与跨学科建设的研究与服务部门，通过空间的变革，建立能够有效激发和提升用户数字素养提升和数字内容创作的新型空间，服务高校数字人才的培养，必然将成为未来高校图书馆新文科建设背景下的新态势。

第一节 数字内容创作空间的变革与创新

随着物联网、数字孪生以及虚拟现实和增强现实（VR/AR）功能的不断加强，沉浸式体验将对更广泛的用户群体产生更大的吸引力，而COVID-19所产生的社会影响也将进一步助推远程和虚拟互动的发展进程。在这一技术与社会的双重变革中，社交媒体领域的不断拓展和智能通信功能的不断升级，强有力地推动了知识与信息交流传播方式的创新发展。社交媒体不仅建立了一种与传统交流方式不一样的网络人脉系统，在这个系统中用户可以即时轻松地创作和分享音频、视频或图像等数字内容，也可以轻松评论各自的创作内容并与系统内的其他用户或公共组织进行及时有效的互动。而智能手机的易用性，使得用户可以通过一个设备随时访问互联网上的所有数字内容，同时其强大的编辑制作功能，可以使每个用户成为创作者和分享者。数字内容作为技术和社会发展的推动力，已经不再是内容载体那么简单。它能激发灵感，影响思维，甚至独立完成部分创作成果。人与人之间的关系也从绝对领导转变为相互引导、共同学习、知识内化和创新。这样的变化给内容沉浸式体验的创造和创新带来了许多新的可能性。用户如何利用数字化带来的新可能性来创造内容，势必成为未来智能技术应用于人类社会发展的新态势。

20世纪90年代中期以后，代表着未来信息技术发展方向的数字内容产业迅速成为亮点，在全球范围产生了一场研究数字内容的热潮，并得到世界各国的高度关注，而作为数字内容创作的先行者，最著名的可能就是被称为“媒体行业的颠覆者——BuzzFeed”。随着现代传媒技术的发展，出版商逐渐意识到数字内容的独一无二性，开始组建专门的团队，通过数字平台创建经过设计创意的视频或内容。BuzzFeed由乔纳·佩雷蒂于2006年成功创建，与其他的新闻聚合网站不同的是，其更注重数字内容的分享而不是搜索，它的专属内容管理平台成为 BuzzFeed 的核心竞争力，并且历经了不断的重新设计、管理和升级，而它的“病毒式内容制作”，更为关注什么样的内容最适合分享，最能引爆受众分享的冲动，从而极大地鼓励了用户在社交网络的分享行为。[①]正如佩雷蒂所说，“如果将用户变成分销网络，这将有益于媒体，有益于报道，也有益于新闻业。通过人进行媒体扩张，要比媒体公司独自构建的网络更好更强大”[②]。BuzzFeed 的成功案例至少告诉我们：

（1）融媒体时代需要将思维转向分享；

（2）数字内容创作是组织或机构取得成功的关键；

（3）所有机构和组织都需要优秀的数字人才；

（4）数字内容平台、工具和方法有效赋能数字内容技能培养；

（5）每一个数字人才都可以成为数字内容创作者；

（6）数字内容可以有效拉近人与人之间的距离。

可以说，随着数字技术和人工智能迅速和深远的崛起，产生了对具有数字内容技能的人才的巨大需求，许多机构或组织都设立了专门的数字内容制作部门。同时，自媒体的产生，也催生了社会公众对数字人才的大量需求。高校作为人才培养的重要机构，在新文科建设背景下，为了更好地满足社会对数字人才的大量需求，培养学生的数字思维与数字创作能力，理应承担融媒体时代赋予的新使命。

一、数字内容创作的概念界定

数字内容创作的概念应该如何界定，目前国际上尚未达成共识。为了更准确地理解数字内容创作的含义，可能首先必须了解什么是数

---

① 王倩：《平台型媒体的运营策略探析——以 BuzzFeed 为例》，《新媒体研究》2020 年第 3 期。

② “新闻聚合网站 BuzzFeed 连传统媒体的饭碗都不放过？”，https://www.cnaiplus.com/a/latest/15773.html，访问时间：2021 年 01 月 17 日。

字内容，表 2.1 主要列出了目前在国际上部分国家和地区对于数字内容的命名及概念。

表 2.1 国际上各国家 / 地区数字内容的命名及概念

国家 / 地区	“数字内容”的命名及概念
欧盟	主要指数字内容产品与服务制造、开发、包装和销售等
美国	采用“Copyright Industries”的提法，主要指创作、传播、复制、发行文学艺术和科学作品相关领域，或者说是与知识产权关联的产业，包括商业艺术、创意艺术、电影、音乐、多媒体、软件等
日本	主要指用数码数据表现的文章、音乐、图像、影像、数据库等，广义主要有文字信息、图像信息、音乐信息和软件四类
韩国	采用“文化内容”的提法，主要指包括文化传统、生活方式、思想，以及价值观和民族文化等文化因素产生的文化产品
澳大利亚	采用“Creative Industry”的提法，主要指能够产生著作权、发明专利、外观设计专利或商标权的所有产品，意在强调其内容的原创性
中国台湾	主要指将图像、字符、影像、语音等资料加以数字化，并整合应用的技术、产品和服务等

资料来源：颜大威：《数字内容的创作研究》，上海大学 2018 年硕士学位论文，第 9—10 页。

对于数字内容的界定及覆盖范围，各个领域的学者主要从信息产业研究、文化角度提出不同的看法，但是大多停留在 1998 年 OECD 所定的“内容产业”概念上，忽视了在数字技术与人工智能融合发展下，数字革命不仅使人们可以重新分析自身的思维规律，而且也重构了人脑的思维方式。“人机共生”激发了“思维共生”，“数字人文”进展到“数字生态”，有效促进数字思维的养成，从而对“数字内容”及创作产生了深远影响。因此，狭义上的数字内容可以是人类在人机共生环境中通过计算机创造的产品或服务，主要包括文本、图像或语音。[①] 而

① 林启者：《基于项目的数字内容人才培养》，华东师范大学 2007 年硕士学位论文，第 11-12 页。

广义上则还包含了能体现该内在形式的整个创作过程和结果。一般来说，它是创作者某一部分创造性思维的N次映射，体现在计算机程序的方式上，主要包括四个维度：可计算性、移动性、交互性和共享性。因而，数字内容创作狭义上可以理解为将数字工具、方法或技术应运用到创作过程中，呈现出与传统创作不一样的新型作品形式，这种作品可以是动画、视频、简报、交互式程序等成果形式，或融合各种形式的结合体。[①]而广义上则应该包含了应用数字工具、方法和技能，从数字内容的“决定—设计—开发—发布—展示—评估”的一系列数字生态活动，在这一过程中，数字思维的养成是至关重要的因素。

由此可知，进行数字内容创作，既需要建立满足数字内容创作的空间和数字基础设施，也需要具有数字素养的专业团队，通过空间和数字基础设施的服务体系的建立，从而培养用户的数字思维，引导用户参与到数字内容的迭代改进之中，加快加深知识的内化速度和深度，有效促进整个数字生态的良性循环。

二、数字内容创作对于高校人才培养的重要作用

（一）数字内容创作是价值观养成的天然载体

教育是国之大计、党之大计，承担着立德树人的根本任务。2020年5月教育部印发的《高等学校课程思政建设指导纲要》明确表示：要紧紧抓住教师队伍“主力军”、课程思政建设“主战场”、课堂教学“主渠道”，要坚持学生中心、产出导向、持续改进，不断提升学生的课程学习体验、学习效果。[②]可以说，价值观的养成没有办法靠灌输，如果缺少行为的跟进则难以达成。数字内容创作是创作者对客观

① 杨漫：《自媒体时代的数字内容创作与出版》，《大众标准化》2019年第16期。

② 教育部关于印发《高等学校课程思政建设指导纲要》的通知，http://www.gov.cn/zhengce/zhengceku/2020-06/06/content_5517606.htm，访问时间：2021年01月16日。

世界的认识，数字内容创作时会产生各种各样的行为，这些行为的发生有利于促发同理心。同时，经过内化主观重构后，输出数字作品的过程，也是个人（从感官、行为、思想到社会结构）价值认同的不断更新过程。基于对教育发展规律和媒体传播规律的探索，通过数字内容创作空间的建立，加强顶层设计，运用数字技术，让学生全面参与到数字内容创作与文化价值传播的具体体验中，把传统的思政工作与信息技术发展紧密相连，增强新时代社会主义核心价值观的影响力、感染力和传播力，是做好有效引导及主流舆论信息围着学生转工作的关键。

（二）数字内容创作是数字时代人才的必备素质

以往内容的传授一向以教师的言传身教为主，并以书本、影像制品等辅助，随着信息技术的深入应用以及教育形式的多样化，数字内容所代表的人机共生，推动越来越多的高校通过重塑学习方法回归教育本质，对培育创新型人才和教育普及产生深远的影响。未来人才需要在专业领域内具备丰富的实践经验和理论知识，具有人类独有的、不被现代科技所取代的特殊能力，包括沟通、创新、信息素养、元认知、批判性思考、团队协同等诸多能力，以及更为重要的品格力量。数字内容创作主要建立在数据管理与保留、数据分析与表达、数字沟通，以及数字设计、制作与发展等方面的数字生存技能培养的基础上，所有学生必须首先要掌握数字生存技能。而数字生存技能既能体现学生借助数字技术推动专业领域知识输出的能力，也能充分展现学生非专业技术性的软能力，这些都是数字人才必备的素质。

（三）数字内容创作赋予学生协同解决问题的情境

数字内容创作一般需要一个团队共同工作，才能完成高质量的数字内容创作，在数字内容创作过程中，团队成员会出现认知冲突，也会碰到各种各样的问题，社会互动和社会知识的共同构建在问题解决过程中发挥着至关重要的作用。人类的一切行为都是以目标为导向的，我们学习的目标越明确，我们就越有可能有意义地、用心地学习。解决问题需要意向性学习，学习者必须表现出理解问题发生的系统或情境的意图，才能促进有效地解决问题。因而，在学生创作数字内容的学习体验过程中，产生问题以及置身可以解决问题的情境中，协同解决问题才是最真实的问题解决过程，也是学生能够协同参与的最相关的学习活动。在解决问题的过程中重构的知识，才能更好地被理解、保留，从而更容易进行知识的内化和转移。

三、高校图书馆建立数字内容创作空间的必要性

（一）数字内容创作是新文科建设的新生力量

融媒体时代，数字技术蓬勃兴起，与社会发展相匹配的人才核心胜任力的内涵在不断发生变化。而新文科建设就是为了对接新一轮科技革命所带来的学科交融要求，在“应变”和“求变”中实现哲学社会科学教育及知识生产模式深刻而全方位的变革。[①] 新文科需要给传统文科“做加法”，尤其是通过数字技术手段，冲破传统人文科学的研究范式，以数字思维对接人文学科的转型和升级，从而促进高校探索数字人才培养的新路径、新方法，寻求以实践为导引的新突破、新发展。[②] 而数字内容创作必将成为辅助高校确定人才培养目标，促进教学装备和教学环境的发展创新的有效途径之一，从而推动人才培养模式和教育教学方法的改革，实现专业教育、思政教育与核心素养的无

---

① 马费成、李志元：《新文科背景下我国图书情报学科的发展前景》，《中国图书馆学报》2020 年第 6 期。

② “构建数字人文生态扎实推进新文科建设”，https://www.sohu.com/a/443748532_120873510, accessed 17 January 2021.

缝连接。

在新文科语境下，数字化创作将成为未来学生在21世纪生存必备的能力，但是现在学生在学校的训练是不够的，学生需要更多的机会来进行数字内容创作。数字内容创作为学生提供了一种强大的沟通媒介，并为他们提供了组织和评估信息的新见解。它支持多模式组合，要求学生有目的地使用视觉元素来补充或替换文本。通过允许学生创建自己的理解，数字内容创作有可能改变教师和学习者的角色以及他们之间的相互作用。

此外，除了内容知识和技能开发，开发数字内容还为学生提供了合作的机会。这是一种真实的学习经历，通过多元化的学习方式和反思（即建构主义学习方式）帮助学生基于他们的知识来分析、创建、解决问题，通过沟通、协作和创新来获得学习技能。数字内容创作鼓励学生分组学习，以多种方式表达他们的认知、修改自己的作品并构建新的知识。同时学生有机会学习和运用实际技能。他们通过数字创造学习团队合作；学习到不同媒体的使用，包括设计问题，媒体适用性和有效性以及版权法；学习与不同受众交流的技能；了解到研究、计划和组织技能的重要性；学习演讲和口语技巧；如何接受和提供建设性反馈。而这些数字内容的创建有助于增强学生的技术技能，并为将来的职业规划做好准备。

（二）数字内容创作促进高校图书馆的空间变革

数字内容创作需要围绕学生数字内容创作全过程的行为构建资源和空间，这些行为包含对主题的讨论、头脑风暴、数字内容制作、编辑、展示等。高校图书馆作为学校的跨学科公共服务机构，必然具有不可替代的优势，例如，独立的组织建制、足够规模的空间资源、定期的数据经费、充足的人员保障、区别于学校其他学习空间的灵活时间性、全校公共空间——跨学科融合交流，以及服务学校学科建设的全门类信息等。而图书馆之所以会吸引学生来，除了所需要信息、工具和设备的易获性外，可能更多是基于对特定氛围和场景的需要。

学生的创作首先需要特定的空间进行定期的头脑风暴，从而激发深度学习的兴趣。其次需要完成创作所需要的合法的工具、素材和发布平台，同时还需要非常及时有效的技术支持或专业人员的帮助。免费的数字内容创作素材及教学平台，如 YouTube、谷歌或 Facebook 都会提供自己的免费在线培训课程，是一个学习新技能的好地方，但是与专业人员共度半个小时也许会更有趣，比在教室里一天的课程更有价值，而图书馆就提供了与专业人员在一起共同学习的机会。最重要的是，为学生创造更宽广的表达空间可以让学生产生强烈的成就感，学生的数字内容成果的展示是让学生愿意参与数字内容创作的关键，不仅让学生的作品在校内进行展示，让学生的作品能够在互联网进行传播，并与其他学校的学生产生互动就尤为重要。因而，这些跨学科服务必将进一步促进图书馆的空间变革。

（三）高校图书馆建立数字内容创作的空间价值

当今社会，跨学科学习与交流日益地变得更为重要，大数据和 AI 技术的发展，则为跨学科的交流打下了坚实的基础，相比传统的学术型专业组织——院系，以及其他职能部门，如教务处、研究生处或科研处来说，图书馆首先拥有着跨专业跨领域的数据，这些跨学科的数据的整合发现过程，就是学校学科创新发展基础。对大数据的分析能力的增强需要整合跨领域进行关联和创新，跨学科跨专业的学习者需要突破传统学术组织的束缚而进行无障碍的交流，而图书馆则具备这方面的条件，同时图书馆在空间、技术、工具与设备设施等方面，均具有跨学科交流的天然优势，完全可以成为新型交叉专业的创新体验场所（图 2.1）。

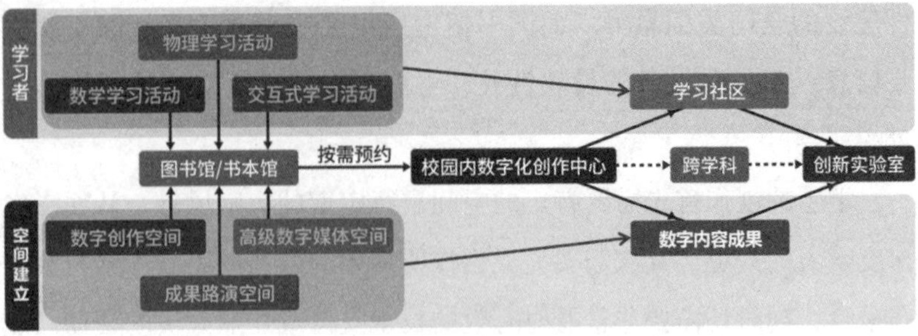

图 2.1 图书馆数字内容创作空间示意图

（1）图书馆为学习者创建广泛的学习环境，整合物理学习、数字学习和交互式学习等活动，构建有利于使用者学习的社区。

（2）图书馆建立可用于数字创作的小组项目空间、可用于学生数字创作成果的展示路演的空间，以及可用于容纳高级技术的数字媒体空间（包括视频会议、数据可视化、广播和录音室），促进使用者在数字内容创作空间中创作出更多的数字内容成果资源。

（3）图书馆从书本馆的角度转变为校园内数字化创作中心和交叉学科创新实验室（孵化基地），通过构建学习社区和数字内容创作成果，促进跨学科交流与体验，助力高校教学与科研创新实践。

（4）数字内容创作空间可以根据使用者的需求按小时、按天、按周、按月申请和授权空间使用。

在跨学科交融过程中，高校图书馆整合数字化学习环境，构建从思想知识库、选题策划、视频制作、实践活动、学术交流等多维度的学校数字生态圈，也为学生创作解决问题的真实情境，在这个情境中，学生们可以进行有效的数字思维和协同创造。

（1）创新思考：以超常规甚至反常规的方法、视角去思考问题，提出与众不同的解决方案，从而产生新颖的、独到的、有社会意义的成果。

（2）批判性思考：合理的、反思性思维。

（3）系统性：敏锐发现促进事物积极发展的关键性因素并加以有效利用，及时看到阻碍事物发展的消极因素并加以有效化解。

（4）分析性思考：在现实世界的线索中感知和识别数据，分析和处理数据中所蕴含的有用信息。

（5）沟通和协作：团队协同技能，沟通交流技能，文化敏感性技能，多元化应对技能。

（6）数字技能：信息获取技能，数据处理分析技能，数字化创作技能等。

互联网倾向于隔离人们，而图书馆却恰恰相反，图书馆是一个很好的社交活动场所。高校图书馆通过建设数字内容创作空间，可以充当变革的推动者，在学校内部，图书馆作为一种重新焕发活力的场所，可以再次成为建立知识社区和学术事业的中心。

四、高校图书馆数字内容创作空间的建立与实施

（一）数字内容创作空间以沉浸式教学体验为主导

传统的讲授式或讲座式以及复制粘贴的学习方式，无形地限制了学生的创造力，无法真正实现知识内化。而面对超负荷的信息状态，如何帮助学生完成知识的内化呢？一方面可以通过共同交流产生认知冲突，在提问和解释的过程中，达到深度学习的目的；另一方面可以通过信息的重构，使之变成更有吸引力的图形、公式，视频、电影、动画等新的表达形式，从而寻求一种学习方式上的创新。而学习方式的不同，对学生的素养养成必定起到直接作用，表 2.2 列出了传统素养与数字素养养成在学习方式上的诸多不同。

表 2.2　传统素养与数字素养养成在学习方式上的不同

传统素养	数字素养
找信息	审核信息
阅读	浏览（为找到解决方案搜索）
记笔记	变形
转写	链接
文章创作	多种方式的创作 信息设计 数据可视化 动态故事（视频） 编码 / 编程
静态产品	动态产品（数量多，多样化，可以重用）
从教师那里学习	自学
永久	变化

一般而言，进行数字内容的创作，具体需要具有视频创作、图像编辑、多语种写作的相关技艺和能力，同时也需要具备社交媒体策划、编辑和营销能力，而这些数字素养能力获得必定需要通过不同的学习方式系统培养，具体见表 2.3。

表 2.3　数字素养能力培养的学习内容与方法

学习内容	学习方法	学习结果
视频 电影拍摄 编辑 动画 现场视频	借用 / 购买相机设备 观看在线教程视频 和经验丰富的制作人交流	制作一个简短的视频并展示给在线社区以获得反馈
图像 平面设计 摄影 插图	分析和复制照片 使用免费设计试验软件 观看专业课程	用照片讲述一个故事或创建一个关于你选择的主题的信息图表

续表

学习内容	学习方法	学习结果
写作 讲故事 多语种写作 校对	读写风格向导 写一篇关于你感兴趣的主题短文 解释一个复杂的问题	写一篇引人入胜的文章，标题醒目，并提供给出版商
社交媒体 了解不同的网络营销 活动策划 社区建设 编辑判断 危机传播	学习成功品牌战略 为一个虚构的公司做广告产品 创建危机应对计划	根据你的爱好或你感兴趣的主题创建一个社交媒体群

资料来源：Adam Waters, *Confident Digital Content: Master the Fundamentals of Online Video, Design, Writing and Social Media to Supercharge Your Career*, New York: Kogan Page Limited, 2018, pp. 38–39.

有多少种表达形式，就有多少种创作形式，数字内容创作实际就是利用数字形式达到知识的内化，在此过程中，不仅需要对知识进行主动深度的学习，也需要对不同信息和知识进行重新组合，完成不同形式的素质内容创作，从而产生 1+1>2 的效果。因而，数字内容创作必定是建立在数据管理与保留、数字沟通、数据分析与表达，以及数字制作、设计与发展等方面的数字生存技能培养的基础上的（见图 2.2），所有学生必须掌握数字生存技能。而高校人才培养方案往往滞后于技术革新周期，从某种意义上讲，通过空间与环境的提供，可以有效弥补高校教育的不足和滞后，使学生能力培养能够与技术革新周期相同步，从而多角度全方位展示他们的创作力量。

因此，数字内容创作空间可以在国际知名大学的实验教学经验的基础上，依托多媒体、大数据和人工智能，以基础技能、数字媒体生产技能和媒体数据分析技能培养为主，搭建真实融媒体中心环境，场景化教学与实战化演练相结合，打造“一专多能”的数字复合型人才。而数字内容创作也需要广泛收集国内外数字内容传播的真实场景，形

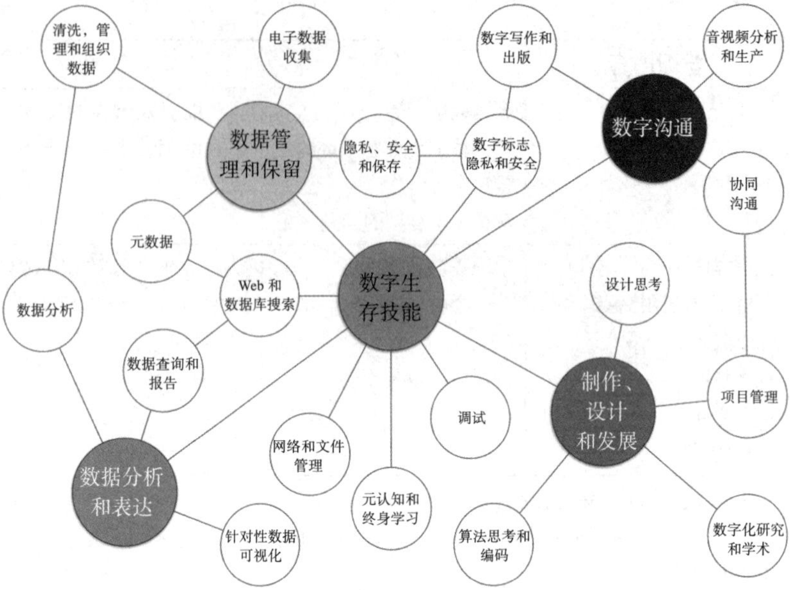

图 2.2　数字内容创作需要具备的数字生存技能网状图

成完备的案例库，开展专项实践教学，为学生提供沉浸式的教学体验，系列作品可通过相关数字平台进行全方位展现。

（二）数字内容创作空间在图书馆的实施路径

数字化创作需要学生形成项目团队并能够在放松和舒适的非正式环境中与同伴、导师开展头脑风暴互动讨论，需要更加专业的图形计算设备，需要尺寸更大的、成像更好的显示设备，需要各个设备“支持实时，多设备交互”，需要操作简单，更加专业的录音室，按一下按钮，就可以录制演示文稿，需要提供数字创作支持，需要学生提供展示他们的作品，进行路演和演讲的场合，学生可以从他们的项目组直接转到灵活的学习区，与同龄人建立联系的空间。图书馆集成了信息、空间、家具、网络等要素以及计算、存储和交流等多种能力，数字内容创作空间将成为图书馆为学生打造的一种新型协同创新空间。

第一，虽然个人计算机和个人笔记本已经普及，但支持视频编辑、图像渲染、VR 建模对计算机提出了很高的要求，一般性的个人计算机是无法满足上述需求的，能够满足这些需求的计算机价格较昂贵。第二，由于这些复杂的图像计算、视频编辑和 VR 建模往往需要比较特殊的软件，一方面学生个人合法获得这些软件的成本较高，另一方面，这些软件安装在计算机需要专门的技术支持人员，学生个人有的时候是无法正确安装这些软件的。第三，数字化创作项目需要不同学生组成小组进行合作工作，在现实环境中，学生很难找到满足协作学习的空间。因此，提供能够专门支持数字内容创作的合作学习空间就显得非常必要。

如上所述，数字内容创作是一个创新与创造的社会化活动，需要专门地点容纳数字化创作活动，需要有不同的专门的空间，更好的设备以及灵活的访问管理，比如说专门的录音空间、摄影摄像空间、后期处理空间等。因此，图书馆数字内容创作空间应该主要包括咨询区域、协作区域和开放式区域，各区域的规划设计（见图 2.3），而数字内容创作空间主要具备以下特点：

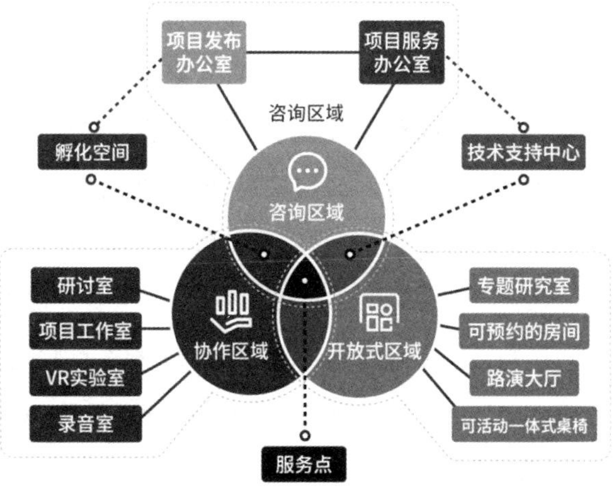

图 2.3　图书馆数字内容创作空间建设区域设计

（1）有高性能的工作站，具有较好的图形卡、高性能的 CPU、较大的内存和高 I/O 的存储能力。

（2）有更高分辨率、更大的显示器。

（3）有合法授权的图形图像处理软件、视频编辑软件、VR 建模软件以及专门的软件。

（4）能够为学生的项目提供足够的数字集中存储。

（5）能够让学生随时进行头脑风暴的垂直书写面。

（6）能够满足 3—7 个人的合作空间。

（7）能够供学生寻找的合法的素材库，包括视频、图片、音乐、数据等。

（8）能够面向全校学生开放。

（9）能够让学生根据能力和授权访问和进入。

（10）能够根据学生所需时间进行灵活分配。

（11）具备能够让学生展示自己项目的路演空间和宣传空间。

（12）学生在完成项目需要协助时，能够得到有效技术指导的环境。

（13）能够降低管理成本技术管理解决方案。

（14）能够保证和回溯正确使用空间的空间及设备安全解决方案。

图书馆通过建设数字内容创作空间和设施，为学生提供可以开展数字内容创作的活动空间和资源支持。数字内容创作空间从内容、平台、渠道、管理和运营五个方面，重新探索高校融媒体的构建模式，既要服务教育教学，又要注重人才培养。数字内容创作空间为学生创造真实的学习环境，激发学生的创新思考潜力，发挥新媒体对代际文化的深远影响，构建主旋律价值文化网络。通过数字内容创作，将学生价值观养成、知识内化与数字信息技术能力训练融为一体，构建以学生为主体的生成性活动的参与性社区。

（三）图书馆建立数字内容创作空间的关键要素

1. 跨界合作是空间建设的基石

不断突破桎梏，创新发展，抓住跨界合作的机会，争取为用户提供更多更好的服务，在公共服务领域越来越得到大家的共识。高校图书馆数字内容创作空间建设是一项系统工程，从项目策划、空间建设、成果发布到用户反馈，需要面对的问题是多方面、复杂的，必然也会涉及不同的领域、不同的学科，尤其是这一新型空间服务方式又缺少可借鉴的成功案例，需要在实践中不断地摸索、总结、完善和拓展。因此，跨界合作，尤其是与主流媒体和高校各学科、研究机构协同共同发展，是高校图书馆数字内容创作空间建设的必由之路。

目前众多高校和权威媒体跨界打造“数字内容创作中心”项目，旨在立足于中国国情，通过主流媒体与高校的协同创新，借鉴国际一流校企协同育人工作经验，以首批示范院校作为实践基地，吸收相关领域的单位、专家以及有志于创新数字思政教育与德育工作的多元主体，共同开展理论、政策与实践研究，进行“中国文化价值观、中国企业家精神、中国科学家精神”内涵及外延研究，以及数字化学习装备配置和现代化教学环境的建设研究，并且开展数字内容创作输出的相关实践探索活动。高校图书馆可以寻求与“数字内容创作中心”合作，借助中心成熟、完善的方案和专家团队，主流媒体的数字内容编辑、制作团队，以及立体多元的推广发布渠道，全方位赋能数字内容创作空间建设。

2. 彰显创造力的学习内容构建

数字人才培养和思政教育工作需要场景化教学与实战化演练相结合，高校图书馆建立数字内容创作空间，势必需要专业化的场地、器材、设备，以满足学生开展创造性、生成性的学习活动，同时需要长时间对学生开放。此外，还需要对数字内容创作培养模式进行分析，通过沉浸式教学体验增强学生的数字生存技能。数字内容创作空间的培养模式主要由以下几方面内容构成：

（1）智能化选题策划。面对巨量的碎片化信息，利用“互联网+”的智能化优势，挖掘受众群体的真实需求，锻炼思维方式，提高选题策划水平。

（2）采访、录制、采集。基于特定创作环境，选择合适的数字技术，采用多模式交互及表达，广泛采集素材（声音、视频、研究、手势、文本）。

（3）原创稿件、视频制作、后期剪辑。通过团队合作，借助计算机工具，对素材进行编辑以达到创作目标。

（4）移动端／网页端内容发布。对用户画像、平台特点进行分析研究，寻找最合适的媒体平台。

（5）受众用户分析。深入分析学生的基本特征、普遍兴趣、阅读习惯和内容偏好。

（6）舆情监测与内容监管。对发布的内容进行监管和预测，分析其影响力和倾向性。

3. 数字内容创作空间的可持续发展

数字内容创作主要目标就是实现学生对知识的内化和重构，需要图书馆邀请校内外知名专家组成顾问团队，根据功能需求和建设目标，结合空间的原有特点，为数字内容创作空间规划整体性建设方案，以确定项目执行方案及运营流程、项目团队核心成员、数字内容创作空间业务运营流程、学生培养计划和成果标准等指导性文件。同时，还需要图书馆将空间元素划分为空间环境元素、硬件元素和软件元素三大类，然后根据需求和预算进行建设和配置。

在数字内容创作空间建设过程中，通过内外部专业的评估保证数字内容创作空间的可持续运行。同时，高校之间应组织线上／线下媒体活动及校园互访活动，进行系统的、参与式、互动性的成果展示。数字内容创作空间正式投入使用后，将以培养学生核心胜任力为目标，使用率和效果为评估指标，构建独特的教学平台和数据资源。数字内容创作空间通过专业平台对其运维及后续升级工作提供指导方案，并且可以从以下三个方向制定项目后续发展规划：

（1）打通多元主体协作关系，为培养数字人才持续赋能。

（2）探索学生数字内容创作评价体系，开发数字资产管理系统。

（3）扩大模式效应，打造学生自己的媒体平台。

五、数字内容创作空间建设中需要关注的问题

（一）数字内容创作空间的发展战略

建设和使用符合学校培养人才目标和教学目标的数字内容创作空间应该是图书馆思考空间建设的首要要素。数字内容创作空间是学校教育思想的一种具体体现，空间的建设必须以学校整体战略为出发点，形成完善的空间建设战略规划。

数字内容创作空间是一个自适应的整体，从规划、建设、维护到使用，是一个系统性的工程。建设这个系统性工程最大的挑战之一是在所有参与设计、使用和维护这个空间的相关部门或院系建立共同的愿景。因此，需要图书馆创建流程来共同构建这个共同愿景，这样才能够具有可持续性的发展。数字内容创作空间制定发展战略规划的目的就是希望在所有相关部门或院系中达成共识，通过深思熟虑的设计和创新，以及高质量的管理和服务支持，推动创造适当和可持续的数字内容创作空间建设。

（二）数字内容创作空间的成本管理

数字内容创作空间建设是一个系统工程，而目前的招投标制度，

往往只考虑采购预算较低的方案，这样的考量可能会给后期带来诸多不确定性，除了增加管理负担以外，也给学生带来了较差的使用体验。因此，数字内容创作空间建设除了初始的建设成本，还会产生很多间接成本，这是图书馆在数字内容创作空间建设之前，为降低数字内容创作空间建设的总体拥有成本应该首先考虑的问题。

总体拥有成本（TCO）是一项财务估算，定义为与采购商品或服务相关的所有活动以及这些活动发生所带来的成本（见图2.4）。[①] 将TCO用于数字内容创作空间建设的分析，旨在确定产品或系统的直接和间接成本，力求帮助图书馆找到最合适的解决方案，主要可以从降低维护成本和管理者的学习成本，以及提高空间的利用率两个方面去着重考量。

图2.4 总体拥有成本示意图

（三）数字内容创作空间的服务效率

数字内容创作空间的基础设施需要可持续管理，旨在提高管理效率和系统资源的使用效率。尽管数字内容创作空间的利用率不能代表或直接衡量空间的绩效，但是可以作为代表教育资源使用效率的可考察因素之一。在英国的高等教育中，空间利用率通常既要考虑使用空间的频率，又要考虑使用空间的人数。英国国家审计署（NAO）的《高等教育空间管理：良好实践指南》列出该标准的计算方法：（频率百分比 × 占用率）/100 = 空间利用率。

① 陈志祥、马岚：《基于TCO模式的采购成本分析法的应用研究》，《工业工程》2006年第2期。

频率是指空间使用的小时数占总可用性的比例（一般是以一周为单位），占用率是指平均人数占空间使用小时总容量的比例。英国高等教育资助委员会（HEFCE）2000 年发布的指南中指出：良好的空间利用率为等于或大于 35% 的利用率；一般的空间利用率为 25%—35%；差的空间利用率为等于或小于 25% 的利用率。[①] 关注数字内容创作空间的利用率可以帮助图书馆找到最佳的空间供需解决方案；帮助图书馆找到计划和实际使用之间的差距，查找问题，提高教育资源使用率；可以突出使用不足的区域和使用过度的区域，以便图书馆更好地找到数字内容创作空间改建和设计的方案。

同时，越来越多的图书馆发现空间预约的重要性。设计合理的空间预约系统，可以让图书馆能够很好地预知需求，实现精细化服务管理；通过空间的适度调度，提高其服务效率，降低运营成本，也可以满足学生的使用需求，让学生突破学习的边界。学生按需访问数字内容创作空间，可以有序引导学生的学习行为，使得传统的有边界的密闭空间，变成有序的无边界的数字内容创作空间，更有利于激活学生的学习意愿。学生可以按照自己的学习需求将自己的学习时间与数字内容创作空间的授权使用时间进行匹配，按照规范灵活的方式访问数字内容创作空间，最大限度地利用新技术带来的自由性和机动性，为学生创建无缝学习体验。

（四）数字内容创作空间的规划管理

数字内容创作空间主要由物理空间、虚拟的学习社区和动态学习资源等共同构成，通常意义上物理空间指的是空间所必备的基础设备、设施和建筑形成的空间。物理空间规划所需考虑的要素主要包括：

---

① UK Higher Education Space Management Project, "Space Utilisation: Practice, Performance and Guidelines", http://www.smg.ac.uk/rep_utilisation.html.

（1）融合；

（2）空间安全性；

（3）空间光照、照明；

（4）空间的声学设计；

（5）空间的温度控制；

（6）辅助功能和通用设计；

（7）特殊的设备支持等。

物理空间创造了支持教育使命和目标的实际环境，它们组合在一起后形成了数字内容创作空间的实体，并定义了图书馆向师生所描绘的有形身份。简而言之，物理空间是其生存的关键组成部分。由于物理空间的寿命很长，不管在建设还是改建过程中关注空间的功能性都是需要面临和解决的问题。因此，物理空间的规划和评估则变得尤为重要。

（五）数字内容创作空间的技术融合

学习的本质是知识的内化、重构和转移，数字技术使得交流和知识超越了物理空间的限制，提供了更多的可能性。相对于有形的、客观存在的物理空间，虚拟空间泛指为学习和体验准备的数字信息系统，用于对学习过程的支持和管理。与传统的教学法不同，虚拟空间对教学的互动性、灵活性和技术支持都有着较高的要求。今天的数字学习和体验环境其实是存在多个节点、线缆的虚拟连接，技术融入使数字内容创作空间建设在物理空间的基础上增加了技术融入的要素：

（1）空间的互动性；

（2）家具的灵活性；

（3）对现场及远程互动的技术支持；

（4）网络连接情况；

（5）视觉和听觉技术的呈现效果。

数字内容创作的行为包括对思维过程和学习者可用于创作的工具功能的反思，这些技能对学生提出了很高的认知和元认知要求，他们必须主动完成学习任务以及在数字内容创作空间所赋予的环境中进行体验和创作，并对创作成果进行演示和宣传，以此完成整个学习和创作的闭环。因此，对数字内容创作空间的虚拟空间的建设目标和设计规划同样提出了很高的要求。高校图书馆可以通过充分利用信息通信和数字技术，创造更好的环境和更好的选择，使学生能够以新的方式在新的空间融合，通过提供可协作的物理空间和可以通过数字方式连接到更广泛的社区的可能性来支持互动与交流。空间的融合突破使得学生将各种活动有机地链接和整合，并与不同学科的人进行交流，通过创建数字内容来解释他们的想法和所学到的知识，使不同类型的学习活动之间实现无缝集成。同时，在数字时代，跨区域、跨学校，甚至是跨界出圈的传播也是学生创作的动力和数字内容成果有效输出的途径。因此，高校图书馆应广泛通过社会组织、社会媒体的有效传播对数字内容成果进行输出和巩固，并使得数字内容创作的教学和空间体系能够可持续地运行下去。

第二节　基于“共享场景”的数字人文实验室建设

随着高等教育改革的逐步深入，国家逐步加大了新文科建设力度，其目标之一就是力图改变文科教学长期以来重理论轻实践的痼疾。2019 年教育部启动“六卓越一拔尖”计划 2.0，全面推进“四新”建设，教育部社科司 2020 年工作要点中也提出，将启动高校文科实验室建设，以促进研究方法创新和学科交叉融合。在此背景下，不少高校出于人才培养和教学科研需要，正逐渐加大对文科实验教学的投入，教育部新文科建设工作组组长樊丽明曾撰文解读新文科建设的内涵，新文科之新首先在于新科技与文科融合引致的文科新增长点和传统文科专业、课程以及人才培养模式的更新换代。[①] 以此对比教育部社科司文科实验室建设目标，不难看出“引入新技术”和“交叉融合”是新文科和文科实验室建设共同的关键词。

数字人文自 2001 年被提出以来，一直受到全球人文学科领域的关注，并被认为是图书馆服务实践的新方向。[②]2014 年美国大学与研究图书馆协会把数字人文列为学术图书馆未来发展的十大趋势之一，预测其将成为图书馆服务的新增长点。近年来，国内外高校图书馆纷纷开展了数字人文相关的理论研究、教育培训、平台建设、中心打造等方面的探索实践。有研究者指出，对于数字人文这一新兴领域，国内外图书馆界在理论和实践上尚处于探索阶段，在众多有数字人文中心的高校里，由图书馆完全主导的数字人文中心还比较少，一般都是由图书馆共同参与，相关研究主要围绕图书馆在数字人文建设中的角色定位以及如何参与等问题。[③] 因此，图书馆需要积极探索和寻求能够更好地融入数字人文研究的功能定位，成为研究者提供汇聚研究人员、研究设备和工具等，具备共享场景的实验场所和实践基地。

近年来，学科内涵逐步拓展，新时代对人才培养不断提出的新要求，高校文科专业也面临着越来越多实验需求，在教学和科研中都有大量环节需要相关实验室的支持。而新文科的提出则需要给传统文科“做加法”，尤其是通过数字技术手段，冲破传统人文科学的研究范式，以数字思维对接人文学科的转型和升级，从而促进高校探索数

① 樊丽明：《“新文科”：时代需求与建设重点》，《中国大学教学》2020 年第 5 期。

② 朱本军、聂华：《数字人文：图书馆实践的新方向》，《大学图书馆学报》2017 年第 4 期。

③ 冯晴、陈惠兰：《国外图书馆参与数字人文研究述评》，《图书馆杂志》2016 年第 2 期。

字人才培养的新路径、新方法，寻求以实践为导引的新突破、新发展。[①] 因此，在新语境下，面向数字人才培养，以及数字技能与数字思维提升的“数字人文实验室”建设恰逢其时，而高校图书馆作为学校的跨学科公共服务机构，必然具有不可替代的优势。例如，高校图书馆具有独立的组织建制、足够规模的空间资源、定期的数据经费、充足的人员保障、区别于学校其他学习空间的灵活时间性，以及服务学校学科建设的全门类信息等。[②] 而图书馆之所以会吸引学生来，除了上述所需要信息、工具和设备的易获性外，更多是基于对特定氛围和场景的需要，尤其是图书馆在数字人文基础设施建设的基础上，提供数字内容和数字技能的体验和培训，是一个可以突破语言、学科和空间的限制，链接各学科与专业，真正实现“共享场景”设计理念的空间。因此，作为一个公共的跨学科融合交流、体验和实践的场所，高校图书馆创建的用于师生数字技能提升与数字思维养成的“数字人文实验室”，已成为新文科背景下图书馆支撑和引领跨学科建设的重要平台。而面对高校兴起的新文科实验室建设，以及各学科纷纷建立的数字人文实验室，图书馆如何利用“共享场景”理念，建设真正有别于各学科用于数字人文研究或数字化项目孵化的实验室，也是图书馆助力新文科的一个重要课题。

一、国内外代表性数字人文实验室建设现状调研

数字人文项目常常涉及程序开发，需要消耗比传统人文研究更多的经费，而技术开发却不是人文类专业的特长，所以往往需要依

① “构建数字人文生态扎实推进新文科建设”，https://www.sohu.com/a/443748532_120873510，访问时间：2021 年 01 月 17 日。

② 蔡迎春、姜小溪：《数字内容创作：图书馆空间变革的新态势》,《图书馆学研究》2021 年第 6 期。

托于实验室进行跨界合作。多元化的跨界合作，是数字人文有别于传统人文研究的一个特点；因为它结合了信息技术，必然更依赖于实验和实践。但已有平台往往开放程度不够，借鉴价值相对更大，却很难为新应用的建设提供直接的基础服务支撑。因此，很多高校在开展数字人文项目时，既创新数字人文研究的理论方法，也探索相关平台和实验室建设，逐步建立起一批各具特色的数字人文实验室。本章调研了 8 家国内外具有代表性的数字人文实验室（或中心），并对它们的重点研究方向和成果、主要基础设施和技术方法等进行对比（见表 2.4）。

表 2.4　8 家国内外具有代表性的数字人文实验室对比

机构名称	主导单位	建设内容或主要项目	基础设施或技术方法
哈佛大学图书馆下设各类数字人文机构或实验室	哈佛大学图书馆	哈佛图书馆部分分馆独自或联合其他部门成立不同形式的数字人文机构，如哈佛 Cabot 图书馆和 Lamont 图书馆联合创建数字未来联盟，并联系艺术与人文研究院组建数字学术支持团队，成立工作坊，开展数字人文课程、视觉艺术、数字工具实践培训及举办学术交流论坛、数字产品发布等活动；哈佛燕京图书馆东亚数字学术实验室参与数字人文项目的合作研发，为东亚学术研究学者提供数字人文技术指导、咨询服务，实验室建有数字人文资源平台，提供增强虚拟现实展示与体验；Lamont 图书馆成立	依据不同的使用目的，提供不同功能空间及相应配套技术设备，如教学研讨室、创客空间、媒体实验室、工作坊、推广展示间、可视化制作室、剧场等。不同空间根据功能和需求提供不同的设备，如交互电视、投影设备、高端计算机（MacPro、Linux）、3D 打印设备、扫描仪、高端图形处理器、大型高分辨率显示器等。Lamont 可视化实验室配备制图工具，电脑安装特定软件，用户通过自然界面（触摸或手势）及整合虚拟现实技术增强人机交互、人与人交互和虚拟现实影像。Cabot 图书馆 MediaStudio

续表一

机构名称	主导单位	建设内容或主要项目	基础设施或技术方法
哈佛大学图书馆下设各类数字人文机构或实验室	哈佛大学图书馆	多媒体实验室，提供一站式数据可视化和多媒体创作，提供数据可视化、播客技能、沉浸式设计、媒体、音频和视频创建、海报编辑制作等培训及技术支持；哈佛法学院图书馆成立创新实验室，探索图书馆在法律知识的生产、共享和使用的创新与服务新途径，开展数字馆藏数据化，采用技术关联公共数据集，图书馆馆藏可视化，建设开放案例库平台H2O，提供开源软件对数字化特藏访问等多种方式推动学科研究的发展。	提供270度沉浸式投影、虚拟现实增加沉浸式和体验式学习与发现。此外，哈佛图书馆自主研发以及引进运用的软件工具种类齐全，功能实用，大致有以下大类：数据可视化、地图制作、自然语言处理、文本挖掘、文本标记、发布工具、定量分析软件等。网页提供各类工具的介绍与使用方法说明。[1]
哥伦比亚大学图书馆数字研究与学术中心	哥伦比亚大学图书馆	①汇集技术和研究支持，为师生和人文与历史工作人员服务，用户可以学习和使用最新的数字资源和技术；②提供与特定用户相关的所有数字格式的基本支持，全面支持历史等人文科学收集的材料，并转借给其他图书馆或校园部门，以便使用具体的工具；③提供数字化的参考咨询和教学服务；④大学信息团队（特别是图书馆数字计划、图书馆IT办公室等）以及校园其他部门计算机组之间正式密切合作和建设网站。中心作为与哥伦比亚信息系统首次接触的一个点，	依据不同的使用目的，提供了配套的技术与设备，主要有：①扫描设备、编辑文本与图像工具。有六个专用的高端文本扫描仪，四个专用的高端图像扫描仪和一个微缩胶片扫描仪，全部配备ABBYY Fine Reader、Adobe Acrobat和Adobe Photoshop，以生产图像文件或机器可读文本。②数字视频编辑设备。提供六台Macintosh工作站并配备数字视频编辑功能，配有一套相关工具，包括Final Cut Pro、iMovie、Final Draft等。③参考、引用管理工具。提供多款软件与工具，

续表二

机构名称	主导单位	建设内容或主要项目	基础设施或技术方法
哥伦比亚大学图书馆数字研究与学术中心	哥伦比亚大学图书馆	在这些团体的各自专长或提供转介的基础上，为数字产品的演示、实施和评估提供场地，这些群体的工作人员也可以根据自身需要开辟工作空间。	包括Zotero、Mendeley、ENDNOTE，并提供了一般引用资源与工具的网络链接。④文本和定性分析工具。提供的程序包括WordSmith、Crawdad、NVivo和TAPoR。⑤个人数字存档。由于个人数字信息容易丢失、不易保存，中心为用户提供了一系列方法来保存此类个人信息。[2]
耶鲁大学数字人文实验室	耶鲁大学图书馆	①为耶鲁人文学者设计的共享资源，用于创建原型、概念验证和实验；②提供甄别和取得外部支援的专业知识，包括就申请程序和技术实施细节提供意见；③通过咨询、培训和讲座，为研究和教学目的数字人文技能获取提供支持；④既支持最初的数字人文学科项目构思，也支持现有项目的创新方向；⑤主要支持四个领域，文本和数据挖掘、图像计算、空间分析和网络分析；⑥开发开源软件，以促进人文研究和聚集规模分析的新的和可访问的方法。 ① Photogrammar：基于网络平台，搜索美国农场安全管理局和战争情报办公室于1935—1945年拥有的17万张照片。② Gathering a Building：一个基于新型的	空间上，配有轮式家具，可以形成多种布局适应各种学术活动的灵活工作空间，同时配有由六个独立触屏显示器组成的高清屏幕，房间墙壁上设有十个额外的高清显示器；中间一个玻璃立方体工作空间，玻璃墙可自由闭合，形成不同的区域；立方体后面设有独立的工作站和系统平台。 技术上，耶鲁大学的数字人文学科项目利用了从神经网络到三维沉浸现实的广泛技术。[3]

续表三

机构名称	主导单位	建设内容或主要项目	基础设施或技术方法
耶鲁大学数字人文实验室	耶鲁大学图书馆	住宿学院，分析其所产生的社会、物质、历史等众多问题的平台。[4]	
剑桥大学数字人文实验室	剑桥大学图书馆、剑桥数字人文中心	剑桥大学数字人文中心下属部门，也是剑桥大学图书馆主持的数字人文机构，为项目的生命周期全过程提供支持。 主要项目：大规模数字化、IIIF 范围界定项目、Lewis Palimpsest 项目、西班牙语抄本等。	为科研人员提供了文字编码软件、文本和数据挖掘软件、数据可视化软件、语言计算软件、社会网络分析软件和 3D 建模等数字人文研究常见的软件，以及高性能计算，该服务是由剑桥大学的大学信息服务机构提供的，服务内容包括大型 CPU 计算集群、世界领先的节能 GPU 计算集群和数据驱动发现的剑桥服务（简称 CSD3）。其中 CSD3 提供驱动数据密集型仿真和高性能数据分析，被称为具有下一代数据分析功能，为数字人文研究提供强有力的技术支持。[5]
伦敦国王学院数字人文实验室	伦敦国王学院	使用基于行业实践的软件工程，由包括研究软件分析师、工程师、UI/UX 设计师、项目经理和系统经理等 14 名成员组成的团队。研究软件工程，以及产生数字学术输出所需的系统、基础设施、工具和过程的实现；探索数字人文学科发展的认识论和方法论影响。 主要项目：研究软件工程师——这些专家在学术和技术之间操纵，在人文技术和科学技术之间转换。[6]	是一个虚拟主机基础设施：200 个虚拟机，750GB 内存，40TB 数据，大约 500 万个数字对象。如果需要使用更多高性能的机器，就使用大学的网络研究 / 电子研究基础设施。 KDL 在资助和管理研究项目时不仅考虑研究的复杂性，还考虑软件开发的可持续性。添加系统、应用程序和数据生命周期管理到软件开发生命周期（SDLC）以及研究数据管理中。[7]

续表四

机构名称	主导单位	建设内容或主要项目	基础设施或技术方法
北京大学数字人文实验室	北京大学信息管理系	实验室主体是一个学术团队，是集学术研究、人才培养、对外学术交流为一体的综合性学术平台。整合北大各院系与数字人文相关研究力量，吸引各学科师生参与，构筑跨学科、多层次、协同合作的数字人文平台。 主要项目是“智能环境下中华典籍的开发与利用”基础研究课题，包括：古籍文本的自动句读与自动标点，命名实体自动识别，历代古典目录集成、儒家学术史知识图谱构建、历史人物年谱可视化等多个系统的并行研发。	北京大学数字人文研究中心致力于将大数据、人工智能等前沿技术应用于人文语料，特别是数字化古籍文本的自动处理，为人文研究提供新工具和新方法。核心目标是将大数据、人工智能等前沿技术应用在古籍文献资源上，极大提升古籍整理和古籍数字化的效能，为文史专家、古籍整理人士、古籍爱好者和普通网民提供利用古籍资源的便利工具。[8]
中国人民大学“数字清史实验室”	中国人民大学清史研究所	主要依托国家社科基金重大项目，建设“清末民国社会调查”“清代自然灾害集成”两个大型数据库，并建设了一些小型史学数据库作为配套；在气候变迁、量化研究、政治史等领域取得系列数字人文研究成果；与中国知网共建并上线“清史数据共享平台”和“清史研究专题库”，收录六十余条与清史相关的研究资料。	致力于清史数据的开发与共享，打造集时空于一体的数据平台。探索将数据建设与课程开发、技术培训、人才培养结合的方式，以暑期研修班和课程建设等形式，加强本科与研究生的“数字人文”训练。未来将在“清史数据共享平台”上发布相关数据，实现清史数据的公开、共享、汇聚。[9]
云南大学“数字人文”实验室	云南大学历史地理研究所	已经完成了“东亚历史台风信息平台”“西南丝路地名数据库”等信息平台的设计，与河南大学经济学院	旨在探索历史地理信息化与“数字人文”相结合的研究路径，已具备历史地图绘制、信息平台搭建、数据

续表五

机构名称	主导单位	建设内容或主要项目	基础设施或技术方法
云南大学"数字人文"实验室	云南大学历史地理研究所	共建"数字历史河流信息系统"，为团队在历史时期人地关系、西南边疆史地、气候变化与水环境关系等领域的研究提供技术支持与数据服务，推进西部地区的历史地理信息化发展。数字人文实验室已经积累有各类历史档案三万余件、藏书两千余册和大量多媒体田野调查成果。	生产、历史场景模拟、文本分析等研究能力。 主要探索方向：①多语种史料的信息自动化提取方法；②历史水利场景模拟；③探索"人工智能"与历史地理研究的结合方式。未来，将继续探索"大数据""人工智能"等新技术在历史地理学中的应用。[10]

资料来源：

［1］俞德凤：《哈佛大学图书馆数字人文实践及启示》，《图书馆学研究》2020年第15期。

［2］安结：《美国哥伦比亚大学图书馆数字人文实践探究》，《图书情报工作》2018年第8期。

［3］"耶鲁 DHlab 网站"，https://dhlab.yale.edu/about.html，访问时间：2021年08月08日。

［4］郭英剑：《耶鲁大学：数字人文实验室的前世今生》，《中国科学报》2019年11月6日，第7版。

［5］郭丹丹：《国外高校图书馆数字人文实验室研究——以剑桥大学图书馆为例》，《山东图书馆学刊》2021年第3期。

［6］詹姆斯·史密西斯、刘菲英：《伦敦国王学院数字人文实验室主任史密西斯教授访谈》，《数字人文》2020年第2期。

［7］J. Smithies, C. Westling, A. M. Sichani, et al, "Managing 100 Digital Humanities Projects: Digital Scholarship & Archiving in King's Digital Lab", *Digital Humanities Quarterly*, vol. 13, no. 1, 2019.

［8］数字人文开放实验室："'吾与点'古籍自动整理系统上线公测啦！"，https://mp.weixin.qq.com/s/TZvhHKQPpICqLlAnxlvQug，访问时间：2021年08月08日。

［9］中国人民大学清史研究所："本所举办'《缙绅录》量化数据库与清史研究'工作坊暨'数字清史实验室'揭牌"，http://www.iqh.net.cn/info.asp? column_id=12329，访问时间：2021年07月15日。

［10］《云南大学历史地理研究所"数字人文"实验室简介》，《云南大学学报(社会科学版)》2021年第1期。

综观上述国内外几所代表性高校数字人文实验室的建设状况，可以发现如下特点。从建设理念来说，国外的数字人文实验室更注重实体空间打造和基础设施建设，将各种软硬件设施配置在实验室中，以供各类数字人文实验的开展；而国内则更多是一种理念上的集合体，以共同致力于特定研究领域的学术团队为主要力量，围绕数字人文项目展开研究，有的并没有十分明确的实体空间和环境，团队之间以项目为核心协同合作。从建设目标和重点研究方向而言，国外的数字人文实验室以服务更广泛的学科为目标，提供的空间环境和软硬件设施更具通用性和开放性，研究方向也相对宽泛和多元，且其多依托或设立于图书馆内，如有研究也显示无论美国常春藤盟校的八个数字人文中心是否独立，它们都挂靠在图书馆下，图书馆在中心有着举足轻重的作用，不仅参与课程设计，同时还承担部分教学任务以及举办各种数字人文学术活动，并在院系间、学术团体间、组织机构间架起桥梁。[①] 而国内很多是由专门的研究所或学科点建设，主要依托于学校特色优势学科或项目团队在特定研究领域的现实需求，对接项目研究的实际状况而逐步建立和发展起来，因而往往带有较为鲜明的学科属性和特定领域的需求导向，如围绕古籍史料、语料文本、历史地理、文化遗产等特定领域的数字人文研究项目，提供针对性的在线数据服务，如古籍整理文本挖掘、地理数据信息系统构建、知识图谱可视化、自然语言处理等，并在此过程中搭建平台，开发数据库等具体数字人文成果，同时产出相关学术论文，形成产学研一体化的项目模式和运作机制。

但是，这样的以优势学科或特定项目为依托的数字人文实验室创建具有狭隘性和不够开放的问题，相互独立，各自为政，其实验场景的设置只能服务于特定的学科领域和研究对象，而不具备通用性、共享性和开放性。如上海外国语大学语料库研究院正在建设的语言智能

① 严哲：《美国常春藤盟校图书馆数字人文研究实践与启示》，《图书馆》2020 年第 11 期。

与数字人文实验室，其主要服务于语料库研究中的人工智能、数据库建设与自然语言处理研究的前沿探索，独自建设的开发和运维成本都非常高。事实上，数字人文实验室的很多基础设施、技术工具和数字方法等是具有共性特征的，如果能够抽取出通用性部分进行功能实验室建设，打造各个学科和研究项目都可以共享的场景，就可以在很大程度上避免重复建设和资源浪费。而高校图书馆可以在"共享场景"理念下的通用性数字人文实验室建设中发挥其优势和作用，为各个学科领域和不同研究项目提供基础性、通用性、共享性的实验室空间环境、技术工具和资源支撑，既可有效弥补数字人文技术和具体学科之间鸿沟，又可解决学科之间相互独立、不能共享，以及无法依据通用问题创设不同应用场景的局限，以加强师生对新文科实验室的认知和体验。

二、"共享场景"应用理念及构成要素

（一）"共享场景"的应用理念

"场景"一词源于戏剧影视学用语，借用到新语境下，主要指实施不同实验项目所需的物质条件（软硬件设备、系统和场地等）。如果两个实验项目所需的物质条件相同或相似，则可称实验项目具有相同的实验"场景"，而将具有相同"场景"的实验项目划分为功能实验室进行建设，即"共享场景"设计理念。[①]高校图书馆创建用于跨学科支撑的数字人文实验室，正好契合"功能实验室"的内容，不仅可以避免重复建设、节省资源，同时也可以集中图书馆在基础设施、信息资源，以及数字人文工具和方法方面的优势，将计算机仿真实验室建设的方法与思路转化为"数字人文实验室"的建设。因此，以此创建

① 杨小青、张宗浩、曾文碧：《基于"共享场景"理念的新文科实验室设计》，《教育教学论坛》2020 年第 31 期。

的数字人文实验室，不仅秉持图书馆包容和开放的特性，而且同时融合空间的真实与技术的虚拟，又可呈现多样、灵活和聚合的特性，便于在不同学科师生之间建立良好的平衡，从而有效促进资源效益的最大化。本章探讨的"共享场景"，就是指在新文科背景下，以图书馆数字人文基础设施为载体，以数字技术方法与工具为支撑，以师生的跨学科需求为导向，以共享数字学术服务为场景内容，打造一个时空一体的场景体验。

（二）"共享场景"的设计要素

相对传统文科实验室，数字人文实验室更注重学科重组、文理交叉，把新技术融入实验体验中，为学生提供综合性、跨学科性实践，而明确的目标有利于数字人文实验室后续的建设。高校图书馆创建数字人文实验室，需要注意实验室建设方向与图书馆未来数字学术服务的发展定位相结合，与学校在新文科建设中的人才培养需求相一致，从而有效避免概念化、空泛化，尤其是避免为某个学科而建，从而着力建设基于共享的综合性、通用性、体验性、互动性强的沉浸式数字人文实验室，围绕跨学科目标组建研究团队，不断完善数字人文基础设施建设，开发和整合数字人文数据资源、技术方法和研究工具，面向师生的数字生存技能提升、数字思维养成以及数字人文项目，构建以教育培训、沉浸体验和数字实践为主的课程和培训体系，助推数字人文相关研究。

罗伯特·斯考伯和谢尔·伊斯雷尔在《即将到来的场景时代》一书中指出场景时代具有五大原力，分别是社交媒体、移动设备、大数据、定位系统和传感器。[①]而"共享场景"则可在这五种原力的基础上，

---

① 罗伯特·斯考伯、谢尔·伊斯雷尔：《即将到来的场景时代》，北京：北京联合出版公司2014年版，第11页。

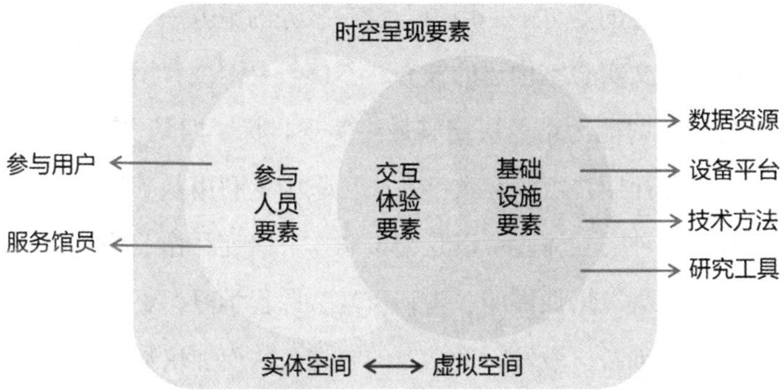

图 2.5　“共享场景”下数字人文实验室的构成要素

本章有机整合了“连接”和“共享”思维，构建了数字人文实验室建设的组成要素。在“共享场景”理念下的数字人文实验室，主要由以下四大要素组成（见图 2.5）。

一是时空呈现要素。空间是共享场景的基本承载体，数字人文实验室主要由承载设备设施、营造数字学术氛围的实体空间，以及借助数字技术构建的虚拟空间构成。当然场景不仅仅是一种空间的定量，还包含着时间的概念，“共享场景”更需要建立在时空和谐统一的基础上，实现时间与空间的良好对接。[①] 二是基础设施要素。基础设施要素是数字人文的使能者，也是搭建“共享场景”的基础，目前图情界普遍认为文本化、数据化的文献资源及相关资源库、机构仓储，与数字人文相关的设备设施及系统平台，数字人文相关的技术方法及工具软件等都是基础设施必不可少的部分，基础设施建设的不断完善将助推人文领域研究范式的革新升级。[②] 三是参与人员要素。数字人文“共享场景”构建理念就是为用户提供跨学科服务和数据信息，这里的参

① 吴娟娟：《移动互联网下共享场景研究》，湖南大学 2018 年硕士学位论文。

② 王丽华、刘炜：《助力与借力：数字人文与新文科建设》，《南京社会科学》2021 年第 7 期。

与人员既有服务的受方——用户，也有服务的施方——馆员。用户与馆员是数字人文实验室构建的核心，不仅需要围绕着用户需求提供支撑，而且馆员的能力培养决定其最终实现目标。四是交互体验要素。交互体验就是让用户沉浸在数字人文场景中，利用基础设施而产生的交互行为，这种交互体验可以是编辑制作、研究写作、路演展示，也可以是探讨交流、培训讲座、头脑风暴、课程学习，更多是寻求一种学习方式上的创新，激发深度学习的兴趣，从而加快数字技能与数字思维的养成。

三、面向新文科的数字人文实验室建设

近几年，上海外国语大学图书馆基于数字学术服务的深入实践，在图书馆二期改造中，通过先期与新闻传播学院共同建设“数字学术中心”积累的经验和建立的团队，在国内外数字人文实验室调研的基础上，广泛听取校内外专家的建议和意见，积极探索数字人文实验室建设路径。同时，在创建过程中将“共享场景”构成要素贯穿其中，充分体现其共享性、通用性和开放性的建设理念。

（一）建设目标的确定

新文科背景下的高校的教学与科研非常需要数字人文的思维、方法和工具的支撑，上外图书馆在“十四五”规划中明确了未来的发展方向，其中关于“数字人文与跨学科研究支撑”主要体现在三个方面。一是为学科发展提供跨学科、跨领域、跨文化的支撑。图书馆不是自身开展数字人文研究，而是在数字人文研究的基础上，基于数字人文的理论、工具、方法和资源等搭建平台，提供桥梁和支持。二是为研究生的数字思维的养成提供支撑，即在多语种环境下，通过数字人文方法、工具的培训，利用数字人文的思维来解决研究中的问题；开展

以数据素养和数字人文为主题的学术训练营，来为研究生提供理论、方法、资源、工具的具体培训。三是为研究生和本科生的数字技能提升提供空间与场所，提升他们的创新型思维与实践能力。上外图书馆成立“数字学术中心”，以及建立数字人文实验室，更重要的就是为大家创设沉浸式的体验空间，提供数字人文与跨学科研究的试验、实践和展示的基地。

（二）建设规划与实施

上外图书馆在数字人文实验室建设中，主要以数字人文研究和实践能力培养为主要抓手，将时空呈现、基础设施、参与人员、交互体验四个构成要素贯穿于数字人文实验室的建设中，同时关注空间、平台、培训和管理等环节建设，从而带动学生对专业知识的深度学习，促进交叉学科的融合，寻求图书馆支撑跨学科建设与交流的融合构建模式。目前，该数字人文实验室已基本建成并即将投入使用，成为广大师生和人文学者开展数字人文研究和实验的实践基地和汇聚交流、协同创新的空间场所。

1. 设计数字人文共享体验空间

上外图书馆数字人文实验室（见图 2.6）共设有共享功能区、数字体验区、互动探索区和分享交流区，并在共享功能区配置高性能计算机，并设置实现不同功能的编辑设备和软件，供师生进行形式多样的数字体验或数字内容学习与创作，充分满足师生进行数字人文项目实践和交互体验的需求，为学生构建数字内容创作环境、数字人文实践场所；四周和中间的到墙书架提供与数字技能培训或数字人文研究相关的专业文献，其与电子显示屏巧妙融合，创设一种沉浸式的研究氛围。此外，通过家具设备的外观设计、主要功能、活动与否使得空间灵活分区，方便师生进行互动、探讨、交流与学习。其中共享功能区和数字体验区配置了便于移动的桌椅，配合高清显示屏等数字化设

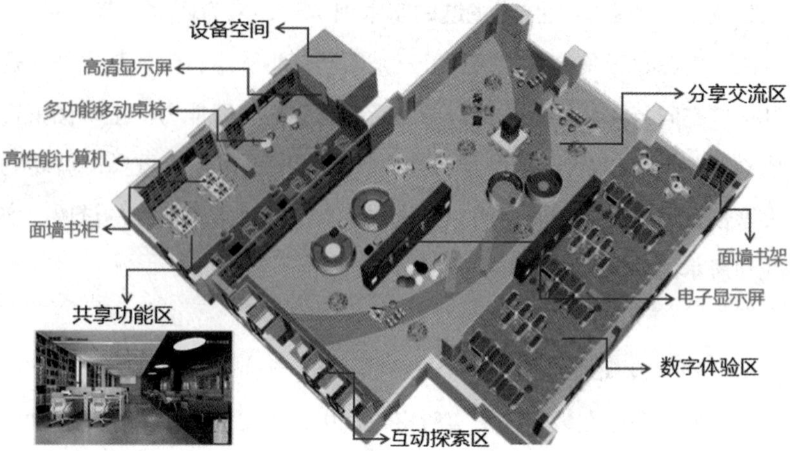

图 2.6 上海外国语大学图书馆数字人文实验室设计图

备，可提供不同的应用场景，创新体验式学习方式的同时激发和提升用户潜能，达到全力支撑学校数字复合型人才的培养目标。

2. 打造数字人文通用共享中台

紧密围绕“资源 +”“技术 +”“工具 +”理念，构建以资源数据、数字工具和技术方法为主体的通用性中台。上外图书馆通过与新闻传播学院、区域国别研究院等合作，积累了数据采集、存储、管理、应用方面的技术经验，合作开发的“国际舆情与全球传播案例管理平台”，初具“数据中台”的雏形。图书馆还通过建立“一键演播室”，开发“工具中台”模块，逐步将数字人文通用工具软件的安装程序和使用教程等存放在该中台上，方便师生开展数字人文研究时随时调用，并可获得培训与体验。同时，图书馆还建立了新闻传播、工商管理、政治学等学科数据服务平台，集学科服务、资源组织、科研数据、参考咨询、信息素养等服务于一体，不仅可以浏览学科相关信息资源，还可以借助深度学习、知识图谱、智能推荐等数字技术，获取定向推送文献、大数据分析、开放获取出版等定制化服务。“十四五”期间，图书馆将以此为契机，致力于打造一个集数字资源中心、数字人文与学术实验室、数字内容创作空间、智慧共享与研讨空间为一体的数字学术平台，全面支撑并融入跨学科融合与协同发展及创新工作中，在提升图书馆跨学科的支撑与服务能力的同时，促进师生数据思维的形成，从而全面助力新文科背景下学校跨学科融合与协同发展及创新。

3. 开展数字人文素养教育培训

将多元化开展信息素养、数据素养和数字人文相关教育培训作为数字人文实验室支撑跨学科建设的重要环节。面向本科生和研究生开设“信息素养之科研工具应用”“专业学习与信息素养形成”“学术思维养成与论文写作指导”等通用公选课程，内容涵盖电子资源检索与利用、文献管理和信息可视化、学术规范与投稿指南、数字人文跨学科研究方法与工具等四大模块，主要采用多媒体与现场演示等手段，运用翻转课堂教学理念，提供学生将所学的检索技能和数字工具、方法应用到论文写作、学术研究等的实践体验场景。上外图书馆推出研究生学术训练营系列活动，以学术讲座和工作坊等形式，为师生提供数字人文入门训练，主要由“数据分析工作坊”“数字人文工作坊”“信息素养工作坊”等三个系列组成，内容涉及 Python 使用、人工智能时代的语言学研究等多个主题。同时，举办“带上 Python 去挖矿”数据分析大赛，提升全校师生对数字人文及数字学术的应用能力，通过孵化项目形式开展创新实践。此外，还定期以线下和线上相结合的方式，开设 90 分钟数据素养人文工具系列公开课，吸引师生深入学习和体验数字人文魅力。

四、“共享场景”数字人文实验室建设的关键环节

数字人文实验室将师生的数字思维养成、知识内化与数字生存技能训练融为一体，构建以师生为主体的生成性活动的沉浸式、体验式空间。基于“共享场景”的数字人文实验室建设，要做到既能够支撑

教育教学，又能够兼顾人才培养，需要重点关注以下四个关键环节。

（一）打造共享体验空间，创设个性化场景

数字人文实验室主要是为了创设一种沉浸式体验空间，提供数字人文与跨学科研究的实验实践基地，同时针对不同学科的独特研究方法、工具，创设个性化支撑平台和场景。因此，利用“共享场景”理念进行数字人文实验室设计的关键，主要是功能实现所要求的设备技术条件和专业环境的确认后，才能进行功能实现的详细设计。以“数字体验空间”和“数字内容创作空间”为例，首先其承担的功能可能都需要进行录播设备、编辑设备及多媒体设备等，同时可能需要的家具设备也具备共享条件；其次场地要求可以按照具体功能和需求进行分区，如互动研讨区、设备控制区、教学培训区等，不同功能分区面积要求虽不同但也具有拟整合空间。因此，从设备和环境看，数字体验空间与数字内容创作空间具有“共享场景”设计建设的基础，许多功能相近或相似的区域以共享方式进行通用性设计，而功能不同的区域，则独立成个性化区域，按照实现功能创设个性化场景。此外，数字人文实验室还可以通过现实场景与虚拟场景相融合的场景空间，利用大数据和云计算等信息技术将虚拟空间与真实空间相结合，打破原有的空间带来的割裂感，此时的场景体验能够吸引参与者并沉浸在场景内，接受、参与并愿意共享该场景体验。

（二）完善基础设施建设，构建通用性中台

数字人文就是为新文科提供与数字技能和人文研究相关的文本化、数字化、数据化的资源和数据，以及研究方法和技术工具等，同时借助一定的设施设备、平台系统得以实现。所有这些都是属于数字人文基础设施的范畴，同时也是数字人文实验室创建的基础，数字人文实验室则是这些资源、工具和方法的具体应用和实践场所。当然图书馆创建数字人文实验室本身并不是进行数字人文研究，而是从支撑数字人文与跨学科研究的视角，去培养用户的数字技能和思维方法，来更好服务研究。因此，作为数字人文实验室本身，首先就需要进一步加强理论研究，包括数字人文的理论、技术与方法研究等，以拓展其知识的深度和广度。其次，就是对那些具备共享基础的、与数据资源（如元数据、文本、图像、视频、音频、图谱等）相关的平台建设、标准规范，以及基本技术方法（如文本分析技术、数据挖掘技术、可视化技术、图像处理技术、数据管理技术、机器学习技术等）和研究工具（如词频分析工具、主题分析工具、文本分析工具、名称实体抽取、知识图谱工具、社会网络分析工具、可视化工具）进行整合，借鉴“数据中台”的理念，形成数字人文通用共享中台，主要涵盖资源、技术、工具等三大中台（见图 2.7）。数字人文实验室的基础设施建设不是一蹴而就的，需要一个不断积累、循序渐进的过程，根据新文科建设的需要不断更新与完善，才能更好地为跨学科交流提供支撑。

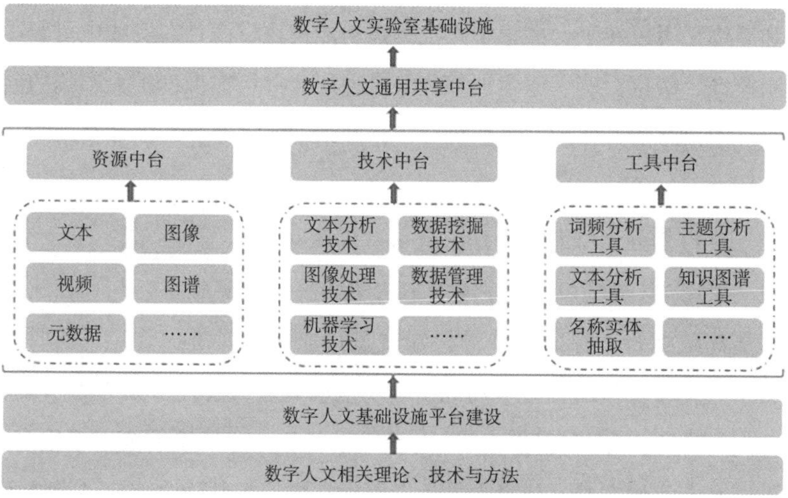

图 2.7　数字人文实验室的基础设施通用共享中台建设

（三）关注数字技能提升，开展普适性教育

由图书馆主导创建数字人文实验室，和各学科或研究中心创建的有本质的不同，更主要的是提供数字人文与跨学科研究的试验、实践和展示的基地，为各学科师生开展普适性的数字人文研究思维、方法、工具的培训和体验，这是由图书馆定位所决定的。因此，构建集系统性、共享性、普适性为一体，以师生数字思维的养成为目标，面向数字学术的教育与培训体系，促进师生利用数字人文的思维和技能来解决研究中的问题，是图书馆建设数字人文实验室的应有之义。首先，需要准确定位数字人文实验室的性质、目的和意义，以指导和保障实验室的建设、实施和运营；其次，教育培训体系的搭建与基础设施通用共享平台相统一，面向学科和研究机构做好需求分析与调研，使平台内容和培训体系、内容和形式，从资源、工具和方法三个层面进行构建，可以根据师生需求和薄弱环节精准施教；再次，教育培训体系可综合考虑研究生、本科生和研究机构不同层次，从参与者角度创设不同的沉浸式场景，促进知识内化的同时更具传播力，能够吸引更多师生参与和体验；最后，重视师生数字成果的演练、展示、推广和应用，不仅在平台搭建中开发具体功能模块，而且在实践中可利用示范课、数据大赛、学术训练营等多种形式进行宣推，扩大影响的同时吸引更多的合作和交流的机会，拓展培训的深度、广度和精度。

（四）加强运维制度管理，进行系统性保障

采用“共享场景”设计理念来构建数字人文实验室，并且在建成后能高效运行，保障措施的构建就显得非常必要了。首先，需要对数字人文实验室的各个空间场所和功能区域进行管理，如“数字体验空间”和“数字内容创作空间”对技术设备和专业环境的要求都很高，需要有专业的实验室技术人员负责管理和维护，并随时响应各类技术问题；同时这些共享性区域还需要设置相应的预约系统和使用管理措施来确保不同学科专业的研究人员和学术团队可以按需使用。其次，需要对搭建的通用性中台等基础设施进行不断的更新完善和日常运维。数字人文通用共享中台包含的各类数据资源、技术方法和研究工具不是一成不变的，而是随着学科项目团队的研究需求和技术方法的日益增加而不断更新的，因而需要图书馆配置专门的运维团队，学习最新的数字人文研究理念和方法，与时俱进地进行中台的完善与更新，以适应不断发展变化的数字人文项目开展的实际需求。再次，需要配套和建设专业化的数字人文教育培训团队，深入各数字人文项目中调研需求，学习新知，集体备课，开展培训，从而保障精准施教和有效教学。最后，需要开展系统性评价，从学科性、专业性、技术性等三个维度对实验室实际使用的满足度和产生的成效，以及数字内容创作、数字人文产品、数字项目成果等进行科学的评价[①]，从而更好地推动实验室后续的进一步制度完善和管理保障。

本章总结

全媒体时代，数字内容创作空间要凸显校园特色，迎合时代发展需要，优化传播效果，全面服务校园师生，符合大学生传播特点又满足受众需求。数字内容创作空间通过构建符合学生价值观养成和沉浸式教学体验的需求的物理空间，并且通过技术融合，不断优化学习效果，从而有效实现知识内化、重构和转移。数字内容创作空间作为

① 蔡迎春:《数字人文评价：学科性、专业性、技术性》,《中国图书馆学报》2021 年第 4 期。

高校思政教育和跨学科交流的创新场所，是对习近平总书记多次讲话中提到“加快推动媒体融合发展，使主流媒体具有强大传播力、引导力、影响力、公信力”的具体落实。图书馆数字内容创作空间的打造，通过工具、素材和方式的提供和支持，强化空间创作内容的有效引导，从而创作出可以进行跨文化交流的优秀数字作品，达到输出中国文化的软实力的重要作用。因此，在建设时需要着重关注发展战略、成本管理、服务管理、物理空间管理和技术融合等若干问题，以期待高校图书馆可以通过系统性思考让数字内容创作空间的规划设计、建设和使用能够无缝地链接起来。

高校图书馆作为公共的跨学科交流、体验和实践的场所，创建“数字人文实验室”，已成为新文科背景下图书馆支撑和引领跨学科建设的重要平台。共享性、开放性和通用性是数字人文实验建设的重要方向，而空间与数字人文基础设施等的共享是核心。从上外图书馆数字人文实验室具体实践说明，“共享场景”是一个较好的方法，但是如何进行不同实验项目的场景分析和共享设计，“共享场景”制度保障建立、通用性基础设施平台的开发、数字人文教育培训体系的构建，以及数字人文实验室的评价等问题，还需要在今后的建设与实践中不断探索和完善。

— 第三章 —

数字学术教育体系的构建与实践

数字人文教育伴随着数字人文研究的出现而出现，对数字人文领域有重要的稳定作用。[①] 传统人文学者在数字化教育环境中产生了强烈的数字需求，希望能利用数字思维、数字工具和技术来提升或改变认知模式与研究范式。但是，一些人文学者缺乏计算思维，无法利用动态、快速发展的计算机技术[②]，解决这个问题的关键是开展数字学术教育。北京师范大学调查报告显示 98.46% 的被调查者愿意接受图书馆提供的数字人文相关培训服务。[③]

高校图书馆在满足人文学者数字学术需求方面有优势。人文学者较为明确的数字需求之一是基础设施[④]，它是数字环境下为开展人文研究必备的基本条件，包括与人文研究相关的所有文献、数据、软件工具、数据分析方法、结果的可视化呈现、学术交流等相关的设备与服务。[⑤]

---

① Brett D. Hirsch (ed.), *Digital Humanities Pedagogy: Practices, Principles and Politics*, Cambridge: Open Book Pulishers, 2012.

② Wang Xiaoguang, Tan Xu, Li Huinan, "The Evolution of Digital Humanities in China", *Library Trends*, vol. 69, no. 1, 2020, pp. 7–29.

③ Xing Zhao, Li Shu'ning, Xiao Ya'nan, et al, "Digital Humanities Scholarly Commons at Beijing Normal University Library", *Library Trends*, vol. 69, no. 1, 2020, pp. 250–268.

④ 肖鹏、衣春波：《万华镜里的自画像：关于中国人文学者数字学术认知与需求的质性研究》,《图书情报工作》2021 年第 7 期。

⑤ 刘炜、谢蓉、张磊等：《面向人文研究的国家数据基础设施建设》,《中国图书馆学报》2016 年第 5 期。

图书馆是制定数字人文技术标准的机构，它对数据的标准和规范有建设作用，并且能够根据人文学者的实际需要建设基础设施。图书馆是存储数字信息的场所，拥有大量的基础数据；在学术交流方面，图书馆可以将不同学科领域的数字人文学者集中一起，分享各自的研究领域，碰撞出更好的想法；在提供数字学术教育方面，图书馆是信息素养教育的主要阵地，图书馆员承担着数字素养、媒介素养和信息素养等数字人文重要教学和评估任务。①

本章将从数字学术教育的理论、内容和形式等三个方面深入探讨数字学术教育培训的范式。

第一节　数字学术教育理论的演化

数字学术教育理论具有实践性、变革性和参与性②，其教学方法强调学以致用和实践为主，将定量和定性方法相结合，注重实践和过程，同时关注知识的理论性和智力性内涵。③数字学术教育鼓励学生

① 肖奕：《数字人文教学视角下学术图书馆功能探析》，《图书与情报》2018 年第 2 期。

② 周琼、徐亚苹、蔡迎春：《高校图书馆开展数字人文教育的内容框架构建研究》，《图书馆杂志》2022 年第 11 期。

③ Brett D. Hirsch (ed.), *Digital Humanities Pedagogy: Practices, Principles and Politics*, Cambridge: Open Book Publishers, 2012; M. Rehbein, C. Fritze, “Hands-On Teaching Digital Humanities: A Didactic Analysis of a Summer School Course on Digital Editing”, Brett D. Hirsch (ed.), *Digital Humanities Pedagogy: Practices, Principles and Politics*, Cambridge: Open Book Publishers, 2012, pp. 47–78; L. Spiro, “Opening up Digital Humanities Education”, Brett D. Hirsch (ed.), *Digital Humanities Pedagogy: Practices, Principles and Politics*, Cambridge: Open Book Publishers, 2012, pp. 331–364.

和教师跨学科批判性、开放性、协作性、集体性、共生性地探索现有或开拓新的研究和学术领域。[①]在这一理论框架下，模块化教学、建构主义学习、体验式学习、社会学习理论、在线协作理论等形成了丰富的教育生态，为学生和教师提供了更广阔的实践空间和创新思维的发展机会。

一、构建数字学术教育的模块化教学理论

模块化教学理论，起源于“二战”后的美国休斯敦大学，扎根于布鲁姆的教育心理学理论，尤其注重“掌握性学习”“反馈教学原则”和“目标分类”。该理论于初期主要应用于教师职业素质提升，并逐渐在职业教育领域扩展。两个主要流派为能力本位教育（CBE，Competency Based Education）和模块式技能培养（MES，Modules of Employable Skills），其中CBE能力成为高等教育的研究焦点。

在数字学术教育的当今环境中，知识迅速更新，新的知识、工具和方法层出不穷。学生需具备基本且科学的学习方法和思维方式，方能有效学习新知识并将其融合于已有知识之中，这正是能力本位教育的核心目标。早在2015年，美国大学图书馆就开始深入探索并实施能力本位教育。[②]这表明模块化教学理论在适应数字时代知识爆炸的挑战中具有显著的前瞻性和实践性。

模块化教学通过将课程划分为独立的模块，强调学习目标的明确

① D. A. Garwood, A. H. Poole, “Pedagogy and Public-funded Research: An Exploratory Study of Skills in Digital Humanities Projects”, *Journal of Documentation*, vol. 75, no. 3, 2019, pp. 550–576.

② 鲁宁、陆晓曦：《美国大学图书馆教学支持服务目标的转变与思考》，《图书馆》2019年第4期。

定义和可测量性。每个模块专注于培养特定的技能或知识领域，为学生提供系统化的学习路径。这一流程的逻辑性和结构性为学生提供了清晰的学术发展框架，有助于精细化学习目标的设定和评估。

在实践中，模块化教学为学生提供了更大的灵活性，使其能够按照个体化的学习需求和进度展开学术探索。这种适应性的学习方式有助于培养学生的自主学习能力，提高其对知识的掌握和应用水平。

二、知识生成的建构主义学习理论

建构主义学习理论奠基于知识在主体与客体相互作用中的建构过程。社会建构主义理论在此基础上进一步强调社会交互与协作的重要性。协作学习理论作为教学研究的核心议题，已经被证实是一种有效的教学模式。学术研究显示，协作学习不仅能够培养学习者深层次的理解和批判性思维，而且能够激发学习者的学习动机，使其保持更积极的学习态度，进而取得更为显著的学习效果。此外，协作学习有助于学习者建立支持性的同伴协作关系，最为关键的是，它能够促使学习者将所学知识与技能成功迁移到实际生活中。①

在数字学术教育领域，为学习者创造交互协作的学习环境，使研讨与互动成为学习的必要环节至关重要。学术训练营的引入在此过程中发挥了重要作用，主要体现在以下三个方面。

1. 在情景中学习数字学术能力

数字学术的实际应用要求学习者在具体情境中获取并运用相关能力。在学术训练营中，设立了多样化的学术情境，使学习者能够通过互动交流，亲身经历从识别问题到完成目标的全过程。通过参与学术

① 林琳：《基于社会文化理论视角的协作学习跟踪研究》，《外语教学》2016 年第 6 期。

训练营，学习者逐步培养信息意识、提出问题、分析问题、解决问题的能力。从问题的产生到解决的整个过程融入了馆员和学习者在同一学习群体中的共同努力。这种情景性学习促使学习者在潜移默化中不仅提升了数字学术能力，还加强了交流沟通、评判同伴和信息的能力，以及设置议程的能力等综合实际技能。

2. 在问题解决中学习数字学术能力

学习者在学习的过程中主动提出问题，并通过思考和探索寻找答案，以解决对知识的认知空白。这种问题解决的活动使得学习者更加主动、广泛而深入地激活原有的经验，通过主动学习、分析和推论，逐渐形成新的理解和假设。在问题解决的过程中，数字学术经验和方法融入学习者解决问题的技能中，形成了自主学习的能力，并逐渐演化为学习者的内在经验。学术训练营的工作坊中，馆员抛出精心准备的问题，推动学习者通过小组合作自我探索，解决复杂的实际问题，从而巩固和提升数字学术能力。

3. 协作学习和交互式教学中习得数字学术能力

协作学习与交互式教学在学术训练营中得到了充分的实践。在工作坊中，小组成员通过协作学习相互沟通合作，解决实际问题。考虑到数字学术的通识性，训练营采用了多元化的小组分组，以确保学科背景的多样性。在交流、争论和达成共识的过程中，学生对数字学术的理解不断加深。交互式教学在训练营中分为高端学术讲座、实践课程和竞赛。学者分享学科最前沿知识后，馆员教师参与演示与指导实践。学者将理论与实际操作的策略逐一分解，馆员教师一一示范。实践或竞赛的内容围绕这些主题展开。随着学术训练营的深入进行，学生内部组织策划学生沙龙，分享彼此的心得。最终，学生能够独立运用学者的策略和方法，从学习者转变为分享者，标志着数字学术能力提高的过程。

三、实践与感知的体验式学习理论

体验式学习理论中强调体验既是一个过程，也是一种结果，从实践的角度深刻阐释了经验的双重性质定义。这一理论强调通过行动和对行动的反思获取知识。在数据时代图书馆行业探索数字人文项目对学生创新和研究的作用时，经验理论才开始在人文社科领域内得以应用。[①] 大量研究证明，体验式学习不仅为学生提供了研究技术与文化交叉的机会，促进了学业和职业技能的全面发展，同时也增强了学生的自信心，激发了他们挖掘自我潜力的愿望。

在体验式学习中，教师的角色至关重要。他们通过专业知识指导学生进行个性化学习，为项目式学习提供保障。教师的自我学习经验也让学生感受到学习的乐趣和动力，形成了一种共同学习的氛围。学生和教师共同参与学习研究，改变了传统师生的角色认知和关系。这种互动式的学习模式在体验式学习理论下得以充分体现，促使学生在参与项目式学习的过程中不仅获取知识，更培养了批判性思维和实际问题解决的能力。经验理论才开始在人文社科领域内应用。

四、影响共同创作的在线协作理论

在线协作理论强调了通过数字技术和互联网平台促进远程团队成员之间有效合作的原则和策略。在线协作理论的核心观点之一是技术工具的作用。这些工具不仅仅是简单的通信媒介，更是能够塑造合作

① M. Sarah, “The Digital Humanities Summer Scholarship: A Model for Library-led Undergraduate Digital Scholarship”, *College & Undergraduate Libraries*, vol. 24, no. 4, 2017, pp. 532–544; R. Roopika, S. Justin, E. Susan, “Building an Ethical Digital Humanities Community: Librarian, Faculty, and Student Collaboration”, *College & Undergraduate Libraries*, vol. 24, no. 2–4, 2017, pp. 337–349.

过程和团队动力的关键因素。通过视频会议、在线文档共享、即时通信等工具，远程团队能够实现实时的互动和信息交流，打破地理距离的限制，形成一体化的工作体验。

此外，在线协作理论关注社交和文化因素对协作效果的影响。在数字环境中，有效的在线协作并非仅仅依赖于技术工具，还需考虑团队成员之间的信任、沟通风格、文化背景等因素。理解和管理这些社交动力学是确保在线协作成功的关键。在线协作理论还强调了灵活性和适应性的概念。随着技术的不断发展和组织结构的变化，协作方式需要灵活适应新的工作模式和环境。理论提倡采用具有弹性的协作策略，以适应不断变化的挑战和机遇。

第二节　数字学术教育内容的演进

在当今数字时代，数字学术教育已经成为教育领域一场引人注目的变革。跨学科是数字学术的特性[①]，理论与实践结合是数字学术教育的重要途径，学习者之间的差异是数字学术教育不可回避的问题。为了在教育中让学习者拥有数字素养能力，拥有学科研究中需要的技术和工具运用能力并付诸实践，需要建立一个融内容、方法、经验于一体的教育内容框架，帮助学习者理解、接受和使用数字思维研究学科问题，帮助学习者更好地在日益数字化的城市中[②]

① 袁一帆：《国外高校数字人文教育的调研与思考》,《图书情报工作》2021 年第 13 期。

② 上海市委、市政府：《关于全面推进上海城市数字化转型的意见公布》，http://www.cac.gov.cn/2021-01/08/c_1611676479346954.html，访问时间：2021 年 08 月 03 日。

生活和工作。

学术领域的知识面呈现出更为复杂、交叉的特征。数字学术教育致力于打破学科的壁垒，将知识点融入一个更加综合、跨学科的学习体系中，促使学生具备更为全面的知识结构和跨领域思维能力。教育框架的构建是数字学术教育的又一重要议题。新的教育框架应当更好地适应数字时代学习的特点，强调互动性、实践性和协作性。数字学术教育框架的建构旨在引导学生更主动地参与学习过程，通过数字工具实现对知识的灵活获取，并在多样化的学习环境中培养综合素养。

本节将深入探讨数字学术教育的知识点、教育框架构建和设计三个关键方面，致力于为读者提供对数字学术教育全景的深入理解。通过对这一新颖领域的细致分析，我们将揭示数字学术教育如何为学生提供更具前瞻性和实用性的学术体验，引领他们在数字时代充分展现创造力和领导力。

一、数字学术教育内容的关键元素

本部分通过选取在数字学术领域有一定影响力的学校，分析其开展的数字人文教育内容，归纳总结后得出数字学术教育的几个基本知识点。

国内数字人文教育（见表3.1）内容主要集中在三个部分。一是数字人文理论，主要向学习者介绍数字人文的历史进程、基本议题、图情档学的理论与方法等。各个学校也会有自己的特色，比如中国人民大学结合“数字记忆厚重人才成长支持计划”开设的课程群里有一门“数字记忆建构的理论与方法”。二是介绍并培训数字人文的方法、技术与工具，主要从文本分析、网络分析、时间分析、空间分析四个维度让学习者掌握和运用相关工具，并且能在科研生命周期的不同阶段使用这些技术。北京大学图书馆数字人文工作坊有相关培训，人文学院开设的课程针对性介绍相关的工具与方法。南京大学的数字历史课，老师根据课程本身的要求，介绍涉及文本挖掘、社会网络分析、HGIS以及量化研究方法，并辅以案例讲解各种工具的具体应用。中山大学资讯管理学院则从数字素养角度培训文科学院本科生，侧重数字技能的掌握和运用。三是数字人文的项目实践，这是数字人文教育的出发点和终点。学生结合自身的专业和兴趣，利用数字人文的研究范式与数字素养，组成科研小组开展数字人文项目。学生的项目可以分成两大类型：网络书写和将数字工具作为研究方法。对于网络书写类型的作业，中国人民大学还提供平台“我的北京记忆”①网站发表优秀的学生作品。

表 3.1　国内部分高校开设数字人文教育的内容

学校	主导者	形式	名称	内容
北京大学	信息管理系	课程	数字人文[1]	课程分理论、技术与实践三个板块。理论介绍数字人文、图书馆学、情报学、数字史学、数字人文时空基础设施；技术介绍社会网络分析、文本数据可视化、文本挖掘、情感分析；实践有国内外数字人文实践项目、学术实践项目及展示。

① 中国人民大学：“我的北京记忆”，http://www.mypeking-memory.cn/5adae6b0efc 52b4608642210/index.html，访问时间：2021 年 08 月 05 日。

续表一

学校	主导者	形式	名称	内容
北京大学	图书馆	培训	数字人文工作坊[2]	工作坊介绍并培训社会网络分析、文本分析、地理空间分析等工具。
北京大学	数字人文研究中心	课程、培训讲座	国际暑期课，工作坊、在线讲座[3]	课程介绍收集数据并应用计算方法，为人文社会问题设计研究路径和解决方案；按照科研生命周期介绍数字人文方法和工具。
南京大学	历史系	课程	数字历史[4]	课程分理论、方法与实践三个板块。理论介绍"数字人文"的历史演进和基本议题；方法介绍数字人文相关方法的原理、工具，并手把手教授基本的操作过程；实践要求学生组成研究小组，展开具体的"数字人文"项目。
天津大学	建筑学院	课程	空间与数字人文[5]	课程通过数字化手段记录、展示与研究"空间转向"和"数据转向"下的人文问题，在国际学术视野下了解数字化技术在历史、考古、遗产、社会文化等方面应用。
中国人民大学	信息资源管理学院	项目、课程、平台	数字记忆厚重人才成长支持计划、数字人文荣誉研究学位项目[6]	课程涉及计算机科学和人文学科：学习数字人文的基本理论和知识，掌握进入数字人文的基本素养，接触大量涉及专业领域知识的项目，如历史学、文献学、

续表二

学校	主导者	形式	名称	内容
中国人民大学	信息资源管理学院	项目、课程、平台	数字记忆厚重人才成长支持计划、数字人文荣誉研究学位项目[6]	动漫、游戏、社交媒体、文学、艺术、用户体验等。在项目实践培训方面，以协作团队形式最终完成一项数字记忆或者数字人文项目实践，发布在综合平台上。
中山大学	资讯管理学院	培训	数字人文主题的科研训练[7]	研究者参与图书馆学、档案学大类学习，继而学习学术项目生命周期中的一系列数字技能，比如文献阅读、数据收集、数据清洗、数据加工、数据分析、报告撰写等。

资料来源：

［1］ 张久珍、韩豫哲：《北京大学“数字人文”课程教学实践及经验探索》,《图书情报工作》2019年第19期。

［2］ 北京大学图书馆：“北京大学数字人文工作坊 | 北京大学图书馆”，https://www.lib.pku.edu.cn/portal/cn/xsjl/shuzirenwen，访问时间：2021年08月04日。

［3］ 北京大学数字人文研究中心，http://digitalhumanities.pku.edu.cn/，访问时间：2021年08月04日。

［4］ 王涛：《数字人文的本科教育实践：总结与反思》,《图书馆论坛》2018年第6期。

［5］ SHAPC LAB，空间人文与场所计算：“终期汇报 | 2021年空间人文与数字人文课程”，微信公众平台，https://mp.weixin.qq.com/s/HYkPlzHt7P6BcCGA-GpjdQ，访问时间：2021年08月04日。

［6］ 加小双、冯惠玲：《“SCP2”数字人文教育综合体系的构建与应用》,《图书馆论坛》2020年第4期。

［7］ 郑炜楠、肖鹏：《培养数字人文预备役：文科大学生的数字技能发展需求与策略研究》,《图书与情报》2021年第1期。

通过文献检索，发现国外数字人文教育研究成果多集中在美国，本章挑选了一些在数字人文教育领先的美国大学作为案例分析对象（见表3.2）。

表 3.2 美国部分高校开设数字人文教育的内容

学校	主导者	形式	名称	内容
埃默里大学	数字学术中心	课程	数字学术与媒体研究系列、技术教育学课程与研究[1]	学习数字叙事、文本分析、地图、数据管理
哈佛大学	图书馆	短期课程、培训	Carpentry 工作坊[2]、数字学术工作坊[3]	学习 Python、R 语言、电子表格、数据清洗；挖掘创建数据集、组织存储数据集、处理数据、可视化、呈现结果
西北大学	人文学院主办，图书馆和多媒体学习中心协办	暑期教学项目（数字人文）	开放档案馆、芝加哥的古罗马、数字壁画、普通电影分析视频编辑、语言技术[4]	介绍多媒体档案、在线展览；交互式地图、标注地图；标记图片；视频编辑、动画编辑；探索数字时代语言和书籍的演变性质，研究语言的理论和哲学，图书制作的历史，以及数字技术、平台和应用
加州大学洛杉矶分校	数字人文中心	课程	数字文化地图、媒介理论系谱学、文本技术、全球媒体研究[5]	介绍数字化新兴领域的知识、方法和理论，学习文本分析、数据挖掘、可视化、数据建模、地理空间分析和制图、多媒体叙事、信息系统设计、网络分析、交互设计等其他工具
伊利诺伊大学香槟分校	数字人文	课程（图情专业、嵌入到英语专业）	Omeka 数字出版平台[6]	介绍数字管理、数字学术和出版的各种方法与工具、档案研究、数字出版、Omeka 的使用

续表

学校	主导者	形式	名称	内容
北卡罗莱纳大学教堂山分校	Odum 学院	短期课程	定性分析、定量分析、统计计算、调查研究、数据科学、专业发展[7]	学习代码编写、定性分析工具(MAXQDA、NVivo、QDA Miner、Atlas. ti、Dedoose 等)、定性分析、社会科学研究人员的文件组织和管理、结构方程模型、社会网络分析、一些统计软件、R 语言等
华盛顿州立大学	图书馆	培训(数字学术)	数字学术与管理中心[8]	介绍数字管理、网站规划、数字隐私、地理空间可视化、数字储存、图像编辑等

资料来源：

［1］ Emory Center for Digital Scholarship, “Invite Us to Class | Emory University | Atlanta GA”, https://digitalscholarship.emory.edu/resources/pedagogy.html, accessed 06 August 2021.

［2］ Harvard Library, “Carpentries Workshops”, https://library.harvard.edu/services-tools/carpentries-workshops, accessed 07 August 2021.

［3］ 王晓阳、郭晶：《哈佛大学数字学术服务暨 FDS 培训项目实践与启示》,《图书馆杂志》2019 年第 4 期。

［4］ Northwestern University, “Projects – Digital Humanities Summer Workshop”, https://sites.northwestern.edu/dh/projects/, accessed 07 August 2021.

［5］ 祁天娇：《美国数字人文高等教育探析——以加州大学洛杉矶分校为例》,《图书馆论坛》2019 年第 8 期。

［6］ 鄂丽君、蔡丽静：《美国高校图书馆典型数字学术服务项目实践及启示》,《图书馆学研究》2020 年第 18 期。

［7］ Odum Institute for Research in Social Science, “Short courses-UNC Chapel Hill”, https://odum.unc.edu/education/short-courses/, accessed 07 August 2021.

［8］ WSU Libraries, “Join Us | WSU Libraries & College of Arts and Sciences | Washington State University”, https://cdsc.libraries.wsu.edu/events-and-news/join-us/, accessed 06 August 2021.

结合王晓光在 2021 年 6 月发表的合作论文《iSchool 中的数字人

文》[①]，文章采用主题模型分析 iSchool 报告关于数字人文课程内容的调研数据，析出了十三个数字人文课程主题：社会政治理论与概念、软件编程与开发、语言资源管理、重要数字媒体和社会文化影响、统计数据分析、当代数字艺术与生产、文本地理空间数据分析和建模、人机界面的设计和评估、文化遗产问题批评史、Web 应用程序、体系结构和元数据、公共传播与生产、交互式数据可视化。

这些与我们在表 3.2 中呈现的个案分析相互印证，可以看出国外在数字人文教育中内容更为宽泛，教育更有学科针对性，主要围绕数字技术与工具在社科人文学科中的学术应用过程展开，具体有四点。其一，教学内容中融合公民素养要求。在传媒与政治学科中，数字人文力求通过数字素养无障碍呈现给所有的人平等、反性别、种族歧视等意识。比如西北大学在“普通电影分析视频编辑”中有学生为拆除男性的目光而创建的格利奇眩晕图片，iSchool 报告主题中也有“社会政治理论与概念”等主题。其二，注重技术方法与实践的结合。美国的数字人文教育基本上就是在项目研究中完成，侧重实践，重视学习者综合能力的提升，所以有很多的数字方法和工具的实践课程、实习实践、案例专题研讨等。在 iSchool 报告中有“语言资源管理”“统计数据分析”等主题，在建议采用全称北卡罗来纳大学教堂山分校 Odum 学院短期课程中定性分析、定量分析、统计计算、数据管理是每年必开课程。其三，图书馆与社科人文学院任务各有侧重。虽然目前看来图书情报和计算机院系是数字人文发展主要力量，但从教育的角度来观察，社科人文学院的教师是数字人文教育的生力军，图书馆承担更多的是推广教育或者嵌入学科开发课程完成相关教学，比

① J. A. Walsh, P. J. Cobb, W. de Fremery, et al, “Digital humanities in the iSchool”, *Journal of the Association for Information Science and Technology*, vol. 72, no. 6, 2021, pp. 1–16.

如哈佛大学图书馆的“数字学术基础培训”。其四，关注科研工具培训。国内外数字人文教育中都涉及科研工具的简介和使用。国内比较倾向使用简单易学开源的工具[①]，这可能和学校图书馆尚无数字学术中心有关系。国外在这方面没有类似限制，教育上选用的都是行业领先的软件工具，甚至自己开发的、和学科紧密相关的专业工具。此外还改造一些开源平台支持数字人文教育，比如伊利诺伊大学香槟分校的 Omeka 共享数字收藏与在线展品平台等。

通过上述案例分析，可以看到数字学术教育知识点涵盖五个方面内容：数字人文的理论与学科研究方法、培养数字意识与思维、数字技术与工具、数据管理、成果展示，如图 3.1 所示。

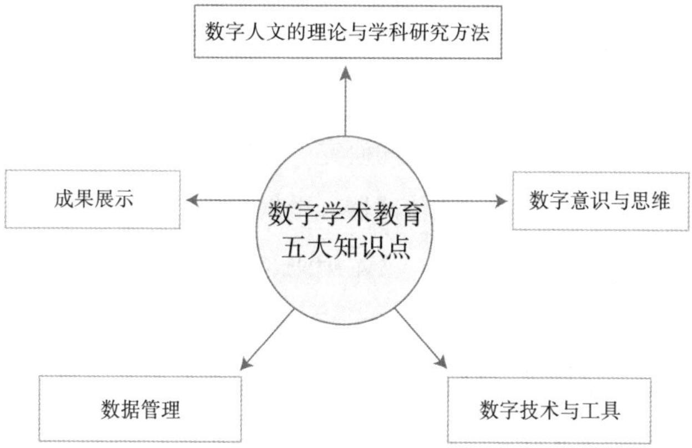

图 3.1　数字学术教育五大知识点

一是数字人文的理论与学科研究方法。学习者首先需要了解数字人文可以为专业研究提供的帮助，了解数字人文领域内的成功案例，了解这些案例的运行过程与结果。学习者需要对数字人文有具体的认知，从意识上提高学习数字人文的热情。在此基础上进一步

① 王涛：《数字人文的本科教育实践：总结与反思》，《图书馆论坛》2018 年第 6 期。

了解数据挖掘、文本分析、情感分析、社会网络关系分析、时空网络分析等数字人文中常用的研究方法，详细了解社会人文学科的通用研究方法，如定性分析、定量分析、数据统计等。同时，还要明确学习数字人文本质上是掌握新的研究范式，与传统学科研究不同，所研究问题的跨度更大，不仅在时间、空间和学科上都表现出巨大的包容性，还因多模态数据融合与关联为更深入研究专业问题提供可能。

二是数字意识与思维。数字意识是现代科学中最重要的思维方法。这里的意识不光指大数据概念下的数据安全、数据共享、数据隐私、数据版权、数字身份等，还有数字敏感度和基于统计思维的科学设计、思维方法和方法论，数字展示、数字管理、数字评价等。数字社会中数字意识将是自我意识，数字思维将是科学思维的起点。

三是数字技术与工具。面对复杂的研究问题、多模态的海量资源、高效多功能的研究工具，数字学术中心向全校或者更大范围的学习者提供硬软件以帮助其学习和研究。曾熙等[①]指出硬件有高性能计算机、虚拟现实眼镜、智能传感器、全景相机、三维打印机、三维扫描仪等；软件包括文本挖掘，文本编码与标注，文献收集、组织、管理与共享，机器学习，地理空间系统分析，图像内容管理与分析，数据可视化，三维建模，数字出版，数据管理与发布等工具。这些硬软件的使用需要专业人员培训。

四是数据管理。科学研究首要环节是收集数据，信息素养不可或缺。信息素养侧重在信息源的评估，信息的获取、管理、分析、评价、整合等一系列能力教育。此外，还需要数字素养，如对数字信息评价，我们需要对所有类型数据的质量、相关性、可用性、有效性、权威性、偏差、时效等因素进行评估。因数字特性，数字素养有着与

---

① 曾熙、王晓光：《数字学术：概念、特征与案例分析》，《数字图书馆论坛》2019年第3期。

信息素养不同的内容，比如，信息素养中信息整合需要学习对不同来源数据的提炼和判断，数字素养中需要对不同类型数据索引和总结，把这些内容都融合关联后，方能创造出新的信息作为研究的依据。这些知识点无论在数字人文意识上还是具体知识掌握中都需要有针对性的教育与培训。

五是成果展示。成果展示里包含数字出版与数字成果两方面内容。文本结构理论与本体技术在出版领域的应用促进了文本结构化表达，通过动态检索、可视化等手段增强科研论文的语义，对相似内容的论文进行关联，共享科学数据，增加元数据，促进论文的被发现概率。出版已经不再单单是信息载体，同时也是研究工具。除了对语义出版关注外，出版途径也呈现多元化。数字出版已经不局限于传统载体上，社交网络、数据平台等已经成为新的知识传播路径。数字知识产品不再仅仅是文字图表，还可以是视频、数据集、图像、声音等。数字出版与数字成果的呈现与传播不仅需要有语义出版的相关知识和能力，还需要有多媒体编辑与播放、图形图像处理、数字收藏与在线展览的知识。编码能力和网站规划能力也是不可或缺的。这些离不开媒介素养知识的教育。

二、数字学术教育的基本结构

通过对数字学术教育知识点的分析可以发现数字学术教育包含三个核心任务：数字思维的培养、相关知识的学习、数字技术应用能力的培训。这三个任务就是三个单元模块（见表 3.3），它们各自拥有独立的目标和内容，相辅相成，构成了动态的教育系统。数字思维是认知中对事物的条理化分析，其基础是意识层面的转变[①]；相关知识为

① 高霏霏：《数字学术环境中高校图书馆信息素养教育的内容取向与策略选择研究》，《图书馆》2021 年第 2 期。

夯实数字思维学习的数字人文、图书情报和计算机等知识，包括信息素养、数字素养、媒介素养等；数字技术应用能力是指在整个研究生命周期熟练使用数字技术、方法和工具的能力。这三个单元模块下拥有各自的子模块，教育者根据不同的学习能力和专业目标需要，选用子模块，优化组合，达到开展教育并提高水平的目标。

表 3.3 数字学术教育内容模块化教学目标

任务	目标	内容
数字思维	数字意识与数据意识	遇到问题能分析判断出有哪些数字学术资源能够提供答案
	工具与平台意识	能够认识数字学术范畴中的工具与平台应用于学术研究中的重要意义
	搜索意识	注重检索结果的整合与应用、检索过程的循环以及数字足迹的变化
	交流态度和版权意识	知识共享、版权和风险认识、数字隐私、数字身份
	开放获取意识	利用开放获取的渠道获得各种开放资源
相关知识	数字人文知识	数字人文的历史、发展及实践应用
	图书情报知识	信息的相关知识、情报分析的方法等
	媒介素养知识	媒介素养的理论、方法、工具与传播等知识
	计算机知识	数据的概念、编码
数字技术应用能力	硬件使用	一些高性能硬件的使用方法指导
	数据管理技术	数字化技能、数据的整理、文献管理
	阅读和解读的元数据	能利用元数据对数据进行描述与记录
	数据分析	定性分析、定量分析
	结果的可视化	利用可视化工具展示数据分析的结果

续表

任务	目标	内容
数字技术应用能力	多媒体编辑与播放	多媒体工具与图形图像处理
	在线展览	数字收藏、制作与发布、网站规划等
	数字出版	利用工具及平台出版发布数字产品

资料来源：高霏霏：《数字学术环境中高校图书馆信息素养教育的内容取向与策略选择研究》，《图书馆》2021 年第 2 期。

三、数字学术教育内容的创新与规划

经过知识点的抽取和模块的组合后，数字学术教育的内容和结构基本呈现出来。图书馆在数字人文推广性教育中可以将核心内容层放在首位，量力而行开展模块层内容，条件许可时与学科教师共同开发数字人文教育课程。针对这一原则，我们构建了数字学术教育的内容框架（Content Management System，CMS）（见图 3.2）。

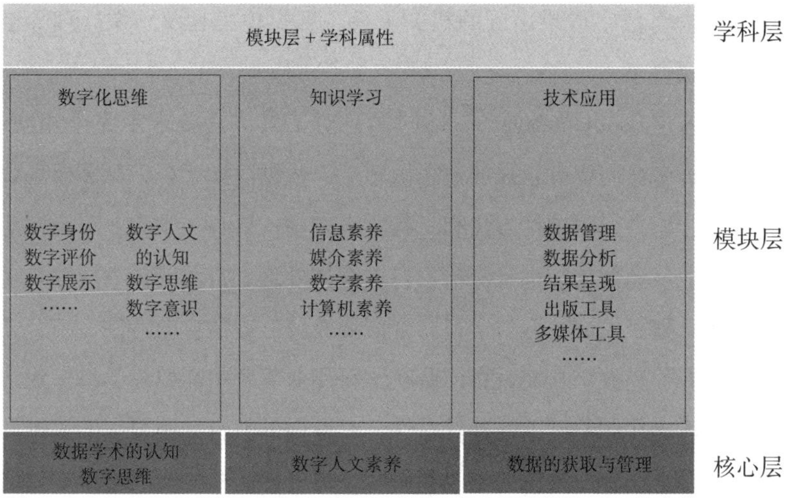

图 3.2　数字学术教育内容框架

核心内容层（core content layer）。这部分是跨学科内容，也是数字学术教育的核心内容，普适性强；主要围绕数字人文的认知、数字思维和数据获取与管理展开；需要认识数字人文，了解数字人文对学术和职业的帮助，培养数字意识、平台意识、搜索意识以及在使用数据中的安全和学术规范意识。在数字获取中需要有发现与获取、评价与管理、分析与使用方法和技术。

模块层（module layer）。随着数字人文团队成员的发展以及师生对数字人文相关知识的需求。数字学术教育的内容不再局限于核心层，而是增加了许多新的知识。该层分为三个模块：数字化思维、知识学习和技术应用，占据中心地位的是数字工具技术与方法。数字意识里包括对多模态数据的认知、数字身份、统计思维的方法与设计、数字评价、数字展示等；结合学校的实际情况选择通用的工具与技术，比如数字学术中心可以将硬件设备培训纳入进来，技术教育方面包括数据的挖掘、标注、收集、管理、共享、可视化等，工具培训包括词频分析工具、主题分析工具、文本分析工具、知识图谱等。如果数字学术中心有平台提供数字成果发布，则可以考虑将数字成果出版的相关工具、多媒体工具及图像处理等纳入模块层。

学科层（subject layer）。不同学科对工具方法要求不完全相同。比如社科专业需要有很强的数据敏感度、数据隐私意识，对多模态数据有整合能力，对统计方法和工具要求较高；语言文学专业对高性能的硬件、声音数据的采集分析、自动编排处理、自动分析方法等要求更高些。数字人文教育与学科联合需要充分考虑学科的特性，结合学科设计课程。数字人文教育团队在学科专业教育中需要以学科专业知识为本体，在此基础上开展针对性、专业性的教育，用数字的思维和技能推动学科专业知识的学习和研究，更好提高社科人文学科学生的数字人文研究能力。

第三节 数字学术教育形式的表现

《上海市教育数字化转型实施方案（2021—2023）》[①]体现了传统人文学者在数字化转型教育环境中强烈的数字需求，数字人文的快速发展使数字人文教育越来越受重视。高校已经在开展多样化的数字学术教学，传统通识课堂传授普适性工具、方法和技能，线上教学将最经典的工具和方法创建为课程，这些教学方法从各个角度推动人文学者接受并应用数字人文。数字叙事教育法强调教学以学生为中心，目的是加大学生的参与力度，促进师生之间的协作并提高所有参与者的数字素养。这些教育方法不仅存在于常用的经典教学内容中，还突出呈现技术的发展革新、学科的批判性反思、学生的创新思维等，充分体现数字人文的协作互动、跨界融合等特征。本节我们将介绍四种教学形式：数字叙事、项目式、学术训练营模式以及在线教学。这些都是数字学术教育的重要手段，其中数字媒介技术教育中数字叙事是数字学术特色的教学法[②]，它已逐渐被数字人文教育者们研究和实践。

一、数字学术教育叙述艺术的数字叙事

1997年乔·兰伯特等提出数字叙事[③]，将旧金山数字媒体中心改名

---

① 王星："擘画教育数字化转型蓝图,《上海市教育数字化转型实施方案（2021—2023）》公布"，https://wenhui.whb.cn/third/baidu/202111/ 10/433631.html，访问时间：2021年11月13日。

② R. Benmayor, "Digital Storytelling as a Signature Pedagogy for the New Humanities", *Arts and Humanities in Higher Education*, vol. 7, no. 2, 2008, pp. 188-204.

③ Joe Lambert, "Where It All Started: The Center for Digital Storytelling in California", J. Hartley, K. Mcwilliam, *Story Circle: Digital Storytelling Around the World*, UK: Wiley-Blackwell, 2009, pp. 79-91.

为数字叙事创作中心（the Center for Digital Storytelling in California，CDSC）。数字叙事的定义处在动态发展中，本梅尔[①]将它定义为“结合语音、图像、音乐的短媒体故事”；凯德等[②]的定义侧重屏幕演示，认为它是“以第一人称的短篇叙事，用短片呈现在屏幕上”；梅多[③]的定义更注重技术，认为它是一种技术应用，用非线性工具和计算机创建短媒体故事。通过定义提取以下描述数字叙事的特征关键词——媒体、实践、故事，可以发现大多数学者强调在数字叙事课堂教学中学生是主要的创作者，他们通过多媒体工具创作视频开展学科知识实践，具体表现为应用图像、动画、视频、音频等元素讲述3—5分钟关于自我的短篇故事。可见，数字叙事是集数字、媒体和学科等知识为一体的教学方法，主要使用声音、图片、视频、文本、音乐等元素综合讲述学科知识故事，是功能综合、技术强大的学习方法。

（一）理论依据

数字叙事应用于数字学术教育是基于当前教育认知更迭的基础上。传统教学认为知识是客观的，每个问题都有唯一正确答案，教学采用“教师为中心”的模式，教师用一定的教学策略指导学生的学习。新的教学则认为学习是复杂的过程，正确答案不是都具有唯一性，主张解决方案多元化，每位参与者都要在学习中贡献知识、经验、实践和反思。新的教学理念是对传统的拓展，有三个重要的教育理论分别从基础结构、实践、发展等角度支撑着数字叙事融入学科教育中，包

---

① R. Benmayor, “Digital Storytelling as a Signature Pedagogy for the New Humanities”, *Arts and Humanities in Higher Education*, vol. 7, no. 2, 2008, pp. 188-204.

② S. Kajder, G. Bull, S. Albaugh, “Constructing Digital Stories”, *Learning & Leading with Technology*, vol. 32, no. 5, 2005, pp. 40-42.

③ D. Meadows, “Digital Storytelling: Research-Based Practice in New Media”, *Visual Communication*, vol. 2, no. 2, 2003, pp. 189-193.

括数字人文教育，它们是建构主义学习理论、行动研究法和变革性学习理论。

数字叙事最主要的理论依据是建构主义学习理论。[①] 该理论强调主体在与客体相互作用的过程中学习知识，在实践中学习知识并能应用于实际。学生基于自身的知识经验和互动，通过吸收各种类型的知识，在解构和结构中重建知识体系。数字叙事将数字媒体与教学创新、学习实践结合，除了学习知识经验，还能提升技术技能，在成果形成过程中构建学习环境，提高学习积极性，鼓励团队协作和人际沟通，创造性解决问题，让学生参与更高层次的思维活动和深度学习。

行动研究法是数字叙事的理论依据之一。该理论突出以解决实际问题为导向，以经验为基础，以小组成员合作为手段，在动态的环境下短时间内开展实践。[②] 数字叙事通过媒介系统地调研和展示知识，在其过程中生产出新知识。教师在教学过程中指导学生批判性实践和理性思考，把叙述过程中需要的理论和产生的想法都放在叙事片段中，为学生进一步的研究活动奠定基础。

变革性学习理论是数字叙事服务数字人文教育的重要理论依据。[③] 该理论的核心是批判性反思，认为学习就是挑战既定观点，创造新的观点，具有很强的破坏性。数字人文作为一种破坏性创新知识生产实

① A. Kesler, T. Shamir-inbal, I. Blau, "Active Learning by Visual Programming: Pedagogical Perspectives of Instructivist and Constructivist Code Teachers and Their Implications on Actual Teaching Strategies and Students' Programming Artifacts", *Journal of Educational Computing Research*, vol. 60, no. 1, 2022, pp. 28–55.

② 李酉亭、邹芳：《行动研究法和教育》，《上海师范大学学报（哲学社会科学版）》1995 年第 1 期。

③ B. Hessler, J. Lambert, "Threshold Concepts in Digital Storytelling: Naming What We Know About Storywork", G. Jamissen, P. Hardy, Y. Nordkvelle, et al, *Digital Storytelling in Higher Education: International Perspectives*, Switzerland: Palgrave Macmillan, 2017, p. 20.

践[①]，创造、试验、失败、冒险、重做、对失败的积极反应等都是学生必经阶段。学生是学习的主体，是知识转化的实践者，反思增强了学生的自我实现过程，增加了他们的自信心和能力。[②]数字叙事是变革性教育的指导原则和实践[③]，在坚持自己对生活环境的元认知中促成个人与社会的转型，在实践认知中走向深度学习，致力于批判性反思、相互交流、自我反思等，它不仅帮助学生通过个人经验学会思考问题，还关注学生努力实现目标的过程。

（二）数字叙事形式

巴伯等[④]提出人文教学中数字叙事共有五种表现形式，本研究采用了巴伯等对数字叙事形式的分类，但基于研究过程中对数字人文教育应用案例的分析和目前技术的发展，考虑到播客与声音某种程度的重合，剔除了播客形式。所以本章提出目前数字叙事呈现四种形式：口述或声音叙事、交互叙事、多媒体叙事、融媒体叙事。这四种形式在当前阶段共存发展，产生了成功教学案例，使得数字叙事成为数字人文研究和教学的形式之一。

口述或声音数字叙事是口头采访过去事件和生活的参与者，收集并保存录音。若侧重声音叙事研究，除了遵循口述叙事的主题和重点

---

① 加小双、冯惠玲：《“SCP2” 数字人文教育综合体系的构建与应用》，《图书馆论坛》2020年第4期。

② S. C. Van Schalkwyk, J. Hafler, T. F. Brewer, et al, “Transformative Learning as Pedagogy for the Health Professions: A scoping review”, *Medical Education*, vol. 53, no. 6, 2019, pp. 547–558.

③ B. Hessler, J. Lambert, “Threshold Concepts in Digital Storytelling: Naming What We Know About Storywork”, G. Jamissen, P. Hardy, Y. Nordkvelle, et al, *Digital Storytelling in Higher Education. International Perspectives*, Switzerland: Palgrave Macmillan, 2017, p. 20.

④ John F. Barber, Ray Siemens, “Digital storytelling: New Opportunities for Humanities Scholarship and Pedagogy”, *Cogent Arts & Humanities*, vol. 3, no. 1, 2016, pp. 1–14.

外，还将其他声音作为研究对象，如音乐、环境声音等，口述和声音在保存的时候不会刻意独立。

交互叙事则是鼓励学生在叙事背景下进行探索，一般在游戏或互动平台等形式下，学生、教师、文本之间相互作用，它可以再现历史时代或地点，提高学生的沉浸感。

多媒体数字叙事与融媒体数字叙事都侧重借助媒介工具和技能叙述故事。多媒体数字叙事是将多种媒体整合到一个故事的讲述中，其间需要文本创作与编辑、图像处理、编码、界面设计、视频制作与编辑、声音制作等工具和技能。在一个故事中涉及所有技能对个人来说是很大的挑战，但可以通过团队合作实现。所以多媒体数字叙事可以作为团队项目，通过分工合作增强学生沟通和协作能力。

融媒体数字叙事是在不同的媒体平台和社区提供不同却又是同一主题的叙事作品，每种媒体对故事都有特殊贡献，此外知识社区也参与到知识重构中。[①] 它既不同于多媒体数字叙事在同一个故事内运用多种叙事技能，又不同于跨媒体在不同平台内讲述同一个故事。融媒体数字叙事是所有媒体的融合，提供交互、沉浸、共享的虚拟现实文化体验平台[②]，拓展了学生学习实践空间，也为学生发现并解决问题提供路径。它的大数据流和交互性给教育带来革命性的改变，精准的学生能力训练、便捷的信息获取让学生能达到新文科要求的视野宏大、知识广泛、思维多元。[③]

（三）数字叙事的优势

数字叙事将叙事与数字实践相结合，在数字学术教育中具有优

---

① 亨利·詹金斯：《融合文化：新媒体和旧媒体的冲突地带》，杜永明译，北京：商务印书馆2012年版。

② 严功军、张雨涵：《内爆转换与传播危机：融媒体生态的批判解读》，《现代传播（中国传媒大学学报）》2017年第11期。

③ 白寅：《论融媒体素养对新文科人才培养的意义》，《中国编辑》2021年第6期。

势。巴伯等[①]认为数字叙事为数字人文教学提供了机会，主要表现在批判性思维、沟通、数字素养和参与等方面。本梅尔[②]认为数字叙事可以被看作是21世纪新人文学科的标志性教学法。斯维森[③]认为在数字人文中技术以多种身份发挥作用：工具、研究对象、探索性实验室、表达媒介、活动场所等。作为表达媒介的重要形态[④]，数字叙事整合了批判性思维和创造性实践，为跨学科学习和协作构建了虚拟空间，具有交互性、非线性、灵活性、参与性和协作性等特点。

从意识角度看，数字叙事在虚拟空间内完成批判性创造性的故事，发展批判性思维。批判性思维被认为是学习者最有价值的技能。陈等[⑤]以"思考乌托邦"通识课为基础，研究高中生通过数字叙事学习前后的表现，借助"批判性思维测试(二级)"收集数据并访谈，发现学生普遍认为游戏脚本编写、障碍设置、协作设计等活动会激发批判性思维能力，有助于发展其他技能，学习过程提高了学生思维的逻辑性、灵活性和创造性。批判性使用数据、技术以及审视知识能让学生重塑自我。数字人文学者通过对数字人文研究理念和过程的批判性思考，深度理解数字人文的模糊性、复杂性和多样性。[⑥]

从学术角度看，学生反思学习过程，在已有的知识基础上构建新

---

① John F. Barber, Ray Siemens, "Digital storytelling: New Opportunities for Humanities Scholarship and Pedagogy", *Cogent Arts & Humanities*, vol. 3, no. 1, 2016, pp. 1–14.

② R. Benmayor, "Digital Storytelling as a Signature Pedagogy for the New Humanities", *Arts and Humanities in Higher Education*, vol. 7, no. 2, 2008, pp. 188–204.

③ P. Svensson, "The Landscape of Digital Humanities", *Digital Humanities Quarterly*, vol. 4, no. 1, 2010.

④ R. Benmayor, "Digital Storytelling as a Signature Pedagogy for the New Humanities", *Arts and Humanities in Higher Education*, vol. 7, no. 2, 2008, pp. 188–204.

⑤ H. L. Chen, Yun-Chi Chuang, "The Effects of Digital Storytelling Games on High School Students' Critical Thinking Skills", *Journal of Computer Assisted Learning*, vol. 37, no. 1, 2021, pp. 265–274.

⑥ 李慧楠、王晓光：《数字人文的研究现状——"2019数字人文年会"综述》,《情报资料工作》2020年第4期。

的知识体系。西那加等[①]基于外语口语课程定性、定量分析学生的口语能力：通过定量研究发现数字叙事教育后测成绩较前测有明显提高，且每次测试的分数百分比持续增加；通过定性数据分析发现，数字叙事利用技术和媒体拓展了学生的想象力，鼓励学生开口说、倾听和参与，学生对这种教学法兴趣浓厚，积极参与，克服了之前说外语时遇到的各种障碍。可见数字叙事除了激活学生原有知识体系外，还能促使学生理解新知识，在体验反思过程中将新知识和旧知识建立联系，完成新知识体系建构。这种动态的、自主的知识学习过程，让数字人文教育拥有开放、协作和多元创新的价值[②]，使数字人文成为推动学科发展和知识转型的助推器。[③]

从技术角度看，数字叙事提升数字素养能力，增强学生使用硬软件与掌握技术的能力。数字素养是数字人文教育必备项，英国数字人文人才培养中，数字素养教育是最重要模块[④]，数字素养让多学科碰撞融合，是思维方式和客观实践的内化。此外，针对复杂的研究问题、庞杂的研究数据和多模态多源的知识，数字人文学者学习硬软件和技术会给研究带来便利。切廷[⑤]通过定性与定量方法分析职前教师在数字叙事教育前后的数字素养水平，使用“数字素养评估量表”，通过前测与后测数据对比，发现前后得分有显著差异，后测分数的平均值高

---

① P. D. Sinaga, A. S. P. Sari, N. Sembiring, “The Use of Digital Storytelling to Enhance the Speaking Skill of the Eleventh Grade Students of SMA Swasta Palapa Medan in the Academic Year of 2020/2021”, *Kairos English Language Teaching Journal*, vol. 5, no. 1, 2021, pp. 25–34.

② 陈静：《历史与争论——英美“数字人文”发展综述》，《文化研究》2013 年第 3 期。

③ Alan Liu, “The Meaning of the Digital Humanities”, *PMLA: Publications of the Modern Language Association of America*, vol. 128, no. 2, 2013, pp. 409–423.

④ 徐孝娟、侯莹、赵宇翔等：《国外数字人文课程透视——兼议我国数字人文课程设置及人才培养》，《图书馆论坛》2018 年第 7 期。

⑤ E. Çetin, “Digital Storytelling in Teacher Education and Its Effect on the Digital Literacy of Pre-service Teachers”, *Thinking Skills and Creativity*, vol. 39, 2021.

于前测，且职前教师认为数字叙事能在技术、评估和解决问题的技能等方面帮助到他们。研究表明数字叙事提升了学习群体的数字素养技能。

从社会成果看，学生在数字叙事协作学习中，增强沟通与合作技能，更善于表达自己，倾听他人。厄图尔克[①]将团队合作下设七个子主题，沟通能力下设三个子主题，通过对美术生一年的学习笔记、半结构化访谈数据和教师教学笔记定性研究，最后得出数字叙事教学对责任、时间管理、社会互动和自信等子主题影响最大，产生了积极结果。本章第三部分案例中教师多次提到，无论是知识重组还是技术支持，是个人认可还是集体表现，数字叙事都起到很好的承载作用，给数字人文教育注入活力。

综上所述，数字叙事教学法正好解决了课堂教学无法实现的前沿性、创新性、跨界融合和协作互动，数字叙事将促进数字人文研究，推动数字人文教学。

（四）案例应用形式及效果

数字叙事起源于美国，目前欧美学界对数字叙事作为教学方法的研究成果数量较多，内容丰富。本研究选取四个运用数字叙事开展数字人文教育的典型案例，结合谢弗[②]和普索莫斯等[③]构建的数字叙事教学星状评价模型，提取六项教学效果分析指标，关联到数字叙事教

---

① A. Öztürk, "The Effect of Digital Storytelling Project on Fine Arts High School Students' Teamwork Skills", *Journal of Educational and Instructional Studies in the World*, vol. 7, no. 4, 2017, pp. 58–68.

② L. Schäfer, "Models for Digital Storytelling and Interactive Narratives", https://www.researchgate.net/publication/228940743_Models_for_digital_storytelling_and_interactive_narratives, accessed 02 Octomber 2021.

③ P. Psomos, M. Kordaki, "A Novel Pedagogical Evaluation Model for Educational Digital Storytelling Environments", https://www.researchgate.net/publication/233808625_A_Novel_Pedagogical_Evaluation_Model_for_Educational_Digital_Storytelling_Environments, accessed 02 Octomber 2021.

学实践中（见表 3.4），对比观察不同形式教学取得的效果，据此提出我国高校运用数字叙事开展数字人文教育的教学设计和策略。

表 3.4 四种形式的数字叙事案例分析比较

形式		口述 / 声音叙事	交互叙事	多媒体叙事	融媒体叙事
案例名称		数字人文暑期课程“声音与数字人文”[1]	拉丁语学习案例“LAPIS 行动”[2]	高年级课程“拉丁裔生活故事”[3]	人文博士培训“协作和数字多媒体”[4]
教学目标		介绍、探究声音在数字人文研究和信息展示中的运用	通过互动式游戏学习并评估学生在语音、阅读、理解和表达等方面的技能	通过数字叙事记录自己的历史、文化、时代身份和生活经历	加深博士生对数字和专业的理解，提供运用新技术的创新案例
教学步骤		学习和应用基本编辑技能，收集资源并讨论应用程序，反思声音在数字人文项目中的角色，完成声音项目并汇报	用拉丁文阅读和写作，了解罗马文化并建立对罗马的认知，总结罗马历史中的主要事件	结合著作讨论自身经历，通过写作和声音记录故事，构建视觉叙事，辅以音乐，完成 3 分钟数字电影	学习并运用多种在线学术分析与管理工具，制作学术海报，获取数字资源，学会数字叙事创意技术
教学效果	情感	学生习得新的思考方式和欣赏能力	学生理解了学习的重要性	学生产生综合身份意识，拥有反思能力	学生理解了创造之于思想发展的重要性
	认知	声音承载了社会和文化信息	社区合作可以解决问题	对自我认知的恢复与深入	数字技术改变了工作方式
	概念	声音是数字人文探究的基本元素之一	5C 标准是语言学习的工具	重新构建空间安放自己混合身份	学术海报具有结构清晰的特征
	学术	学生学会运用多种方法处理声音，并能运用声音开展数字人文研究	教师能够更具体了解学生的 5C 发展	学生通过自己的数字故事，构建归属空间	提高学生对语料库工具方法的认知，让学生能在研究中应用它

续表

形式		口述 / 声音叙事	交互叙事	多媒体叙事	融媒体叙事
教学效果	技术	流式处理连续内容，将数字声音文件编辑成短而连贯的叙述	使用 CODEX 学习，学生在协作过程中增强了各种能力	利用多媒体工具与技术渲染历史和文化的概念和模式	使用个性化软件时，能力和意愿存在一定差异
	社会成果	（文中没有明确结论）	学习了拉丁语、数字技术和研究方法	增强团队合作能力和相互欣赏能力	产生协作需在一定条件下的认知，增强知识产权意识
评价与反思		教学结果超出预期，出现了关于声音的数字人文项目的理论和应用成果，协作构建了共同的知识体	在互动中学习了拉丁语，培养了学生批判性思维、解决问题和反思的能力	数字创作过程中，学生学会理论化经验和技术与合作，在实践中加深对自己身份的理解和认同	学生在融合技术的过程，也是在体验研究多样化和高度专业化的过程

资料来源：

［1］ J. F. Barber, "Sound and Digital Humanities: Reflecting on a DHSI Course", *Digital Humanities Quarterly*, vol. 10, no. 1, 2016.

［2］ S. T. Slota, K. Ballestrini, M. Pearsall, "Learning Through Operation LAPIS—A Game-Based Approach to the Language Classroom", *The Language Educator*, no. 10, 2013, pp. 36–38.

［3］ R. Benmayor, "Digital Storytelling as a Signature Pedagogy for the New Humanities", *Arts and Humanities in Higher Education*, vol. 7, no. 2, 2008, pp. 188–204.

［4］ A. Ensslin, W. Slocombe, "Training Humanities Doctoral Students in Collaborative and Digital Multimedia", *Arts and Humanities in Higher Education*, vol. 11, no. 1–2, 2012, pp. 140–156.

1. 教学以学生为中心，强化重构知识体系

数字叙事教学方法强调学生是学习的主体。教师在教学活动中，主要职责是构建学习环境，强调知识和重要的技巧，引导学生发挥主观能动性。在"声音与数字人文"课程中，学生在教师的引导下学习声音编辑操作技能，确认信息源真实性，讨论应用并实践所学。拉丁

语学习案例“LAPIS 行动”中，学生通过两年沉浸式互动游戏学习拉丁语，通过阅读理解、词汇练习、语法结构等习得提升基本研究能力，教师制定 5C（交流、文化、联系、比较和社区）语言学习标准，参与分析和讨论拉丁语习得而非直接教学。高年级课程“拉丁裔生活故事”中，学生以数字叙事形式记录关于自己的历史、文化、时代身份、生活经历，教师引导学生在理论中寻找主题，把案例理论化，并指导他们实现数字故事的讲述。人文学科博士“协作和数字多媒体”培训设计前，学生通过问卷提出需求，教师根据调查结果调整培训内容和难易程度。

通过以学生为中心的教学，学生不断将已有的知识融入学习中，重新构建新知识体系。比如“声音与数字人文”中，学生获得了新的思考方式，并拥有欣赏社会经验、文化记忆、回归历史现场的能力。拉丁语学习案例“LAPIS 行动”中，学生懂得了拉丁语学习重要性，经过两年学习能自如运用语法和词汇。高年级课程“拉丁裔生活故事”中，学生感受到文化与阶级错位的痛苦，通过解析故事中的关键词，结合社会背景，在思考中逐渐形成综合身份意识并获取混合身份，构建物理和心理空间重新安放自我。人文学科博士“协作和数字多媒体”培训中，学生通过完整学习，逐渐理解创新的概念和影响，产生协作意识，甚至提出不能无条件接受 Web2.0，需要谨慎使用协作平台等。

2. 关注实践，注重数字素养教育

行动研究法和变革性学习理论证明数字叙事与实践密不可分。数字叙事实践表现为工具方法技术的应用，新信息、想法、形式、程序的设计过程中知识产生并相互交流，实际工作与学术研究紧密结合。“声音与数字人文”学习流式处理连续内容的技巧与方法，将一个多小时《世界大战》的数字声音文件编辑成十分钟或更短的连贯叙述。拉丁语学习案例“LAPIS 行动”除鼓励学生学习语言外，还要求学生掌握实用技术技能。高年级课程“拉丁裔生活故事”要求学生通过多媒体工具和技术认知渲染历史和文化概念、模式，比如利用图像来隐喻情感和知识的演变，利用平移技术获得象征意义等。人文博士培训“协作和数字多媒体”中学生习得语料库在线分析工具、学术海报多媒体制作工具、文本编译与分析、数字多式联运、口头与视觉传播工具与技术、数字人文资源获取方法与技巧、数字项目管理工具、数字叙事创意技术等实践性很强的工具与技术。

数字素养教育与实践融合。数字素养是一种以数字需求为导向、在实践中产生的素养，它包括对各类数字资源的处理技能和批判性思维能力，仅举一例，在高年级课程“拉丁裔生活故事”中，学生对数字叙事作品中颜色和技术的诠释：深褐色与祖父祖母年轻时黑白照片吻合，同时也表示对自己文化身份的迷茫，最后将图像从棕褐色转为全彩色，隐喻性体现和庆祝新意识产生，使用缓慢垂直平移使观众能够“看到”祖父祖母，也使叙事者进入画面，想象她和祖母相聚在另一时空，多媒体图像技术把学生和祖辈跨代联系，放置在亲密的关系中。可见，数字素养让数字叙事更具有故事性，同时培养了学生的创新能力。

3. 重视批判性思维和创新思维，开放融合吸收知识

数字叙事过程中，创新伴随着批判。数字叙事鼓励学生尝试和反思，学生批判性选择和理解信息，批判性思考、评估和采用技术。“声音与数字人文”本身就是一场创新性的培训，因为数字人文参与者通常使用视频、图像或动画等快速可视化，却忽视了声音，所以巴伯组织了关于声音的培训。[①] 拉丁语学习案例“LAPIS 行动”中双重交替现实游戏在培养学生批判性思维、解决问题和反思方面具有巨

① J. F. Barber, “Sound and Digital Humanities: Reflecting on a DHSI Course”, *Digital Humanities Quarterly*, vol. 10, no. 1, 2016.

大潜力。高年级课程“拉丁裔生活故事”制作数字故事并将其理论化，既是积极学习的过程，也是自我反思和递归的结果。教师在教学反思中提到，数字创作过程中，学生体验了理论可以从个人经验中产生，在思考和创造中实现。人文博士在“协作和数字多媒体”培训中学员讨论并反思数字协作的优劣和形式，认为需要有条件谨慎使用协作平台参与 Web 2.0 文化，合作时不能忽视知识产权等问题。

批判性与创造性还表现在学生对新技术、新工具、新理念的包容和接受。这可以开拓学术视野，强化学科包容，重构学科知识网络。案例“协作和数字多媒体”培训中学生都是人文学科博士，培训目标是让博士生使用多媒体和其他数字人文研究工具，拓展博士生在人文学科方面的研究。在语料库培训中，学生通过语言学研究目的、语料库方法和工具的理论介绍，增强运用语料库方法的意识，并实践在线语料库工具 W-Matrix 和 Wordle。博士生使用 W-Matrix 分析弥尔顿的《失乐园》时，发现聚焦结果不是传统研究的《旧约》主题，这引发了关于弥尔顿焦点主题的热烈讨论。这种包容和融合对未来的人文学者有吸引力和挑战，对人文学科的发展有积极推动作用。

4. 鼓励团队协作，促进自我学习和终身学习

数字叙事基于协作教学背景，创造和分享信息，增强学习沉浸感和互动性，学生在协作中参与主题互动，并发展知识体系。在“声音与数字人文”培训的教学反思中，教学结果超出预期，出现了关于声音的数字人文项目理论和应用成果，协作构建了知识共同体。在拉丁语学习案例“LAPIS 行动”中，教学使用 CODEX 加强个人责任感和组内组间的合作。在高年级课程“拉丁裔生活故事”中，教师认为当涉及使用图像、声音和视频制作软件工具时，学生们自然形成团队，互相帮助并欣赏对方的故事，随着情感或技术脆弱性增加，团队合作随之加强人文博士。“协作和数字多媒体”培训中，虽然博士生对协作有批判性解读，但协作理念深入到他们心中。

协作不光培养学生的合作沟通能力，还成为自我学习和终身学习的催化剂。高年级课程“拉丁裔生活故事”中，数字叙事帮助学生理解跨文化身份，合作实践加深学生对身份差异的社会理解，在技术专家的帮助下学生掌握适合叙事的技术，在教师指导下学会从实践中总结理论。这种协作使学生潜移默化习得学习方法和技巧。

总的看来，学生在数字叙事过程中习得数字素养和技术技能，提升批判性和创新性思维，加强协作和沟通能力。除此之外，学生在学习过程中增强叙事能力和研究能力，持续重构知识网络。

5. 教学效果

教师与学生在数字叙事教学中各有侧重，相互配合，取得明显教学效果。教师从不同角度引导学生习得知识，在教学过程中，侧重传授方法与技能，鼓励学生自我探索和相互协作。学生学习时充分发挥能动性，积极主动思考并实践，过程中保持着对数字人文的兴趣，此外学生还习得其他重要能力。教学评价中，教师们表示数字叙事让数字人文理念和实践得到有效体现，超出了他们的预期。

本研究在教学效果中设定六个指标，从中可以得出数字叙事在数字人文教学中发挥重要作用。情感指学生的态度，学生通过课程认识到学习重要性，产生综合身份意识，逐步拥有反思能力、欣赏能力和创新意识。认知指思维，学生在学习过程中对自我认知的恢复与深入，对新事物的理解与接受等都表明他们逐步获得批判性和创造性思维。概念获取一方面指学生对概念理解，比如学术海报构成信息，另一方面也指对事物重新概念化，比如自我身份的重新认知和重构等。学术成果表现最能体现教学效果，学生学会各种学习研究技能，教师更全面了解学生学习表现。技术方面超出了专业知识点学习，却是数字叙事教学过程中必备能力，它包括计算机能力、数字素养和多媒体技能。社会成果也是数字叙事教学中很重要的评价，同时也是学生学习中综合素质体现，学习过程中学生协作能力、团队合作能力和沟通技巧都得到提高与增强。

（五）教学设计与策略

通过上述四个数字叙事代表性案例研究发现，数字叙事非常适合数字学术教育，在教育过程中能调动学生学习热情，提高学生实践与沟通能力，提升学生多学科素养，包括专业知识和数字技能等，教育成果还可以传播出去。

教学框架设计侧重实际应用和实践能力，强调多元素养，共分为四个部分：情景分析、课程目标、教学活动和反馈评估（见图 3.3）。

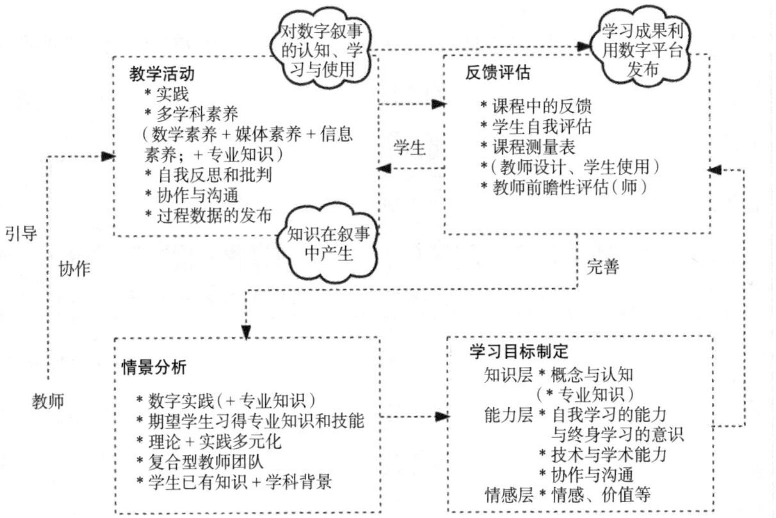

图 3.3　数字学术教育中的数字叙事教学框架

1. 情景分析

情景分析与学习目标制定都是教师在教学前的工作。图书馆开设数字人文课程是推广式教育，不针对具体专业学科。如果图书馆嵌入到专业学科合作开展数字人文教学，则需要与专业教师共同讨论教学情景和学习目标。课程以学生专业知识为背景，从理论到实践学习数字人文研究方法，全面提升数字实践和应用能力。围绕叙事主题分工教学任务，组建复合型教师团队[①]，合作教授数据、工具、方法等，确保课程基础交叉和实践应用结合。数字叙事将提升学生学习技术和工具的兴趣，激发他们的积极性和探索能力，学生不仅学习数字人文方法，还融会贯通专业知识，掌握实际需要的技术技能。

2. 学习目标

学习目标分为知识层、能力层和情感层。知识层上，学生通过课程学习，掌握数字人文概念、认知以及人文学科的基本分析框架，逐渐习得数字人文研究范式并应用于专业学科研究中[②]，拥有不同于传统人文学科的研究视野与方法，并在学习探讨过程中激发学习热情。能力层上，数字叙事方法让学生通过数字素养、信息素养、媒介素养等实践活动，分析并解决实际问题，在现实场景中应用这些素养成果和专业知识，在学习中培养团队合作沟通能力等。情感层内容丰富，比如情感、价值、社会成果、创新与坚守等。数字叙事教学中融入对学生价值观的塑造，比如案例中寻找和认同自我身份、思考协作、欣赏创新，自我学习与终身学习的意识萌发等。同时学生还通过数字实践进一步理解人文学科价值，培养批判意识和创新精神，对道德与伦理的坚守等。数字叙事方法对社会也有深远的影响，在学习的过程中学生会被唤起对技术弱势群体的关心与鼓励，对现实问题的深层思考与表达。

3. 教学活动

强调导论部分教学。导论中强化数字叙事的特点，如多媒体、数

---

① SHAPC LAB，空间人文与场所计算："终期汇报 | 2021 年空间人文与数字人文课程"，微信公众平台，https://mp.weixin.qq.com/s/HYkPlzHt7P6BcCGA-GpjdQ，访问时间：2021 年 08 月 04 日。

② 王涛：《数字人文的本科教育实践：总结与反思》，《图书馆论坛》2018 年第 6 期。

字素养、自我叙事、3—5分钟等，帮助学生课程伊始就建立起课程的研究对象、载体、方法论，在意识上重视技术、工具和媒介，介绍多种案例让学生直观感受数字叙事最终呈现形式。

深度推进实践、融合理念。教学过程中，学生以小组为单位[①]，选定叙事主题，以研究课题为主线，通过案例复原等教学手段，理论与实践并行，介绍数字人文的技术，鼓励学生在数字叙事作品中应用它们，如社会网络分析、文本数据挖掘分析、文本数据可视化、空间时间分析等工具。[②]

教学过程中注重嵌入数字素养、信息素养和媒介素养等多元素养教育。学生通过数字素养获得数字意识与技能，比如资料管理阶段使用文献管理工具，制作图像阶段硬软件使用等；通过信息素养习得知识与伦理，比如收集文献阶段辨认信息源，信息的检索策略和逻辑，使用文献阶段的学术规范要求等[③]；通过媒介素养思考表达思想的最佳方式，比如选择和加工音乐、图片或文字等媒介载体等。

教师有意识引导学生应用习得知识在科研生命周期中[④]完成数字叙事作品。以数据集为例，学生需要原始数据集支持数字叙事作品制作，需要有意识发布过程数据传播成果，这些数据集不仅体现出学生对数据的收集管理能力，还体现出学生在故事设计阶段选择素材和信

---

① 王涛：《数字人文的本科教育实践：总结与反思》，《图书馆论坛》2018年第6期。

② 北京大学图书馆："北京大学数字人文工作坊 | 北京大学图书馆"，https://www.lib.pku.edu.cn/portal/cn/xsjl/shuzirenwen，访问时间：2021年08月04日；张久珍、韩豫哲：《北京大学"数字人文"课程教学实践及经验探索》，《图书情报工作》2019年第9期。

③ 加小双、冯惠玲：《"SCP2"数字人文教育综合体系的构建与应用》，《图书馆论坛》2020年第4期。

④ 加小双、冯惠玲：《"SCP2"数字人文教育综合体系的构建与应用》，《图书馆论坛》2020年第4期；郑炜楠、肖鹏：《培养数字人文预备役：文科大学生的数字技能发展需求与策略研究》，《图书与情报》2021年第1期。

息的能力，理解专业知识的能力，以及感知媒体表现的能力等。在每个学习阶段，教师都需要引导学生，使其在制作数字叙事作品中拥有完整的研究体验。

整个课程离不开协作。[①] 教师团队协作贯穿课程开发和完成，具体体现在课程开始前准备多元化课程材料 [②] 提供给学生实践之用；课程进行时提供实践环境和工具，指导学生实践，课程后期通过技术提供更大空间给学生，提供发表和交流平台 [③]，提升学生的学习成就感。小组同学从参与研究到数字叙事作品完成一直保持沟通合作状态。

4. 反馈评估

在数字叙事教学中，教师通过多种渠道对学生进行引导。一方面通过教学，另一方面通过评估量表和客观测试。量表汇聚各种测评指标，测试题考察具体知识点，它们共同指导学生开展针对性学习。评估反馈主要体现在课程前预评估，课程过程中学生自我评估、相互评估和课程结束后自我评估、教师评估。

教师开展预评估和制定学习评估量表。前瞻性评估中教师对实践选取的主题、工具、技术与媒介预判，组建教师团队，确保学生理论和实践上都能得到指导。教师在制定的评估量表中，设定评价条目，解释描述标准，表达对课程的具体期望。量表可以用于学生自我评估和相互评估，它既是同伴评议的工具，也是学习的方向。

客观测试题与主观量表配合，在课程中共同发挥评估反馈作用。

---

① 加小双、冯惠玲：《"SCP2" 数字人文教育综合体系的构建与应用》,《图书馆论坛》2020 年第 4 期；王涛：《数字人文的本科教育实践：总结与反思》,《图书馆论坛》2018 年第 6 期。

② M. Posner, "Data Packages for DH Beginners", https://miriamposner.com/blog/2017/11/, accessed 28 January 2022.

③ 加小双、冯惠玲：《"SCP2" 数字人文教育综合体系的构建与应用》,《图书馆论坛》2020 年第 4 期。

教师针对数字人文研究过程中多元素养和学生掌握的情况，设计测试题配合教学。及时正向反馈是对学生的激励，分析测试题和评估量表是教师调整或改进课程的依据。

学生提供反馈有助于课程的完善。[①] 学生通过数字叙事学习数字人文研究方法和工具，参与自己和其他小组的叙事评估，并能在正式或者非正式的场合表达观点，学生的反馈提升了课程完成质量和后续开展的精益求精。

总体看，在设计数字叙事开展数字人文教学时，完全突出了以学生为中心，以实践为基础的建构主义教学理论。在技术和工具的支撑下，学生开展不同于传统人文学科的研究，积极推动数字人文发展，它是培养新时代人才的新路径，能实现人才培养和项目建设的双向生长。[②]

二、数字时代实践性学习的项目式教育

数字学术教育一般集中在线下开展，主要有两种形式：各类线下课程[③] 和项目实践。[④] 其中，项目实践包括项目开始阶段的研究基础设施建设、项目过程的工具开发和应用、对具体人文问题的创造性实

---

① 加小双、冯惠玲：《“SCP2” 数字人文教育综合体系的构建与应用》，《图书馆论坛》2020 年第 4 期；张久珍、韩豫哲：《北京大学 “数字人文” 课程教学实践及经验探索》，《图书情报工作》2019 年第 19 期。

② 加小双、冯惠玲：《“SCP2” 数字人文教育综合体系的构建与应用》，《图书馆论坛》2020 年第 4 期。

③ 王涛：《数字人文的本科教育实践：总结与反思》，《图书馆论坛》2018 年第 6 期；加小双、冯惠玲：《“SCP2” 数字人文教育综合体系的构建与应用》，《图书馆论坛》2020 年第 4 期；张久珍、韩豫哲：《北京大学 “数字人文” 课程教学实践及经验探索》，《图书情报工作》2019 年第 19 期。

④ 加小双、冯惠玲：《“SCP2” 数字人文教育综合体系的构建与应用》，《图书馆论坛》2020 年第 4 期。

践等。王涛[①]曾提出基础设施会影响数字人文教学基础环境，从教育的角度阐明建设数字人文基础设施不光为了学术研究，也同样用于数字人文教学。在基础设施平台的建设过程和利用平台开展研究实践过程中，开展数字人文教育，是项目式数字人文教育的重要介入时机，也是数字人文教学的重要特色。以中国人民大学“我的北京记忆”项目为基础开展的数字人文教育研究主要关注研究实践过程。[②]何思源等[③]基于“我的北京记忆”项目，通过深度访谈法从受教育者角度分析了他们在项目式数字人文教育中的自我认知态度以及影响其形成的因素。研究表明受教育者把自己定位为自主学习和探索的人，他们的自主性与自我预期密切相关。

（一）研究回顾

项目式教学是一种积极的、以学生为中心的教学形式，其特点是学生具有自主性、建设性的探究、目标设定、协作、沟通和反思等实践。[④]研究表明，项目式教学为数字人文教育提供框架，让学生承担需要学习和应用新技术技能的项目[⑤]，这种教学方法针对不同学生的具体专业和学习目标，在正式或非正式学习场景下，提供跨越不同计算工具和方法的灵活性培训。

国外近年来开展了一些相关理论和实践研究。理论上，通过学术

---

① 王涛：《数字人文的本科教育实践：总结与反思》，《图书馆论坛》2018 年第 6 期。

② 加小双、冯惠玲：《“SCP2”数字人文教育综合体系的构建与应用》，《图书馆论坛》2020 年第 4 期。

③ 何思源、张晨文、嘎拉森等：《受教育者对项目制数字人文教育的认知态度及其影响因素》，《图书馆论坛》2023 年第 2 期。

④ D. Kokotsaki, V. Menzies, A. Wiggins, “Project-based Learning: A Review of the Literature”, *Improving Schools*, vol. 19, no. 3, 2016, pp. 267–277.

⑤ T. Augst, D. Engel, “Project-Based Learning for Graduate Students in Digital Humanities”, *Qeios*, 2022.

话语在数字后现代语境空间中的重要性①、体验式学习②等充分论证项目式教学对数字人文教育的重要，很多学者甚至建议数字人文教育的创新应当遵循项目式。③实践上其主要有三个类别。其一，关于工具的开发或利用以提升技术技能。比如在“飞毛腿项目”中④学生学习研究相关的技能与应用参与语音转录、文本标注、OCR 等工作流程，在“拉丁美洲数字人文”⑤中学生学习使用 Omeka、Wordpress 等数字工具。其二，在建设基础设施平台中学习数字技能。比如麻省理工学院在创建莎士比亚亚洲表演系列以及收藏《哈姆雷特》时，对跨媒体注释系统和流媒体视频剪辑定义和注释工具的教学与研究。⑥其三，利用已经建成的平台开展数字人文教学的案例。比如罗马尼亚利用莎士比亚数字人文平台开展数字人文教学⑦，Nicolaescu 等介绍了在建成的数字人文平台上开展数字文学学科教学的过程。除此之外，还有利用开源平台从事数字人文教育的案例，比如《数字人文教学法：实践、

① A. Dominguez, “Project Based Learning in the Huanities: Creating Discourse and Building Cultureal Competence in the Global University” , https://www.researchgate.net/publication/311364290_PROJECT_BASED_LEARNING_IN_THE_HUMANITIES_CREATING_DISCOURSE_AND_BUILDING_CULTURAL_COMPETENCE_IN_THE_GLOBAL_UNIVERSITY.

② C. Mccarl, “An Approach to Designing Project-Based Digital Humanities Internships”, *Digital Humanities Quarterly*, vol. 15, no. 3, 2021.

③ D. A. Garwood, A. H. Poole, “Pedagogy and Public-funded Research: An Exploratory Study of Skills In Digital Humanities Projects”, *Journal of Documentation,* vol. 75, no. 3, 2019, pp. 550–576.

④ A. Mauro, D. Powell, S. Potvin, et al, “Towards a Seamful Design of Networked Knowledge: Practical Pedagogies in Collaborative Teams”, *Digital Humanities Quarterly*, vol. 11, no. 3, 2017.

⑤ R. Sibaja, L. P. Balloffet, “Digital Approaches to Research and Pedagogy in Latin American Studies”, *The Latin Americanist*, vol. 62, no. 1, 2018, pp. 99–116.

⑥ P. S. Donaldson, “The Shakespeare Electronic Archive: Collections and Multimedia Tools for Teaching and Research, 1992–2008”, *Shakespeare*, vol. 4, no. 3, 2008, pp. 234–244.

⑦ M. Nicolaescu, A. Mihai, “Teaching Digital Humanities in Romania”, CLCWeb, *Comparative Literature and Culture*, vol. 16, no. 5, 2014, https://docs.lib.purdue.edu/clcweb/vol16/iss5/15.

原则和策略》[①] 中利用维基百科作为数字人文学习平台的教学案例等。

总体看来，国外对项目式数字人文教育的理论和实践都取得一定意义的进展，但国内尚无较为系统的实践案例介绍和研究，且无对这一教学形式的支撑理论探究。本章将从理论到实践系统地阐释这一形式应用于数字人文教学的内涵和内容。

（二）项目式数字学术教育的优势

项目式数字学术教育以其独特的优势成为当今教育领域备受关注的重要教学模式。该模式不仅注重学科知识的传授，更侧重于培养学生的实践能力、团队协作和问题解决的综合素养。在数字学术教育领域，项目式教育通过实际项目的设计和实施，为学生提供了一个更贴近实际、更富有挑战性的学习体验。这一教育模式的优势之一在于能够激发学生的学习动机和兴趣。通过参与具体项目，学生能够直接感受到学科知识的应用场景，从而更加积极主动地投入到学习过程中。

项目式数字学术教育的另一个显著优势是培养了学生的实践能力和解决问题的综合素养。通过实际项目，学生不仅仅学到了理论知识，更锻炼了将理论知识应用于实际情境中的能力。这种实践性的学习经验有助于学生更好地理解和掌握数字学术领域的复杂概念和技能。

项目式数字学术教育还强调了团队协作的重要性。在项目中，学生往往需要与团队成员共同合作、分工协作，共同完成项目的各个阶段。这种合作模式培养了学生的团队协作和沟通技能，使其在实际工作中更具竞争力。

（三）案例分析与探讨

梳理相关教育理论，发现在基础设施平台建设过程中开展数字学

① Brett D. Hirsch (ed.), *Digital Humanities Pedagogy: Practices, Principles and Politics*, Cambridge: Open Book Pulishers, 2012.

术教学可行且具有实践意义，学生在建设过程中的角色值得讨论。凯拉里斯馆长认为建设平台过程中学生活动是“隐形劳动”[①]，数字人文学者们开展了对学生劳动的一系列讨论。比如提出通过 Omeka 记录学生在项目中的贡献并公开发布[②]，或者通过酬劳或学分体现学生的贡献[③]，有学者认为学生是志愿者[④]，这些观点无形中降低了学生对平台建设的贡献，只把数据构建等学生从事的工作看作可以快速完成的单调任务，而不是教学过程中学生获取知识和技能的途径与目标，忽视了教育的生成性和协作性。德鲁克为了强调数据构建过程参与者的“主动获取”贡献和主观能动性，甚至提出用capta一词表示数据[⑤]，有一些数字人文学者提出利用这些“隐形工作”重构数字人文教学，教学属于建设平台的一部分。[⑥] 本研究在此基础上更进一步提出，数字人文研究基础设施平台建设的过程可以成为数字人文教学的一部分。研究将结合上海外国语大学正在自建的“中国故事征引与阐释”基础

---

① S. Keralis, “Labor”, K. D. Harris, J. Sayers, R. F. Davis, et al, *Digital Pedagogy in the Humanities: Concepts, Models & Experiments*, MLA Commons, 2020, https://digitalpedagogy.hcommons.org/keyword/Labor/.

② A. Earhart, N. Lepianka, “Millican ‘Riot’, 1868”, K. D. Harris, J. Sayers, R. F. Davis, et al, *Digital Pedagogy in the Humanities: Concepts, Models & Experiments*, MLA Commons, 2020, https://digitalpedagogy.hcommons.org/keyword/Labor/.

③ Digital Humanities Initiative, “Culture, Liberal Arts, and Society Scholars”, K. D. Harris, J. Sayers, R. F. Davis, et al, *Digital Pedagogy in the Humanities: Concepts, Models & Experiments*, MLA Commons, 2020, https://digitalpedagogy.hcommons.org/keyword/Labor/.

④ 苏依纹：《档案机构主导开发数字人文项目的方法探究——以美国马里兰州档案馆奴隶制文化遗产项目为例》，《浙江档案》2020 年第 9 期。

⑤ J. Drucker, “Humanities Approaches to Graphical Display”, *Digital Humanities Quarterly*, vol. 5, no. 1, 2011.

⑥ C. Rivard, T. Arnold, L. Tilton. “Building Pedagogy into Project Development: Making Data Construction Visible in Digital Projects”, *Digital Humanities Quarterly*, vo1. 13, no. 2, 2019.

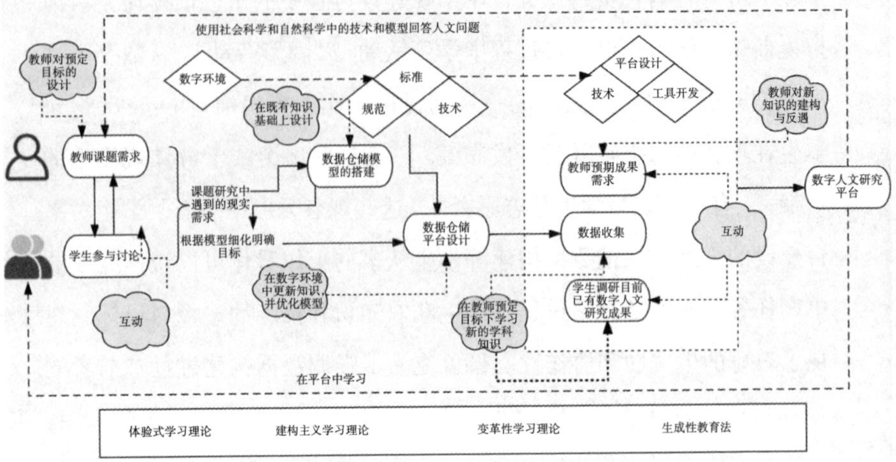

图 3.4 在建设研究基础设施平台中开展数字学术教学的示意图

设施平台详细阐释在这个过程中数字人文教学的开展(见图 3.4)。

从图 3.4 得出，教师在建设研究基础设施平台全过程言传身教引导学生，着力营造沉浸式数字环境，学生通过协作与沟通习得信息素养、数字素养、专业知识以及更深层次的能力，比如反思能力、批判性认知等。由于平台建设最需要时间和精力的环节是数据构建[①]，本研究选取数据构建阶段观察数字人文教育的开展。

1. 数据创建中的信息素养

学以致用，以需求为导向学习信息素养，并应用在实践中，这在信息素养教学中是一直被关注的问题。[②] 充分利用教师课堂是微观合

① A. Mauro, D. Powell, S. Potvin, et al, "Towards a Seamful Design of Networked Knowledge: Practical Pedagogies in Collaborative Teams", *Digital Humanities Quarterly*, vol. 11, no. 3, 2017.

② 王金茹:《基于任务的图书馆学专业信息检索课程过程性应用研究》,《图书馆学研究》2019 年第 16 期。

作开展教学的一种模式[①]，也是高校图书馆最容易实践的，教师的课堂不仅在常规的课程教学中，还在团队合作研究中。

“中国故事征引与阐释”平台分成三个部分：中国故事的改编本流转、中国故事的翻译本流转以及中国故事研究数据库。每个部分都有独特的数据结构框架和特征元数据。在收集元数据过程中，学生需要数据源选择、信息辨别能力培养、检索策略学习等专业知识。以《聊斋志异》在德语世界传播数据为例，专业教师在数据采集初期为学生提供突破点，要求学生从查找《聊斋志异》译介研究文献入手，梳理收集外译与改编信息，围绕“如何制定检索策略，确认检索关键词”，学生在信息素养教师指导下团队合作找到解决方案，并通过使用布尔逻辑、相近词等检索策略不断实践，最终寻找到 33 条文献。

在检索分析文献阶段，发现数据—提出问题—找到解决方案—实践与反馈，这个流程循环反复，但问题与解决方案却会时时出新。比如一开始通过译介角度仅在中国学术期刊上找到 4 篇关于德语译介的论文，通过主题分析发现 2 篇是关于同一个译本的研究，团队提出是否存在文献遗漏情况。针对这一问题，学生尝试使用已经掌握的信息检索能力，获得 1 条新纪录，审读参考文献后析出德语中关于《聊斋志异》译介篇目 4 条。这种信息辨别能力充分展示了信息素养和专业知识的结合。

2. 数字工具的学习与应用

数字工具贯穿在收集数据、储存数据、可视化数据以及研究数据中。即使数字原住民对专业工具的了解和使用也会有所欠缺，表现在缺失有效指导和技术支持体系、不了解某些工具及其背后的方法论等，对数字感兴趣的人文学者在遇到这些问题时不会立即向图书馆员

---

① 高洁、彭立伟、陈晨等：《国外大学图书馆在线信息素养合作教育模式及其启示》，《高校图书馆工作》2015 年第 6 期。

求助。[①]但在图书馆员合作建设研究基础设施平台时，他们会展现对相应数字工具的了解和应用，及时嵌入指导遇到问题的研究团队，结合研究需求传授相关工具的理论与实践。

“中国故事征引与阐释”平台建设时，需要大批量获取国外关于中国故事的研究成果。尝试一些方法后，研究团队主动询问参与项目的图书馆员，学习信息检索式构造、文献管理软件 Zotero，利用 Zotero 收集、分类并分享获取的数据。利用这次教学，学生不仅学会收集文献，利用文件夹组织管理它们，还学会 Zotero 的引文功能，插入切换引文格式等。国外也有类似案例描述了人文学者在建设研究基础设施平台时习得数字工具并对研究经历影响深远，比如拉美研究研讨会中人文学者分享各自学术经历[②]，有学者在研究奥斯曼叙利亚人移民美洲历史时利用 Tableau、Carto 等可视化工具促进学术研究，在此基础上决定开设为期三年的“数字素养计划”。这说明数字人文学者在实践中学习工具，在研究中加深了对工具的认识，并意识到工具给研究带来的好处，所以才会决定培养学生的数字素养。

3. 专业知识的学习与重构

平台数据成功采集离不开对数据的辨识与求证，对知识的深思与提炼等。继续剖析上文案例，在采集《聊斋志异》德语数据时，学生的专业知识和思维能力发挥了重要作用。学生通过检索获取外文文本后，需要对照审查中国故事原文，这对著录数据平台中元数据特征有判断性作用，如判断外文翻译本的翻译方式是“全译”或“节译”，确定外文改编本为何种征引形态等，这些都要求学生具有较强的阅读能力与思维逻辑能力，梳理数据并掌握数据内部存在的关联关系。比

---

① 肖鹏、姚楚晖：《先利其器：人文学术虚拟社区中的数字工具交流行为研究》，《图书馆杂志》2021 年第 3 期。

② R. Sibaja, L. P. Balloffet, “Digital Approaches to Research and Pedagogy in Latin American Studies”, *The Latin Americanist*, vol. 62, no. 1, 2018, pp. 99–116.

如，研究团队要解决翟理思的英译本《聊斋志异》(1880)、马丁·布伯的德译本重印本《聊斋志异》(1916)、霍夫曼斯塔尔根据《聊斋志异》篇目《莲花公主》改编的剧本《蜜蜂》(*Die Biene*，1914)，这三条元数据之间是什么参照关系。学生需要通过作者自序或前言，甚至通读整篇剧本最后厘清三者之间的关系。翟理思是国外首个翻译《聊斋志异》的学者；马丁·布伯参照了翟理思的英译本(1909)；霍夫曼斯塔尔参照马丁·布伯的德译本(1911)创作了剧本。

类似的案例很多，学生每发现一条数据，便追本溯源延伸拓展，力图围绕这条数据构造最为完整的数据信息链和知识网，完善中国故事的传播路径，通过数据阐释中国故事对世界文学的影响。数据确实有效性决定了研究成果的可信度，收集验证数据的同时也极大开拓研究者的知识视野，推动数字文学的发展。

4. 批判性思维发展

建立在建构主义和生成性学习理论基础上的数字人文教育，不同于传统教学方式，不仅促进知识学习，还能提升能力。实践应用能力显而易见，批判性认知和沟通协作能力表现突出，此处着重讨论这两项能力。

团队根据研究目标修改数据存储框架以及判断决策收录数据，这些工作都与批判性思维分不开。图书馆员根据研究目标，依据通行惯例制定了最初的元数据标准，搭建数据存储框架，但在具体实践中，研究团队发现有更多的数据字段需要添加在框架结构中，并且要为这些字段建立多重关联。比如翻译本的元数据标准中，最初考虑到原本、译本等相关字段，但实践中，又添加了参照本、二次改编等相关数据。这些修改对项目研究非常重要。

审核组负责确定每一条数据的有效性，主要由博士组成。博士除了熟悉本专业知识，还参与了数据库设计工作，了解数据关联对研究的意义。所以他们不会仅凭二手文献的只言片语就让数据之间产生联系，必须再三考证，他们对数据的严格要求使数据基本完整规范呈现。这一效果很快就在研究上有所体现。研究团队仅从其中一条数据流转中已经得到很重大的译介传播突破。

发现重大学术突破，多次溯源验证后敢于公布自己的看法，这同样也是批判性思维的成长和印证。比如国内学界有多篇论文都认为意大利著名剧作家彼特罗·梅塔斯塔齐奥的歌剧《中国英雄》（*L'Eroe Cinese*）是《赵氏孤儿》的改编本，但“中国故事”研究团队通过数据链的演变和文本的近读，发现《中国英雄》与《赵氏孤儿》虽同有“舍子救孤”的核心情节，但两剧的主要矛盾、角色设置、故事情节、思想意涵皆大相径庭。经反复论证，确认《中国英雄》并非《赵氏孤儿》的改作，其蓝本实为另一则中国历史故事“召公舍子救宣王”。

5. 沟通与协作能力增强

数字人文作为协作性研究社群[①]，研究团队有跨语言、跨学科、跨地域、跨文化的特征，研究人员背景的多样性增强了研究的多元与客观。多样性同时也决定了没有共同的知识库，所以研究前期必须建造研究基础设施平台。来自不同学科的研究成员按照统一的设计方案，分组收集和分析数据，制定研究路线。

“中国故事征引与阐释”是典型的数字人文平台，它的研究团队包括文学、区域国别、数据学、语言学、信息管理等领域的专家学者与本硕博学生群体，从研究人员的组成来看具有跨学科、跨语种特征。在建设平台过程中，协作沟通、分工合作随处可见。该重大项目首席专家上外德语系张帆教授带领研究团队分析已有数据，假设研究中出现的各种现象，结合研究目标开展数据库前期调研与设计工作，与设计人员沟通，搭建数据储存框架，收集德、英、俄等语言的数

① 赵薇：《数字时代人文学研究的变革与超越——数字人文在中国》，《探索与争鸣》2021年第6期。

据，分语种管理。分配不同的数据管理角色，有提交数据的三级数据员，审核数据的二级管理员，分析数据的一级管理员，每级管理员被赋予不同权限，权限交叉且彼此保持独立，每条数据都经过二级和一级管理，这两级数据管理员会就一些存疑数据不断沟通。这种协作沟通模式让数据有效规范，对日后的研究作用巨大。不仅在重大科研项目中能教导学生协作与沟通能力，在小型课堂上也有这样的体现。比如河流工作室教学中，采用多学科协作以及与从业者社区和政府合作的数字人文教学方式[①]，让学生学习河流恢复等专业知识并应用到实际中，参与学生学科背景丰富，他们的沟通协作能力在项目过程中得到提升。

（四）展望

建设研究基础设施平台是数字人文学者研究的最初阶段，也是执行研究目标，培养团队的最好媒介。对于高校数字人文研究团队来说，建设研究基础设施平台除了协作研究外，还可以此为契机开展数字人文教学活动，鼓励学生以及未来数字人文研究者从建立数据意识开始，习得包括信息检索、数字工具在内的数字素养，逐渐尝试使用数字研究方法开展对人文学科的研究。这种在实践中学习，师生共同构建学习内容与进度，发挥学生主观能动性的项目式教学方法非常适合数字人文教学。

随着数字人文的推广与发展，越来越多的人文学者对数字人文感兴趣，研究也取得重要成果。为了让数字更广更快走向人文学科，建议高校图书馆从以下三个方面开启项目式数字学术教育。

---

① G. M. Kondolf , L. A. Mozingo, K. Kullmann, et al, “Teaching Stream Restoration: Experiences from Interdisciplinary Studio Instruction”, *Landscape Journal: Design, Planning, and Management of the Land*, vol. 32, no. 1, 2013, pp. 95–112.

（1）利用一切可能的数字人文项目开展数字学术教学。高校图书馆数字人文学者在协同数字人文研究时嵌入团队开展各种形式的培训，让知识及时得到应用，加深学习者的理解和应用能力。

（2）课程教育与培训相结合。高校图书馆利用自身优势，结合学校发展战略开设数字人文课程，并在系统教学的同时开展数字人文训练营或沙龙，增强数字人文研究的气氛，采用灵活多样的形式满足人文学者的数字习得需求。

（3）建设数字人文教育平台。高校图书馆有意识协同数字人文团队研究，积累相关经验和数据，打造平台，开展项目还原式教育，通过线上线下相结合，实现数字人文非正式教育。

总之，数字人文教育推动研究的蓬勃发展，高校图书馆在数字人文教育中大有可为，必须抓住契机，利用各种形式促进教育开展，赋能高等教育数字化转型。

三、数字学术教育中的学术训练营模式

训练营（training-camp）一词首次出现在1825年5月7日《尼尔周刊》（*Niles' Weekly Reg*）"General Boyer proceeded to Cairo, and from thence to the training-camp"①，之后1894年T. B. Aldrich在其著作*Two Bites at Cherry*中写道："I don't fancy he heard a gun fired, unless it went off by accident in some training-camp for recruits."②从上述两个例子可以看出，训练营起源于军事，主要用于新兵训练。

"二战"后，训练营在企业界逐渐发展成为强化自我、克服障碍、

① OED, "Training Camp", https://www.oed.com/view/Entry/204425?redirectedFrom=training+camp#eid17897367, accessed 21 April 2021.

② OED, "Training Camp", https://www.oed.com/view/Entry/204425?redirectedFrom=training+camp#eid17897367, accessed 21 April 2021.

重塑人格、培养意志的锻炼形式，主要用来学习实用知识，锻炼个人心智，培养团队协作。2003 年信息科技界先锋人物 O'Reilly 举办了 Foo Camp，它面向技术极客，不设议程，完全由参会者自发决定会议议题并自发主持和组织。这种形式受到科技界极大欢迎，此后 O'Reilly 在谷歌总部举办了一系列的热门训练营，如 Science Foo Camp、Collective Intelligence Foo Camp、Social Graph Foo Camp 等。2010 年 O'Reilly 与谷歌、骑士基金会（Knight Foundation）组织了 News Foo Camp，这是训练营面向学科的首次尝试。[①]2017 年国内创新工场发起了 DeeCamp 人工智能训练营，训练营除了继承 Foo Camp 的自发自主特征外，还采用了学术界和产业界双导师制，培养学员的实践能力[②]，这是训练营在学术教育中最具影响力的案例。

从当前的研究成果看，训练营模式主要运用于体育学科，有足球训练营[③]、中国奥运会海外赛前训练营[④]、MMA 训练营，部分应用在教育学科，如教师训练营[⑤]、创新课程训练营[⑥]等，很少用于信息素养教育中。

通过对案例的分析，结合学术特点，我们可以定义：学术训练营是通过有组织、严格且集中的训练计划，提高学习者综合实际技能、解决学术问题的一项活动。学习过程中以学习者为中心，强化训练学

---

① Foo Camp, https://en.wikipedia.org/wiki/Foo_Camp, accessed 09 March 2021.

② 王咏刚："怎么评价 DeeCamp 人工智能训练营？"，https://www.zhihu.com/question/279550559，访问时间：2021 年 03 月 09 日。

③ 赵鹏、谢朝忠、刘海元：《校园足球"满天星"训练营建设的国际经验与发展启示》，《体育学研究》2020 年第 4 期。

④ 李娜：《中国奥运军团海外赛前训练营实践经验与项目选择》，《北京体育大学学报》2018 年第 12 期。

⑤ 王玉琼、苟健：《"训练营"在教师基本素养与能力发展中的运用——非师范毕业新进教师专业素养发展研究》，《教师教育研究》2017 年第 2 期。

⑥ 徐俊、刘刚、黄先栋：《基于设计思维的创新课程教学实验——以南京信息职业技术学院 DET 创新训练营为例》，《装饰》2017 年第 9 期。

习者沟通能力、协作能力和领导能力。

（一）学术训练营特点

学术训练营通过对训练营形式与内部元素的改造，拥有协作性、沟通性、组织性等特点，更契合知识学习的要求，以学习者为中心，以问题解决为导向，以教研学为目标，教学团队矩阵化，多种形式结合教育学习者。

1. 协作性

学术训练营中学习者和教育团队之间的关系不单单是教与学，更多的是协作，协作也存在于学习者之间，大家为了解决某一个学术问题，共同设计讲座与研讨、组织实用知识教育与实践，自发组织分享信息素养工具与方法。

2. 沟通性

学术训练营为有共同需求的学习者打造了可以交流、实践的平台，增设了工作坊形式，导师有专家、教师和图书馆员，学习者来自不同的专业，有不同的学科背景，在共同的追求下，工作坊内导师与导师、导师与学习者、学习者之间可以自由沟通。学习者在实践小组中需要很强的沟通能力才能完成团队任务。

3. 组织性

学术训练营虽然以学习者为主，但组织者有很重要的作用。组织内容有主题的确定、形式的设定、讲座的邀请安排、活动的策划举办、工作坊实践问题的提出解决等，每个环节都离不开组织者精心设计。高水平的组织者拥有很强的学术素养，对学术训练营的整体进程既有全局规划，又能松弛有度引导。

（二）信息素养学术训练营模型设计

上外图书馆在建构主义理论基础上，借助学校建设学术训练营的契机，构造信息素养学术训练营，构建了信息素养学术训练营模型（见图 3.5），这是上外图书馆数字学术教育的前身。本部分介绍并论述上外图书馆学术训练营的成果。前期馆员老师在充分调研后，每期都会形成 3—4 个主题，并组建相关学者专家、专业教师、馆员形成复合教育团队，设计实践形式和题目，鼓励学习者一起研讨，最终达成信息素养学术训练营预期成果。

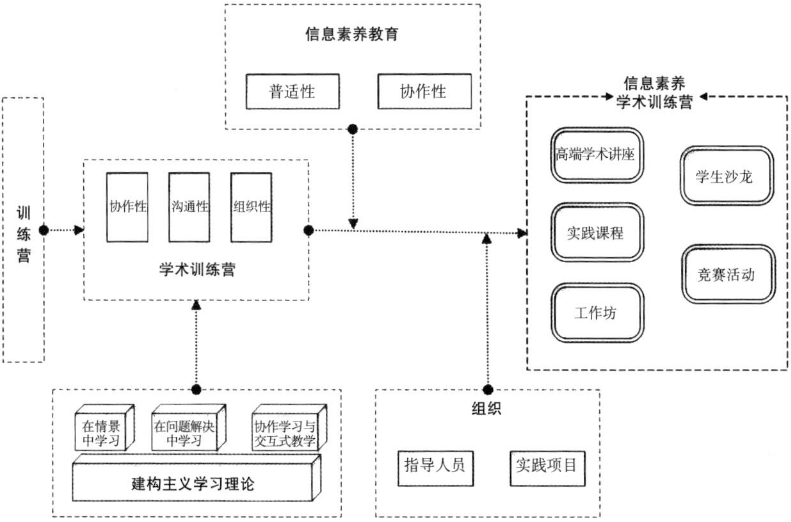

图 3.5　基于建构主义的信息素养学术训练营模型

（三）实践案例

三期信息素养学术训练营的实践表明这种模式在信息素养教育中有重要的补充作用。不同的教育形式互为补充，融合协作，提升了信息素养教育的质量，学习者逐渐成为教育的主体，每位参与者共同陪伴学习者成长，这将信息素养教育推向新的阶段。新技术的运用、组织的创新让信息素养学术训练营成为持续增长的有机体。

1. 内涵教育

内涵教育从质量和效率两个角度扩大和发展了信息素养教育。质量上选择精准化和专业化内容与师资，效率方面改变了传统的教育方式，学习者自主选择学习的时间和空间。

2018年上外图书馆开启学术训练营之初，调研后迅速确定三个主题，除传统的“信息检索与利用”外，还有新的“数据分析与管理”“数字人文”。新主题的讲座与研讨拓展了学习者视野，提升了他们的兴趣。训练营针对新主题邀请专家主持讲座和研讨，教师配合指导实践。专业化的指导让学术训练营拥有集约高质的效果。

考虑到高校学生的流动性、课程的分散性，上外图书馆取得邀请专家的授权许可，录播讲座，提供校内访问，鼓励有需要的师生利用碎片化时间学习。历经三年，这种方式的优点正在逐渐显现，讲座资源得到充分利用，并持续提高学习者热情。资源积淀形成了另一笔宝贵的财富，信息素养教育有了升级的基础。目前，学术训练营正从文献检索过渡到数字素养，实现素养的跨越。

在学术训练营工作坊环节，既有教师引导学习者深度讨论，又有学习者自发组织信息素养的技能工具方法分享。此外，为了配合数据分析主题，学术训练营组织了数据竞赛——“带上Python去挖矿”，吸引了26支队伍四十余人报名参赛。从理论到实践，从学习到运用，针对性的内容，开放性的活动，学习者潜移默化中提高了信息素养。

2. 复合型教育团队

开放的内容、跨学科的背景需要协作开展教育任务。学术训练营内容要素全环节，优秀教育者多维度协调互动，复合型教育团队既能保证所有学习者选择自己适合的内容，又能共同磋商解决实际问题，每位训练营的教师都是不可替代的角色。专家们前沿学术讲座发挥引领作用，实践教师在小组实践中有指导陪伴作用。上外图书馆学术训练营策划伊始，邀请相关领域的杰出学者，着力培养馆内数据馆员学科馆员，组建的教育团队中有专家学者、专业教师、图书馆员，实现教育队伍知识结构多样，学科交叉融合。

3. 学习者是信息素养教育中心

上外图书馆学术训练营第一期开始，学习者就自发参与到各个系列中，专家、教师、馆员只需为学习者提供课程讲座、数据、方法和技术支持。因为强调自主，学习者策划自己的沙龙时，每一个步骤都会经过内部充分讨论，选题、分享人、分享形式、面向观众的范围等；参与竞赛时，自己组团、挑选研究主题。

这种以学习者为中心的模式适合信息素养教育。其一，培养了学习者的素养意识；其二，解决问题的过程中，提升了学习者的信息素养能力和实际综合能力。

（四）学习者对学术训练营反馈

前文说到图书馆与院系的学术训练营不同，所以图书馆的组织者在设定专题讲座、开设工作坊、举办竞赛活动等时，刻意增强了它们的独立性，让对某个专题感兴趣的同学能精准学习、实践。若时间段不方便，也可以后期观看录播好的线上资源、申请个别辅导。但因没有固定人群、活动形式和内容多样，所以无法对学术训练营的整体学习效果跟踪评估。

换个视角，从参加人数和个案反馈一窥学习者对学术训练营的态度。参加学习的人数稳中有升，线上线下混合，覆盖面更广，后期点击观看“学术训练营”三期视频次数不断攀升，目前共达到 3,000 多次。学习者在参加了 Python 学习后，对数据挖掘及可视化有浓厚的兴趣，建议组织方举办 Python 大赛并积极参加。工作坊内，学术造诣较高的博士主动分享自己的心得和学术工具、技巧，比如应用语言学学姐主动和大家交流 Zotero 工具的使用，学习者表示来自自己身边的分享更有共情感。每一次的前沿理论分享后，总会有学习者反馈自己的收获，并和组织者沟通，自己还需要什么知识。比如一位俄语系的博士生听完文本分析后，表示希望能做俄语的语域分析，填补中国在这个研究领域的空白，并咨询组织方如何使用 GitHub 上的 tokeniser 代码按照俄罗斯学界的操作完成相关分析。这些个案反馈不仅证明上外图书馆举办的学术训练营有助于提高学习者的信息素养和学术能力，也增强了组织者的信心，鞭策组织者思考让学术训练营更完善更适合的发展途径与形式。

（五）四所高校图书馆学术训练营对比

学术训练营模式在信息素养教育中有着很强的复制性和可操作性。哈佛大学 2018 年春季学期在第 1 期“数字学术基础”工作坊上优化模块和内容，推出了第 2 期教育项目开展数字学术服务。自此哈佛大学每年都会举办至少两期类似的集中性数字学术教育。[①]2019 年复旦大学图书馆面向上海高校师生举办了首届“慧源共享”开放数据创新研究大赛系列活动。赛前从 4 月到 6 月利用学术训练营形式，为参赛队伍做数据专题培训。[②]2020 年以上海财经大学为代表的财经院校纷纷推出“财经数据科学实战训练营”。

哈佛大学的工作坊侧重数字学术素养，培训时间短，培训形式多样，包括知识讲授、案例教学、学员实践、互动研讨等不同环节。其特点是教师团队复合化，跨部门合作，线下讲座与实践和线上工作坊专题与互动紧密结合。复旦大学的训练营侧重在数据素养，培训时空跨度大，除讲座外，还有数据竞赛和成果孵化，有实际应用的场景。上海财经大学的训练营侧重在工具培训上，主要讲解 Python、R 语言等数据分析软件和工具利用，还特别开设职业规划内容，呈现 Python 在财经类职业中的具体应用，注重数据科学在财经领域的实

① 王晓阳、郭晶：《哈佛大学数字学术服务暨 FDS 培训项目实践与启示》,《图书馆杂志》2019 年第 4 期。

② 复旦大学图书馆：“第二届‘慧源共享’全国高校开放数据创新研究大赛”，https://www.huiyuan.sh.edu.cn/competition/#/home，访问时间：2021 年 02 月 14 日。

践。三家各有千秋，均有值得借鉴之处。

上外图书馆是国内大规模举办信息素养学术训练营最早的单位。内容覆盖面广，有信息素养、数字素养、数字人文等专题。形式多样，有讲座、工作坊、竞赛、培训等。学习者发挥主观能动性，在各自学科背景下主动与素养教育交叉融合，以问题为引导，重视在实践中评估信息素养教育效果，这是上外图书馆信息素养学术训练营独到之处。

本章总结

本章主要从理论、内容和形式等多个维度对数字学术教育框架开展了深入探讨，并在理论基础上进行了系统的内容设计和形式创新。通过结合理论探讨与实践经验，本章力求全面而深入地阐释数字学术教育的框架建构过程，旨在为读者提供更具实质性的洞见和应用价值。

理论中选择模块化教学理论、建构主义学习理论、体验式学习理论以及在线协作理论作为数字学术教育的理论基础，这是基于对多元学习风格和知识获取方式的深刻考虑。这四种理论各自强调独特的学习特点，通过它们的有机组合，能够更全面地满足学生在数字学术领域的复杂需求。

首先，模块化教学理论的选择是出于其强调将学科知识划分为独立的模块，使学生能够更自由地选择和组合学习内容。在数字学术教育中，模块化的教学结构有助于学生根据个人兴趣和需求进行个性化学习，从而提高学习效率。其次，建构主义学习理论的采用是因为它注重学生的主体性建构和互动性学习。数字学术教育旨在培养学生的创造性思维和合作精神，建构主义理论为此提供了有效的框架，通过学生间的合作和知识共建，推动学生更深入地理解和运用学科概念。体验式学习理论的引入旨在将学生直接置身于实际问题解决的情境中，通过实践经验培养数字学术能力。数字学术教育强调实际操作和实践性的培养，而体验式学习理论提供了有力的支持，鼓励学生通过真实场景的体验来深化对学科知识的理解。最后，选择在线协作理论是因为数字学术教育需要强调学生在数字环境中的协作和合作。在线协作理论通过强调远程团队之间的有效合作，推动学生通过数字工具实现实时互动和信息交流，从而促进跨地理和跨学科的协作学习。

比较这四种理论，可以看到它们各有侧重，但也存在交集。模块化教学理论注重知识的分解和组织，建构主义学习理论强调主体性建构和互动，体验式学习理论关注实践经验，而在线协作理论强调数字环境下的远程合作。在实际应用中，这些理论并非孤立存在，而是可以相互融合，共同构建数字学术教育的多元化、灵活性和实践性。因此，这四种理论的有机结合为学生提供了更为全面和多样化的学习体验，培养了他们更适应数字时代学术挑战的能力。

数字学术教育的知识点和教育框架构建呈现了一套全面而有层次的教育设计，旨在培养学生在数字时代背景下的综合素养。涵盖了从了解数字人文的理论与学科研究方法、培养数字意识与思维、掌握数字工具与技术、管理数据信息到展示成果的五个关键知识点，这些元素共同囊括了数字学术领域的核心要素。

对数字人文的理论与学科研究方法的了解为学生提供了数字学术领域的理论基础，使其具备对数字人文方法论的深刻理解。这一知识点旨在引导学生在学科研究中更好地理解和运用数字人文方法。培养数字意识与思维强调在学术探究中培养学生的数字思维模式，使其能够更敏锐地洞察数字时代的学术问题，形成对数字信息的敏感性和深刻理解。这一知识点的目标是培养学生在面对数字时代的学术挑战时具备敏锐的洞察力和深刻的思考能力。掌握数字工具与技术是数字学术教育的关键任务之一。学生需要熟练掌握各类数字工具，以提高他们在数字研究中的操作技能。这不仅包括具体的数字软件应用，还包括对先进技术的了解和应用，使学生能够在数字领域中游刃有余地进行学术研究。管理数据信息是数字学术研究中的重要环节，强调对大量数据的高效处理和分析。学生需要具备整理、存储、检索和分析数字信息的能力，以确保研究的可靠性和深度。这一知识点使学生在数字时代能够有效地处理海量数据，为学术研究提供有力支持。展示成果是数字学术教育的目标之一。学生需要学会将其研究成果以清晰、有力的方式呈现，培养有效沟通和学术交流的能力。这一知识点使学生能够在学术界展示他们的研究成果，提升其在学术社群中的影响力。

基于以上模块内容，本书构建了核心层、模块层和学科层的三层次教学框架。核心层关注数字思维的培养，模块层提供了具体的知识模块，学科层强调在特定学科领域的深化学习。这一层次分明的框架为学生提供了清晰的学习路径，使其能够系统性地培养数字学术素养。通过层层递进的学科结构，学生在掌握基础知识的同时，能够深入特定领域进行更为专业的学术探究。整个框架设计不仅强调对知识的广泛覆盖，更注重学生在实际学术研究中的全面能力培养，为他们未来在数字时代学术领域的成功发展打下了坚实基础。

在理论和内容的支持下，本书深入探索了数字学术教育形式的三种主要模式：数字叙事、项目式数字学术教育和学生训练营。它们构成了丰富多彩的学习路径，为学生提供了更灵活、实践性的学术培养途径。

数字叙事作为一种教学形式，强调了在学术传达中通过数字手段进行叙事的重要性。不仅仅丰富了学术表达的形式，数字叙事还为学生提供了在学术领域展现个性和创造性的平台。通过融入多媒体元素，数字叙事使学术内容更生动、更具吸引力，有助于激发学生的学术兴趣。

项目式数字学术教育注重将学科知识应用于实际项目中，强调实践性和团队协作。这种模式不仅培养了学生的实际问题解决能力，也锻炼了他们在团队环境中协作与沟通的技能。通过参与真实项目，学生能够更好地理解学科知识，并将其运用于实际情境，提高学术能力。

学术训练营模式强调通过一系列有组织的培训活动，全面提升学生的学术素养和技能。这种模式注重培养学生的学术自觉性和批判性思维，通过专业导师的引导，使学生在学术领域的发展更加有针对性和系统性。学术训练营模式的优势在于其集中的学习和指导方式，有效提升了学生的综合学术能力。

综合而言，这三种数字学术教育形式各具特色，为学生提供了多元、立体的学习机会。数字叙事以其创新的表达方式拓展了学术传播的途径，项目式数字学术教育通过实践锻炼提升了学生的实际能力，学生训练营模式则通过系统培训全方位提升了学生的学术素养。这些形式的结合和交互促使学生在数字时代更全面、更灵活地适应学术挑战，形成了丰富而创新的数字学术教育生态系统。

— 第四章 —

数字学术成果的多元产出与支持

随着数字化技术、工具、方法在各学科领域的渗透，以及数字学术服务对科研全生命周期的覆盖，为数字学术或数字人文项目生产的数字化内容及成果产出提供空间、工具、服务、出版等支持，成为高校图书馆数字学术服务的一项越来越重要的内容。数字人文堆栈的最上层就是成果层，这是数字人文的界面呈现，指研究成果最后发布成出版物、电子文件或应用软件及工具，从而使得数字化成果产出的形式也越来越趋于多元化，传统学术成果的专著和论文可能只是副产品。[①] 随着数字学术的发展和数字人文项目的建设，越来越多的数字学术成果以多元化的形式产出。作为数字学术服务中的重要内容，为数字学术项目成果产出提供出版途径、建设方式、开发策略上的支持，成为大学图书馆需要探索和实践的重要任务。

在新文科建设背景下，这些多元化的数字学术成果形式将成为成果产出与评价的一种重要呈现方式，从而使学术交流从传统的纸质出版转向数字化学术出版与多媒体、互动媒体以及虚拟和增强现实等多种界面的交流。在数字学术的发展过程中，越来越多元化的学术成果以数字化的形式产出，大学图书馆也应提供相应的数字学术成果支持体系。本章聚焦数字学术成果层即数字学术学者或项目团队多种类型

① 王丽华、刘炜：《助力与借力：数字人文与新文科建设》,《南京社会科学》2021年第7期。

学术成果产出形式，针对数字学术论著、数字应用平台、数字研究工具这三大类最具典型代表性的数字人文项目成果产出，结合其成果形式特征和图书馆实践能力，构建起一套大学图书馆对数字学术多元成果产出的支持体系，并提出针对性的支持策略和进一步实践推进的可行性建议，为图书馆在数字内容出版和建设中发挥优势作用来支持成果出版、建设、开发、传播、交流等提供参考方案。

第一节　数字学术成果产出支持的现状

国内外大学图书馆在数字学术服务上开展了诸多探索，其中针对数字学术成果产出的支持主要体现在数字学术出版交流、数字学术平台搭建以及数字学术工具开发等方面提供的各类服务和支撑。数字学术交流出版是图书馆支持学术成果产出的一种重要的服务形式，图书馆通过成立数字学术中心、专门的数字出版部门或者与出版社合作推动数字学术交流出版服务[1]，以开放获取为理念，主要提供两方面的服务：一方面支撑数字学术研究过程，提供间接出版咨询与支持服务，如提供开放获取期刊目录、版权咨询等；另一方面支持数字学术成果的直接数字化出版，其中主要进行学术论著的出版。[2]针对数字学术成果的直接数字化出版，图书馆出版联盟发布的《2022 年图书馆

---

① 刘兹恒、曾丽莹：《美国学术图书馆参与数字出版的组织模式探究》，《图书与情报》2018 年第 3 期。

② 涂志芳、徐慧芳：《国内外 15 所高校图书馆数字学术服务的内容及特点》，《大学图书馆学报》2018 年第 4 期。

出版目录》显示，图书馆学术出版成果类型主要有期刊、数据集和专著；除此之外，还出版数字展览和展览目录、学生项目和海报、年度报告和工作文件等。[①] 美国田纳西大学图书馆建立的专门数字出版部门——New Found 出版社，该出版社的一方面直接进行数字出版活动，即以数字形式出版校内各学科的学术成果，包括书籍手稿、学术期刊和其他系列的学术作品等；另一方面为校内成员提供数字出版服务，如版权咨询、同行评审、布局排版、注册认证等。[②]

支持数字学术平台搭建也是图书馆数字学术服务体系中非常重要的一环，如美国布朗大学数字学术中心作为图书馆跨部门组成的工作小组，在过去几十年里为布朗大学的数字化项目提供支撑，由其主导或者协助开展的数字人文项目多达 88 项，数字学术中心团队在项目中提供技术指导。其建设的“以色列 / 巴勒斯坦铭文”项目旨在创建一个语料库平台，数字学术中心的高级数字人文馆员担任项目技术总监，带领数字学术团队，为平台建设提供文档类型定义、咨询和标记策略建议以及全方位技术支持。[③]“美洲形成中的亚太地区：迈向全球历史”研究计划则汇集了来自世界各地的各个学科的学者，建立了一个全球学学者网络，数字学术中心为其提供了项目的数字框架，提出使用 Scalar 平台用于项目搭建，并且每周与研究者会面交流问题，在项目过程中提供邮件咨询服务。[④]

在支持数字学术工具的开发方面，国外图书馆和数字学术中心也

① “Library Publishing Directory 2022”, https://librarypublishing.org/wp-content/uploads/2022/01/Library-Publishing-Directory 2022 web.pdf, accessed 14 March 2022.

② The University of Tennessee Knoxville, “Newfound Press”, https://newfoundpress.utk.edu/, accessed 14 March 2022.

③ Brown University, “Center For Digital Scholarship”, https://library.brown.edu/create/cds/, accessed 14 March 2022.

④ Brown University, “Asia-Pacific in the Making of the Americas: Toward a Global History”, http://scalar.usc.edu/works/apma/, accessed 14 March 2022.

开展了多类型实践，如乔治梅森大学图书馆数字学术中心和图书馆以多种方式支持学校 GIS 研究项目和工具开发，以 GeoData 地理数据网站项目为例，该网站允许用户搜索、预览和下载由乔治梅森大学存储库托管的地理空间数据，数字学术中心为其提供在线 GIS 数据资源访问指南、GIS 数据处理一对一指导、GIS 研讨会、在线教程和定制课程等服务[①]；弗吉尼亚大学图书馆成立学者实验室，为研究者提供数字人文软件技术、项目资助、研发数字人文软件工具等服务，如在“圣地的观点”项目中，学者实验室和项目团队联合开发 Neatline 工具，用于项目展览的地理时间构建。[②]

国内图书馆在数字学术成果产出支持服务方面也已开展了一定的探索，除了较为普遍的针对数字学术论著成果提供期刊开放获取、机构知识库建设等以外，也有创新性尝试如支持数字人文平台建设，如北京大学图书馆和城市与环境学院历史地理研究所的研究人员共同组成的北京大学亚洲史地研究中心，开展亚洲史地文献的收集、整理、揭示和研究，其中北京历史地理数据平台是该研究方向第一个专题数据平台。[③] 在促进研究数据的共享和出版方面，复旦大学图书馆开发复旦大学社会科学数据平台[④]，并且与《图书馆杂志》合作探索了数据出版服务，创设“数据论文”栏目，以发表图情领域高质量、高价值、可机读的科学数据集为方向，打造了图情领域国内第一家期刊数据管理平台，提供一手、新型的研究数据资料，通过数据出版让数据充分

---

① Digital Scholarship Center George Mason University, “Digital Scholarship Center”, https://dsc.gmu.edu/gis/, accessed 14 March 2022.

② University of Virginia Library Scholars’Lab, “Neatline”, http://neatline.org/, accessed 14 March 2022.

③ “北京大学亚洲史地文献研究中心”，https://www.lib.pku.edu.cn/portal/cn/bggk/kxyj/yzsdwx，访问时间：2022 年 11 月 03 日。

④ 复旦大学图书馆：“第三届‘慧源共享’全国大学开放数据创新研究大赛”，http://www.library.fudan.edu.cn/2021/0519/c956a162505/page.html，访问时间：2021 年 09 月 27 日。

共享，促进数据的出版与交流。上海外国语大学图书馆参与的区域国别研究院“中国故事数据库管理系统”平台的搭建，在数据库前期的需求分析、数据清理、逻辑设计、框架搭建、平台开发等环节均参与了建设，在支持数字人文应用平台方面具有一定的先行先试意义和探索性。

总体而言，国外大学图书馆在数字学术交流出版和成果产出服务方面提供的支持相对较为多元，对于不同类型数字化产出如在线期刊专著、数据集、数据库、应用性平台、研究性工具等的开发建设均有不同程度的涉猎和参与，涵盖面较广并且开展了一定的探索；国内主要针对期刊数字化出版、数字人文平台建设、科研数据管理及平台搭建等进行了一定的实践，对于其他类型的新型数字成果产出和建设方面的支持尚不多见，只有少数图书馆进行了开创性探索，需要引起关注并进一步推进。

第二节　数字学术多元成果产出的支持途径

数字学术活动的产出形式较为复杂多元，除了学术论文、著作之外，数字人文项目搭建的应用平台、支持数字学术研究开展的研究工具或程序、研究过程中产生的各类科研数据、3D 建模的各类虚拟模型、数字化生成的艺术图像等等，都可以成为数字学术研究过程或最终的成果产出。就目前国内外图书馆开展的支撑服务现状而言，针对成果产出的实际需求和主要类型，图书馆重点关注学术论著、应用平台、研究工具这三大类比较典型的数字化成果产出，针对这些类型的产出提出高校图书馆可以发挥的支持措施，并以此构建相应的数字学术多元成果产出的支持体系。

一、数字学术论著的出版交流

纵观国内外高校图书馆关于数字学术出版的探索和实践，很多都有针对学术论文的在线发表、学术著作的数字化出版交流等服务。由于成果认定和传统科研评价的需求，学术论文、专著等学术类成果是大多数字人文研究或数字学术产出的最常见的成果形式，因此图书馆在此类成果的数字化生产、发表、出版、评价方面提供的支持和服务是最多的，也是目前而言国内外高校图书馆探索和实践相对比较成熟的领域。学术研究成果的出版发表、交流、评价等，都需要数字学术出版的深度参与，从而促进学术研究数字化转型，进一步明晰学术成果知识产权，提升学术成果价值，建立科学合理的学术研究成果评价机制和知识共享新机制。[①] 其服务类型主要包括期刊开放获取、预印本服务、选题指南、投稿发表指导、论文评审指导、成果数字化传播、数字版权保护、科研交流与互动社区等等。

针对此类成果，图书馆需要发挥催化剂作用，对学者的论文在线发表或著作数字化出版进行支持。在对最普遍的一类成果形式——学术论文——进行在线发表的支持方面，图书馆应对其发表前后的各个环节均予以关注并提供服务和支撑，尤其是在促进学者在线发表的意愿方面应起到催化剂作用。比如，可以邀请国外可提供在线发表的出版社人员开展相关的讲座，介绍如何在线投稿、同行评议、数字化发表的优势等，使人文学者更愿意将论文成果进行在线发表。对于学术著作类成果，图书馆也应积极联系相关出版机构和作者进行对接，在其中起到中介桥梁作用，促成学术著作的数字化出版，向作者介绍其中的传播优势，并在各个环节中提供帮助

---

① 谢炜、张倩郢、王瑾：《学术出版新生态——数字学术出版研究初探》，《出版广角》2021 年第 22 期。

和指导，发挥好催化剂的支持作用。

二、数字应用平台的建设发布

数字人文的兴起正在带来人文研究的范式变革，数字人文平台作为向各学科人文学者提供研究素材的基础设施，同时也是数字化研究方法的承载者，能够丰富数字人文的方法论体系[①]，同时也应成为一类有极大推广应用价值和研究工具功能的成果产出。数据库、应用平台等资源平台类成果多见于古籍文献和历史地理等领域的研究项目，其产出往往可以具备资源共享性和工具实用性特质。古籍资源和历史地理信息系统的整合应用平台的开发及联动利用是数字人文建设的一大基础领域，可以为相关研究提供共享性的基础设施及研究工具，如南京师范大学开发的“左传”[②]“史记·本纪”[③]两个包含词汇、人名、地名等实体与 GIS 信息的历史人文知识库，可以满足多元需求的检索与知识服务，又如由复旦大学历史地理研究中心历史空间综合分析实验室主持开发的中国历史地理信息平台，基于 CHGIS（中国历史地理信息系统）项目以及各类历史 GIS 数据资源，构建的统一时空框架数据信息平台，实现了多源历史地理数据的存储、管理、发布、共享、可视化、时空分析和综合应用，可有力支撑历史地理和多学科交叉综合研究。[④]当然，此类应用平台在作为展示平台的同时，兼具应

---

① 刘圣婴、王丽华、刘炜、刘倩倩：《数字人文的研究范式与平台建设》，《图书情报知识》2022 年第 1 期。

② 李斌、王璐、陈小荷、王东波：《数字人文视域下的古文献文本标注与可视化研究——以〈左传〉知识库为例》，《大学图书馆学报》2020 年第 5 期。

③ Li Bin, Li Yaxin, Yang Qian, et al, “From history book to digital humanities database: the basic annals of the Shiji”, *Journal of Chinese history*, vol. 4, no. 2, 2020, pp. 528–536.

④ 澎湃新闻：“复旦大学历史地理研究中心发布中国历史地理信息平台”，https://www.thepaper.cn/newsDetail_forward_13690888，访问时间：2021 年 09 月 28 日。

用工具的性质，可视为同时具有双重类型的成果产出。

随着数字人文在各个学科领域的渗透和应用，越来越多的人文社科项目或研究的成果以数据库或应用平台的形式呈现，因此对于建设数据库或网络应用平台的需求日益增加。而对于很多人文社科教师和研究人员而言，搭建网络平台或建设数据库并非易事，需要寻求专业人士或专业机构来协助完成。此外，如果缺乏对于数据库架构原理或平台搭建中的技术性问题的了解，人文学者与技术人员之间的沟通协调也往往会遇到障碍或影响效率。因此，图书馆在这些方面就可以发挥协同参与者、中间协调者或中介桥梁的作用，从不同层面来支持数据库、应用平台等的建设，帮助人文学者突破技术上的瓶颈。

三、数字研究工具的开发应用

随着数字工具在人文研究中日益普及，人文学者的数字工具使用行为已成为数字人文的关键议题之一。有学者以特定的人文学术虚拟社区为场景，探讨人文学者的工具交流行为特征，发现他们在数字工具获取与使用方面存在困难。[①] 因此，如何发挥图书馆在数字学术工具提供、推广、利用、指导方面的作用，以及在此基础上的进一步支持个性化、专业化的数字化工具开发，进而产出数字学术工具或程序类的成果，是图书馆数字学术成果产出服务中的一项重要任务，是实现其从“赋能”到“技术赋能”[②] 的崭新航向。技术工具开发类产出的成果多为参与数字人文项目研究的技术团队人员开发，针对数字人文项目的研究需求而设计研制，有些具有特定性，有些具备通用性特

---

① 肖鹏、姚楚晖：《先利其器：人文学术虚拟社区中的数字工具交流行为研究》，《图书馆杂志》2021 年第 3 期。

② 肖鹏、赵庆香、方晨：《从“赋能”到“技术赋能”：面向新发展阶段的图书馆（学）核心概念体系》，《图书馆建设》2021 年第 2 期。

质，可作为基础设施建设的一部分。

在应用平台类的工具开发上，北京大学数字人文研究中心以互联网公开古籍作为语料，基于深度学习的预训练语言模型开发的“吾与点”古籍自动整理平台，主要提供图片文字识别、自动句读、命名实体识别三项基本古籍整理功能，能够处理各类古籍文本，包括经史子集四部典籍以及佛藏、道藏、通俗小说等[①]，为古籍研究者提供了通用性的研究工具。在数字研究程序类工具的研发上，针对当前语料库工具的不足与局限，上海外国语大学语料库研究院的博士生叶磊自主设计并开发了多语种语料库集成工具 Wordless，可用于语言学、文学研究、翻译研究及其他语言文字相关领域研究的多语种集成语料库的处理与分析。[②]美国卡内基梅隆大学计算机科学系毕业的黄令东开发的“文言”（Wenyan-Lang）程序语言则是一个非常成功并受到广泛关注的古汉语编程语言，已成为针对中国古籍开展数字人文研究必不可少的关键工具。[③]可见，数字研究工具将成为未来一种新的学术成果产出形式，亟须纳入数字学术出版交流体系之中。

在数字学术环境下，工具与 APP 应用也作为重要的成果产出形式进行发布和交流。对于数字化分析工具类的研发，图书馆应当从实验环境的创设、基础工具提供和培训指导、源代码开发的技术支持等方面给予相应的帮助，如推进数字内容创作空间和数字人文实验室建设，构建支持跨学科研究和协同创新的“技术中台”和“算法中台”，提供语言处理、语音识别、AI 建模、数字内容创作和软硬件创新工

① 北京大学数字人文开放实验室：“‘吾与点’古籍自动整理系统上线公测啦！”，https://mp.weixin.qq.com/s/TZvhHKQPpICqLlAnxlvQug，访问时间：2021 年 09 月 27 日。

② 叶磊，语言学通讯：“Wordless：直面语料库工具的不足与局限，破除语料库研究的门槛与壁垒”，微信公众平台，https://mp.weixin.qq.com/s/_Bw8Kq4Qb0xjsAZ9xH6jCQ，访问时间：2021 年 12 月 31 日。

③ 搜狐：“中国工程师开发出‘文言文’编程语言”，https://www.sohu.com/a/376692680_465219，访问时间：2022 年 08 月 18 日。

具、方法及设施等[①]，综合开展文本处理与挖掘、时空计算、社会关系分析等方法的指导，从而支持师生的协作式科研及协同创新，培育学生的数字思维意识及合作创新能力，为个性化研究分析工具的研发提供合适的实验场所、技术设备和即时指导。

四、数字学术成果产出的支持体系

根据数字化成果产出的最主要的三大类型，即学术论著、应用平台、研究工具，笔者构建了图书馆分别针对这些成果类型产出的支持机制，共同形成大学图书馆对多元数字学术成果的支持体系（见图4.1），分别针对三大类数字学术成果的产出类型进行系统化构建，从而为图书馆在各类数字学术成果的更有效产出、应用、传播方面提供可行性方案和可参考建议。

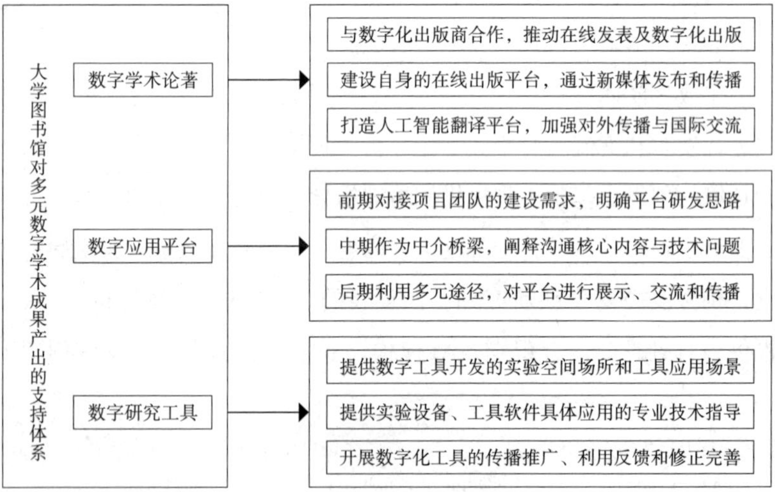
大学图书馆对多元数字学术成果产出的支持体系
数字学术论著
与数字化出版商合作，推动在线发表及数字化出版
建设自身的在线出版平台，通过新媒体发布和传播
打造人工智能翻译平台，加强对外传播与国际交流
数字应用平台
前期对接项目团队的建设需求，明确平台研发思路
中期作为中介桥梁，阐释沟通核心内容与技术问题
后期利用多元途径，对平台进行展示、交流和传播
数字研究工具
提供数字工具开发的实验空间场所和工具应用场景
提供实验设备、工具软件具体应用的专业技术指导
开展数字化工具的传播推广、利用反馈和修正完善

图 4.1　大学图书馆对多元数字学术成果产出的支持体系

① 蔡迎春、欧阳剑、严丹：《基于数据中台理念的图书馆数据服务模式研究》，《图书馆杂志》2021年第11期。

第三节　多元数字学术成果产出的支持策略

由于每种类型的成果产出有各自的特点和属性，因此图书馆在具体提供相应的数字学术成果产出提供支持服务时也需要有针对性。然而，就目前的大学图书馆实践而言，尚存在诸多无法付诸行动的困境，需要结合图书馆的实际能力进行可操作性的规划。鉴于此，基于大学图书馆对多元数字学术成果的支持体系框架，以下分别对三类数字学术成果产出支持提供出版途径、建设方式、开发策略上的可行性建议和可推进对策。

一、数字学术论著出版交流的支持对策

图书馆在在线发表的刊物出版或论文管理上，可以发挥其自身的优势。一方面可以扮演在线出版推动者和中介桥梁的角色，帮助相关院系或编辑部与国际知名出版机构进行沟通协调和牵线搭桥，像编辑部宣传数字化出版的优势和未来的趋势，同时借助图书馆与不少国际知名出版社数据库订购方面的联络网，打通双方协同合作的渠道，助推期刊出版社与在线出版平台的国际化合作。另一方面，图书馆还可以扮演资源建设和管理者的角色，将在线发表的期刊或论文进行揭示和管理，如建设机构知识库将在线发表论文进行集中存储管理和揭示呈现，并通过网站、公众号等进行宣传推广，进一步推动数字化论文发表的认可度和影响力。

（一）推动学术论著在线发表及数字化出版

图书馆可与数字化出版商合作，推动学术论著的在线发表及数字化出版。有研究者认为，“联盟者”与“合作者”是高校图书馆参与数

字出版的核心角色。高校图书馆应与数字出版商缔结数字出版服务联盟，并充分聚合多元机构的数字出版平台优势与渠道优势。就电子期刊在线发表来说，国外的大型出版社如牛津、剑桥、Springer、Emerald等均有提供论文在线发表的业务，以及期刊论文OA出版的服务。高校图书馆可以利用与这些国外出版社在电子资源数据库方面合作的优势，成为推动国内学者在这些期刊在线平台上发表数字化学术成果的中介和桥梁，邀请相关出版社编辑开设在线出版的宣传和讲座，并在院系教师中进行推广，从而促进更多的教师选择将自己的论文通过出版社平台在线发表。尤其是可以OA出版的电子期刊，它具有传播面和影响力更广的优势，更是在线发表的首选。国内目前提供数字化出版的期刊社或出版社尚不多见，虽然有很多正在向此方面转型但尚不成熟。高校图书馆可以在校内期刊编辑部或出版社等机构中先行尝试，协同开展学术论著的在线发表，探索可行的数字化出版路径。

此外，数字学术的发展也推动了学术工具书的数字化转型。例如，牛津大学出版社工具书数字出版主要采用在线数据库出版形式，其出版特征主要体现在内容权威且可在线更新、注重知识生产的协作创新、采用增强出版模式、基于元数据的信息组织方式、学术检索功能强大。有研究者认为其未来发展应当在学术工具书内容生产上采用科研众包模式，在出版模式上推行视频增强出版，在知识组织上采用基于本体的知识组织方法，在知识传播上推动学术工具书数据库内容开放获取，在学术服务上积极开展嵌入式学科服务。[①] 而高校图书馆也应积极在学术工具书以及学术专著的数字化出版上发挥催化剂作

---

① 肖超：《面向数字学术的牛津大学出版社学术工具书数据库出版探析》，《出版发行研究》2020年第8期。

用，打通作者与出版社之间的数字化出版渠道，努力提供在线出版的可行性解决方案。

（二）通过新媒体发布和传播数字学术成果

图书馆可通过新媒体发布和传播数字化学术成果，建设自身的在线出版平台。在新媒体传播方面，国内期刊做得较为突出。有调研结果显示，大多数期刊建立了微信公众号，也会通过邮件等工具推送优质论文，同时与一些期刊数据库合作，注重移动端学术论文的传播。[①] 在这方面，图书馆也可以借鉴，通过微信公众号发布和传播数字化学术成果，在留言区形成科研交流与互动社区，转载和展示在线发表的论文，促进其传播和影响力的提升；也可以将图书馆馆员的一些研究成果或阶段性产出以数字化形式在公众号先行发布和传播，待成果完善和成熟后再进行期刊发表等。

此外，对于有条件、有能力的图书馆，可以考虑建设自身的在线出版物或机构知识库，从而提供更具吸引力、更有创新性的数字化学术成果在线发表平台支持在线发表，以图书馆在此领域的先行先试推进和开拓数字化学术论著的在线出版发表的路径。比如，当前很多高校图书馆建立的本校学位论文数据库，其实就是一种初步的论文在线发表和建库储存的机构库模式，可以作为后续建设自身在线出版平台的前期探索和经验积累，在此基础上寻求更为完善的数字化出版形态。

二、数字化应用平台建设的支持对策

对于数字人文应用平台或数据库等类型的成果产出，图书馆尤其

---

① 杜杏叶、李涵霄、彭琳、王传清、程冰：《科技期刊数字学术服务概念、内容与现状》，《中国科技期刊研究》2021 年第 8 期。

要发挥其技术架构设计、元数据标引、原始数据采集、关联数据分析等专业知识和技术素养的优势，为数字人文研究项目、数字学术研究课题等提供前期的需求分析和研究设计思路规划，发挥学术团队与专业技术公司的沟通合作的中介桥梁作用，利用自身图书情报和数字化技术的经验为数字人文研究团队提供思路和方法上的支持和指导，避免其走弯路和做无用功，为其扫清数据收割、数据库搭建过程中的技术难题，推动相应数据库和平台成果的顺利产出。

当前图书馆支持数字人文应用平台的建设和发布，主要包括图书馆全程参与和全面负责数据库或平台建设，图书馆部分参与数据库开发或平台建设，图书馆作为中介桥梁沟通学者与技术公司开展建设等几种类型。图书馆在数字人文应用平台及数据库建设项目的支持上，可以从如下几个方面来支持数字人文平台类的成果产出。

（一）明确平台研发思路

图书馆在前期需要介入项目团队对接建设需求，明确平台研发思路。数字人文平台通常有两种研发目的：一是作为项目研究的成果展示平台，一是作为相关学科领域内的数据来源与分析统计平台。因此，在建立之初首先需要了解数字人文研究项目的目标需求，设定平台最终建设的功能定位。在项目前期，图书馆可以参与前期同数字人文项目团队的对接和需求分析，借助相关数据库建设经验和成果案例，引导和帮助他们明确技术逻辑和研发思路。例如，由图书馆学科服务或网络技术馆员与项目团队进行对接，详细了解团队在平台建设和数据库开发上的规划设想，明确研发需求，从平台整体架构设计、网站框架搭建、内容板块设置、数据库统计分析功能、平台界面展示设计等各个方面进行协同规划，从总体上协助项目团队在平台研发的技术层面上厘清思路。同时，对于数据库建设的核心技术和关键问题，图书馆可以发挥图情领域内关联数据和知识本体的专业经验优势，帮助学术团队厘清数据之间的关联，明确数据采集和关系型数据库搭建开发的方案。

（二）沟通核心领域问题

图书馆在中期作为项目团队与技术公司的中介桥梁，需要阐释沟通核心领域内容问题。在项目中期，由图书馆充当中介桥梁角色，为研究人员介绍和寻找合适的技术公司进行合作，并在平台建设的研发思路和技术问题上进行阐释和话语转换。例如，除了前期平台框架搭建或整体设计的技术路线外，元数据标引、数据清洗、关联数据及统计分析和可视化展示的功能实现等，都是非常专业的数据库核心领域内容建设问题，数字人文项目的研究团队成员可能缺乏这方面的知识和经验，此时就需要图书馆专业人员参与其中，为项目团队向技术公司转述具体的开发需求和建设目标，从而排除双方话语壁垒，起到良好的沟通协调作用，使专业技术公司更好地进行开发建设。

（三）展示、交流和传播数字化成果

图书馆在后期可利用各类多元化途径，对数字化成果进行展示、交流和传播。在数据库平台建成后，图书馆可发挥自身优势推进数据库和应用平台的宣传推广及实际应用。图书馆可将其整合到图书馆网页资源库中进行揭示，并通过微信公众号、微博等社交媒体进行宣传推广和资源推介。例如，利用图书馆或数字学术中心微信公众号，对建成的数据库（语料库）、应用平台等进行宣传和推广，从而推进其被更多的相关研究者或师生所知悉和利用，发挥更大的效益。对于具有学科针对性或普适性的数据库或应用平台，图书馆还可以将其作为开放获取资源在图书馆网站上进行揭示，放置在图书馆或数字学术中心官方网站的相应栏目下，使之发挥更为长效的应用价值和社会效益。

三、数字分析工具开发的支持对策

在 Wordless 语料库处理与分析工具开发的实践案例中，虽然图书馆并未直接参与和介入，但却给图书馆未来在此类成果工具开发方面提供了服务方向。事实上，在数字人文项目的开展过程中，工具性开发也显得越来越重要，产出的应用型工具可以为后续研究者提供非常大的帮助，其价值不言而喻。因此，工具类的产出也应成为一项重要的成果产出形式，而在工具的设计和开发过程中，图书馆也有很多方面可以提供支持与帮助，助力研究者更好地完成工具类成果的产出，并进一步协助其开展推广与应用，获取反馈与评价。

（一）提供实验场所和应用场景

一方面，图书馆需要提供工具开发的实验空间场所和工具应用场景。各类科研工具的开发技术性非常强，对电脑设备的性能、实验场所的环境、专业软件的需求等，都具有相当高的要求。而高校师生日常能使用的软硬件设备往往都不能满足此类工具开发时程序的高强度运行，传统的图书馆电子阅览室等环境也不能支持相应的开发需求。因此，图书馆需要积极建设专门的数字人文实验室或数字学术中心等专业化空间场所，并配置程序开发、工具研发等所需的高性能计算机和配套的软件，并尽可能创设可供开发过程中工具测试和实验的应用性场景，从而促成工具类应用成果在图书馆实验室的产出。

（二）提供实验装备和技术指导

另一方面，图书馆需要提供各类实验设备、工具软件具体应用的专业技术指导。有研究者指出，国内高校图书馆应取长补短，借鉴国外高校图书馆数字科研工具提供的经验，完善本校数字科研工具使用手册、宣传推广、维护与设备更新等措施，强化不同相关利益者

（数字学术馆员与用户之间、用户与用户之间、图书馆与软件开发公司、数据库公司之间）的协同效应，为其数字学术服务顺利开展提供保障。[①] 图书馆除了提供既有数字工具的下载和利用之外，更重要的是应当在相应实验室配备专业的、能熟练应用各类工具的技术人员，在师生进行研究工具的开发过程中，能及时提供个性化指导和帮助支持，推介适用性工具并指导操作，协同程序开发技术支撑，从而积极推动个性化数字工具的开发、测试和产出。

本章总结

总体而言，对于数字化论著类成果产出，图书馆可以支持其在线发表和出版，通过在线学术成果平台或多媒体渠道出版电子论文、电子书等，并促进其对外传播和学术评价。对于数字应用平台或数据库类产出，图书馆可以提供框架搭建、元数据标引等方面的技术指导、人员协助，并推进对此类成果的展示交流。对于数字工具类产出，图书馆可以提供高性能设备和实验开发环境，提供技术指导并协助测试和完善工具的功能及应用场景。

由于数字学术产出成果形式在未来将越来越多元化，因此在接下来的实践中，图书馆还应从理念上推进多元化数字学术成果形式产出与评价的接受度和认同度，特别是需要思考和探索如下现实问题：数字化论文在线发表、专著在线出版与学术成果评价和认定的以刊为准的传统评价方式如何协调和破壁需要深入探讨；数字人文应用平台、

① 胥文彬：《国外高校图书馆数字学术服务调查分析》，《情报杂志》2021 年第 6 期。

语料库、古籍资源数据库等的建设如何作为项目成果进行评价和认定；数字技术工具软件的开发和产出如何进行实际价值的评价和研究成果的认定等。这些都有助于对人文学者和科研评价部门产生双向的影响，促成他们逐步对多元化的数字学术成果产出形式进行接受、认可和评定。

— 第五章 —

数字学术服务平台建设与应用路径

随着数字化时代的到来，用户对学术服务的需求在不断增加，他们需要服务平台可以提供更加丰富、多样的学术资源，满足用户多样化的需求，同时，用户需要更加高效、便捷地获取学术资源的方式，促进学术交流和合作，提高学术研究的水平和质量，而数字学术服务平台的建设正是为了满足这些需求，高校图书馆数字学术服务平台的建设是数字化时代发展的必然趋势。

高校图书馆数字学术服务平台的建设是数字学术领域的一个重要实践，旨在为学生、教师和学者提供更加高效、便捷的学术服务。高校图书馆作为支持学术研究的重要机构，应整合数据资源、数字技术、工具和方法以形成学术研究与共享平台，更好地为跨学科数字学术交流提供支撑，促进数字学术的发展和进步。作为图书馆界开展数字学术服务的先行者，美国高校图书馆通过数字学术空间服务、数字人文服务、科学数据服务、学术交流与数字出版、数字学术研讨与培训、数字科研工具、数字技术支持服务等途径，使数字学术服务成为图书馆支持学校科研及教学的重要服务项目[①]，数字学术服务平台建设是数字学术服务的重要环节，数字学术服务平台的建设可以提升高校图书馆的竞争力，对图书馆来说具有重要的实践意义。

① 胥文彬：《国外高校图书馆数字学术服务调查分析》，《情报杂志》2021 年第 6 期。

第一节　数字学术服务平台化路径

数字学术服务是图书馆面向数字学术生命周期全流程，针对多学科科研人员进行跨学科合作的需求，充分运用新兴信息技术，通过组织、标引、挖掘和利用各类资源，深入科学研究生命周期各个环节开展全方位学术服务，为科研人员提供嵌入数字项目各阶段的项目管理、数据分析、数据保存、出版和交流等相关服务。

一、数字学术服务的内涵特征

作为高校学术研究的重要支撑部门，图书馆是高校提供数字学术服务的主要机构，目前学界对数字学术服务的研究也主要集中在高校图书馆。2016 年 5 月，研究图书馆协会在发布的数字学术支持调查报告《SPEC Kit 350：支持数字学术》中提到，其成员馆提供的数字学术服务包括制作数字收藏、创建元数据、数字策展与管理、数字展览、项目规划、GIS 和数字映射、数字化、数字出版、项目管理等。[①] 国内学者对数字学术服务的理论研究主要聚焦在对国外高校图书馆特别是美国高校图书馆的调研方面。2016 年，介凤等较早地调查了北美地区大学图书馆数字学术中心的建设情况，总结出数字学术服务主要包括数字化和数字馆藏建设、元数据监护、数据管理项目、数据分析服务和软件、教育合作、数据出版、数字人文项目、数字学术交流。[②]

---

① ARL, "SPEC Kit 350: Supporting Digital Scholarship (May 2016)", https://publications.arl.org/Supporting-Digital-Scholarship-SPEC-Kit-350/, accessed 29 July 2021.

② 介凤、盛兴军：《数字学术中心：图书馆服务转型与空间变革——以北美地区大学图书馆为例》，《图书情报工作》2016 年第 13 期。

2017年，涂志芳等对香港地区、美国、加拿大的15所大学图书馆进行调研，发现图书馆数字学术服务的内容呈多元化特点，主要集中在物理空间、数字科研工具、研究数据、学术交流与数字出版、数字人文、数字学术研讨与培训、数字技术支持等方面。[①]2019年，李立睿对26家国外iSchools高校图书馆调查，发现这些图书馆的数字学术服务也主要集中在上述方面。[②]目前针对国内高校图书馆数字学术服务情况的调查研究还比较少。2021年，杨敏在总结已有研究基础上，选取数字技术、开放存取、数字加工、数字人文、数据服务、数字出版与版权、项目计划与管理等七个方面对包括香港地区的国内20家高校图书馆开展的数字学术服务进行调研，发现受访的内地高校图书馆均只能提供零散的几项服务。[③]

综上所述，目前数字学术服务的内涵主要来自对国外高校图书馆实践的总结。由于不同高校数字学术的发展程度不同、开展数字学术研究的侧重点不同，图书馆所提供的数字学术服务内容也不尽相同；国外学术型高校图书馆提供数字学术服务已是普遍现象，服务内容和模式基本成熟，国内高校图书馆能提供数字学术的还比较少，且服务项目有限。

二、数字学术服务平台化路径

图书馆数字化转型背景下，数字学术服务平台建设是我国高校图

---

① 涂志芳、徐慧芳:《国内外15所高校图书馆数字学术服务的内容及特点》,《大学图书馆学报》2018年第4期。

② 李立睿、王博雅:《国外iSchools高校图书馆数字学术服务调查与分析》,《情报理论与实践》2019年第6期。

③ 杨敏:《我国高校图书馆数字学术服务现状调查与分析——以20家研究型大学图书馆为例》,《图书馆工作与研究》2021年第6期。

书馆学术服务的新趋势。苏志芳等以美国高校图书馆为调研对象，对其数字学术服务平台的数字基础设施、数据管理、服务内容和嵌入场景的 AI 技术进行系统调研，剖析平台建设要素。[①] 国内外研究重点有所不同，国外学者主要研究数字学术项目和参与人员的合作关系，国内学者着重探讨数字学术服务多元内容和空间建设。现有研究虽有提及数字学术平台建设的重要性和数字学术服务的实践案例，但还没有对高校图书馆数字学术平台建设情况的调研，也缺少平台实现路径和整体架构的详细阐述。

数字学术服务平台为学校师生提供数字学术交流和科学研究所需的工具设施以及服务，并对科研全过程活动产生的数据进行保存、管理与分析，促进科研成果转换，助力学术创新。数字学术服务平台探索读者需求驱动和数智技术驱动的大学图书馆智慧服务新模式，为图书馆的发展创新、转型与变革提供新的机会。按照“平台 + 数据 + 技术 + 人文服务”的研究理念，图书馆服务平台一般包含基础设施、数据管理、技术分析、服务应用 4 个核心要素，这 4 个要素能够较为充分地反映数字学术环境下学术图书馆嵌入科学研究的新服务形态。

苏志芳等调研 13 所学校[②]，发现数字学术服务内容包含 27 个服务范畴：论文推送、项目管理、寻求合作、资金信息整合、数字化资源和数据库、数据收集工具、数据预处理、文本分析、成果展示与发

① 苏志芳、周芬、唐睿：《美国高校图书馆数字学术服务平台建设现状及启示》，《图书馆学研究》2023 年第 8 期。

② 苏志芳、周芬、唐睿：《数智赋能高校图书馆数字学术服务平台化路径探析》，http://file.lib.pku.edu.cn/upload/89fbc033-1113-4d8d-a7d6-b12e1e889ee6/files/%E6%95%B0%E6%99%BA%E8%B5%8B%E8%83%BD%E9%AB%98%E6%A0%A1%E5%9B%BE%E4%B9%A6%E9%A6%86%E6%95%B0%E5%AD%97%E5%AD%A6%E6%9C%AF%E6%9C%8D%E5%8A%A1%E5%B9%B3%E5%8F%B0%E5%8C%96%E8%B7%AF%E5%BE%84%E6%8E%A2%E6%9E%90_%E8%8B%8F%E5%BF%97%E8%8A%B3.pdf，访问日期：2023 年 05 月 19 日。

布、追踪学术影响力、素养教育等。由此可见数字基础设施是数字学术服务平台的基础，数字学术服务需加深对大数据、用户、产品等思维的运用，服务模式的革新亟待大数据、语义技术等技术提供支持，不同服务之间存在数据格式、标准和接口等要求具有统一性，服务与科研生命周期的各阶段形成对应。改变以往的单一架构模式转向以中心化、数据化、智能化和协同化为核心的架构成为新一代学术服务架构的发展趋势。

按照整合数字基础设施、搭建融合AI技术的数据中台、构建业务中台的路径实现基于数智融合的数字学术服务平台化。数字学术服务平台要求整合数字基础设施，进行集成和优化，实现多维度、多渠道、全天候的数字学术服务，形成中央化的管理平台，提高数字基础设施的集成效率和协作性，高校图书馆从数字学术业务视角出发，梳理统一的数据标准规范，通过数据中台对资源数据、业务数据、服务数据和行为数据进行数据融合、数据加工、数据可视化、数据服务，实现完全契合数字学术生命周期的系统整合（见图5.1），以帮助研究人员在整个数据生命周期中履行职责。

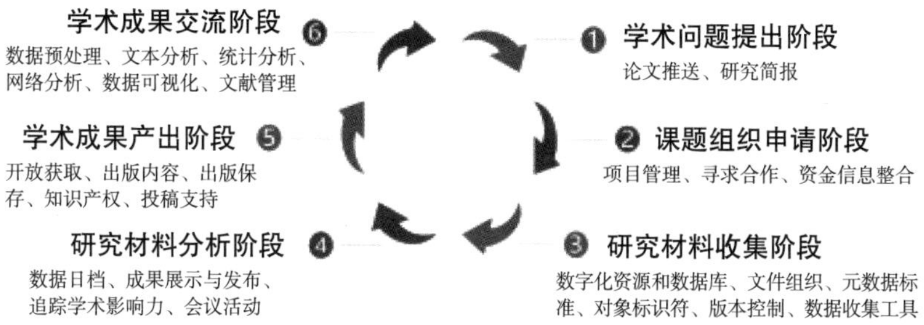

图5.1　基于生命周期确定平台服务范围

把现有数字学术服务内容打散、拆分，整合到各共享业务中心，通过共享服务体系建设，将能力服务化和原子化，形成统一的业务中台。通过数智技术，构建数字中台，将图书馆零散、异构的多源数据进行多维集成与开发，形成高校图书馆数字学术数据资产，再将数据资产包装成不同数据产品为各阶段数字学术服务提供数据支撑，为学术用户提供更智慧的学术服务。

第二节 中台理念在平台设计中的应用

一、中台的概念与本质作用

自 2015 年 12 月，阿里巴巴集团宣布启动中台战略以来，包括华为、京东、网易、滴滴等大型互联网公司纷纷开启中台建设。“大中台，小前台”的组织机制和业务机制被广大从业人员口口相传。然而时至今日，对于什么是中台大家仍然莫衷一是。在有些人眼里，中台就是微服务开发框架，将 Devops 平台、PaaS 平台、容器云，称为“技术中台”；另一些人眼中，中台就是微服务业务平台，如将用户中心、订单中心等各种微服务汇集处称为“业务中台”；还有一些人认为中台是一种类似于企业内部资源调度中心和内部创新孵化组织的组织机制，也叫“组织中台”。这些理解在一定的场景下都是正确的，但是都不够准确。中台作为一个在实践中发展着的概念，目前确实无法具体定义。

中台的概念虽然无法定义，但是通过各种中台的作用，可抽象出其本质。企业应用中台主要是为了解决发展过程出现的两类问题。一是“重复造轮子”问题：企业许多业务需求或功能需求高度类似、通用化程度很高，但是由于没有专门的团队负责规划和开发，大量的系统重复建设，导致复用性低、效率低、产研资源浪费、用户体验不统一。二是“烟囱式架构”问题：企业在早期业务发展过程中，由于没有平台层面的规划，为了解决一些当前的业务问题，开发的系统中个性化的业务逻辑与基础系统耦合太深，横向系统之间、上下游系统之间的交叉逻辑非常多，导致在之后的新业务、新市场的拓展时，系统难以直接复用或快速迭代。因此解决或避免“重复造轮子”和“烟囱式架构”问题就是中台的本质作用，而运用中台本质作用来解决类似的问题就是“中台理念”。

二、中台理念的应用领域

由于目前只有知名的大公司在宣传“中台战略”，于是产生了对中台一个误解，即只有拥有多条业务线的大公司才需要建设中台。目前确实是很多公司在业务发展到一定阶段，出现发展瓶颈时，才从内部开始推动建设中台。但中台作为一种产品设计理念，或者系统架构思路，并不受限于企业的规模。任何一家企业即将或者正在面临业务高速增长的状态时，都很值得利用和借鉴中台的思路，将目前业务当中大量可复用的功能和场景进行梳理，为业务的高速增长做好准备。目前已经有很多学者尝试将中台理念或技术架构应用于互联网企业之外的领域。陈炳等探讨了政务中台的建设[①]，翟雪松等提出基于中台架构的教育信息化数据治理方案[②]，李爱霞等分析了教育数据中台的技术实现路径[③]，胡翰林等研究了基于中台技术的教育大数

① 陈炳、方海宾、赵文文：《政务中台在数字政府建设中的作用初探》，《华东师范大学学报（自然科学版）》2020 年第 5 期。

② 翟雪松、楚肖燕、张紫徽等：《基于中台架构的教育信息化数字治理研究》，《电化教育研究》2021 年第 6 期。

③ 李爱霞、舒杭、顾小清：《打造教育人工智能大脑：教育数据中台技术实现路径》，《开放教育研究》2021 年第 3 期。

据应用。[①]在图书馆领域，只莹莹思考了中台在国家图书馆的应用，提出基于图书馆的各种业务管理系统的建设数据中台和业务中台的设想[②]，李子昕等提出建设基于数据中台的高校科学数据管理服务平台[③]，蔡迎春等提出基于数据中台理念的图书馆数据服务模式[④]，三者都聚焦于如何将中台理念应用于解决图书馆的数据服务问题。

三、中台理念在平台中的应用分析

将中台理念应用于高校数字学术服务体系中，可以解决高校在新文科建设和跨学科发展中存在的以下方面的“重复造轮子”或“烟囱式架构”问题。(1)数字学术物理空间。在新文科建设背景下，我校一些院系为了实现跨学科发展，大力建设数字技术相关的课程和实验环境，许多院系已经建设或者要求建设各自的专业实验室。然而这些实验室在软硬件配置方面需求类似，建成后往往实际利用率不高、缺乏专业的运维管理人员，可持续性堪忧。(2)研究数据、教学科研服务平台。许多学科的基础研究数据是可以通用共享的，这类资源没有必要由院系或学科点各自采集或采购，可由图书馆统一采购，全校共用；一些院系还尝试建设专门的数字学术研究和教学系统平台，这类系统的功能同时可以满足多个院系的需求，无须建设多个。(3)学科服务门户网站。目前上外图书馆已经为多个学科点建设了独立的学科

---

① 胡翰林、沈书生：《基于中台技术的教育大数据应用研究》,《现代教育技术》2021 年第 9 期。

② 只莹莹：《中台在国家图书馆的应用思考》,《图书馆论坛》2021 年第 10 期。

③ 李子昕、陈晋：《基于数据中台的高校科学数据管理服务平台建设》,《大学图书情报学刊》2021 年第 2 期。

④ 蔡迎春、欧阳剑、严丹：《基于数据中台理念的图书馆数据服务模式研究》,《图书馆杂志》2021 年第 11 期。

服务门户，其他的学科点也有类似需求。学科服务门户网站在硬件资源、软件系统、底层数据资源方面基本可以复用，有区别的仅是展示层的用户界面，因此完全可以采用分层式架构网站群模式。(4)数字学术相关的课程及培训。跨学科研究对数据科学的需求迫切，很多院系纷纷自行开设 Python 程序设计、数据采集、数据分析与可视化、研究方法与工具、学术发表方面的课程或讲座培训。高校图书馆完全可以将其中的共性部分设计为公选课、讲座，利用图书馆的数字学术服务物理空间、教学资源平台，定期为师生提供服务。

因此，根据目前图书馆已有的资源条件及人员条件、图书馆的发展规划，基于中台理念，提出一个数字学术服务体系建设框架(见图 5.2)，主要内容包括统一共享的数字学术教学与科研一体化服务平台、学科服务门户、数字人文实验室，核心目标是通过业务中台，实现数据资源、空间资源的共享复用。

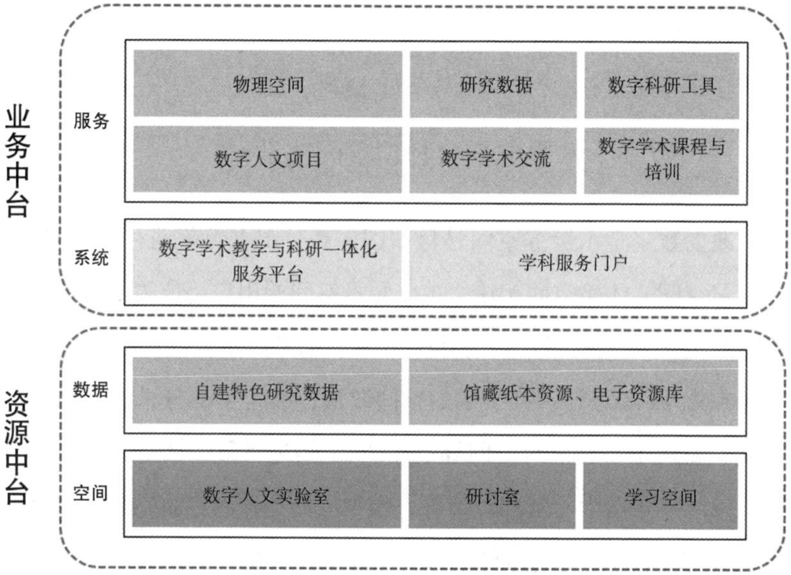

图 5.2 基于中台理念的数字学术服务体系建设框架

第三节　基于中台理念的数字学术服务平台建设

新文科建设背景下，数字学术特别是数字人文在人文社科的跨学科研究中的作用受到学校的重视。在 2018 年国家提出“新文科”建设后，上海外国语大学高度重视这一学科发展机遇，提出要打破学科、专业、院系壁垒，汇聚各学科优势和校内外资源，整体谋划，协同推进；要求每个院系部门单位都应结合职能和工作推出有效举措，从制度上为跨学科、跨专业、跨院系的合作平台提供保障，教辅部门要以管理创新、服务创新为师生提供价值服务。在此背景下上外图书馆积极谋求变革发展，探索支持学校学科发展的举措，已经为新闻传播、工商管理、政治学等学科点建设了学科服务网站，与新闻传播学院合作成立了多语数字学术中心，共同研发了“国际舆情与全球传播案例管理平台”。因此建设统一共享的校级数字学术平台具有重大的现实意义和良好的支撑条件。

一、数字学术服务平台物理空间建设

缺少数字学术服务空间是目前国内高校图书馆普遍存在的问题。与学习空间、体验空间相比，数字学术空间的用户定位为从事科研或进行研究性学习的用户。上外图书馆近年来对馆舍空间进行重新规划，在 2019 年进行了第一期的空间改造，改善了部分学习空间硬件环境、新增了小型研讨空间等；在 2021 年进行第二期空间改造项目中，除继续改造学习空间环境外，很重要的一项内容就是建设一个数字人文实验室。实验室面积约 80 平方米，配置了面向数字资源处理和学术交流的各种硬件，包括一体化台式机、工作站、iMacs、可触

摸交互式大屏、展示大屏幕、视频会议系统，以及基本的打印机扫描仪等；安装了可用于数据处理、数据分析可视化、GIS 分析、音视频处理、远程分享等方面的软件工具；桌椅家具、空间布局、墙面色彩、灯光、温度等设计均考虑到体感舒适性。该实验室将是目前国内高校图书馆的首例。

二、数字学术服务平台数字资源建设

数字学术服务平台存储的数字资源主要包含三大类：纸本资源和电子资源的元数据或全文及摘要数据、图书馆建设的特色电子资源库、各学科在研究项目过程中采集建设的数据库（研究数据集）。前面两项主要是面向学科研究，包含外文期刊、中文期刊、外文图书、学位论文、会议记录等，具有 IF 值、下载量、引用量、出版社、核心标准、年份等属性。将这些数据存储在一个数据库里后即可根据各学科的需求，进行个性化的资源揭示和导航。研究数据集来自各学科的研究项目，可由数据所有者或者馆员整理后上传到教学与科研一体化服务系统中，视情况开放给其他学者使用。

三、数字学术服务平台软件系统建设

数字学术服务平台目前包含面向数字学术需要的教学与科研一体化服务系统、学科服务门户两个软件系统。

（1）教学与科研一体化服务系统，包括硬件资源层、数据采集层、数据管理层、数据应用层和用户界面层（见图 5.3）。

系统可以满足师生在数字学术方面的教学与科研需求。在用户界面层，师生随时随地登录账号即可开始学习与科研，无须任何软件安装及环境部署；基于 Notebook 和 Canvas 的环境可契合不同工程能力

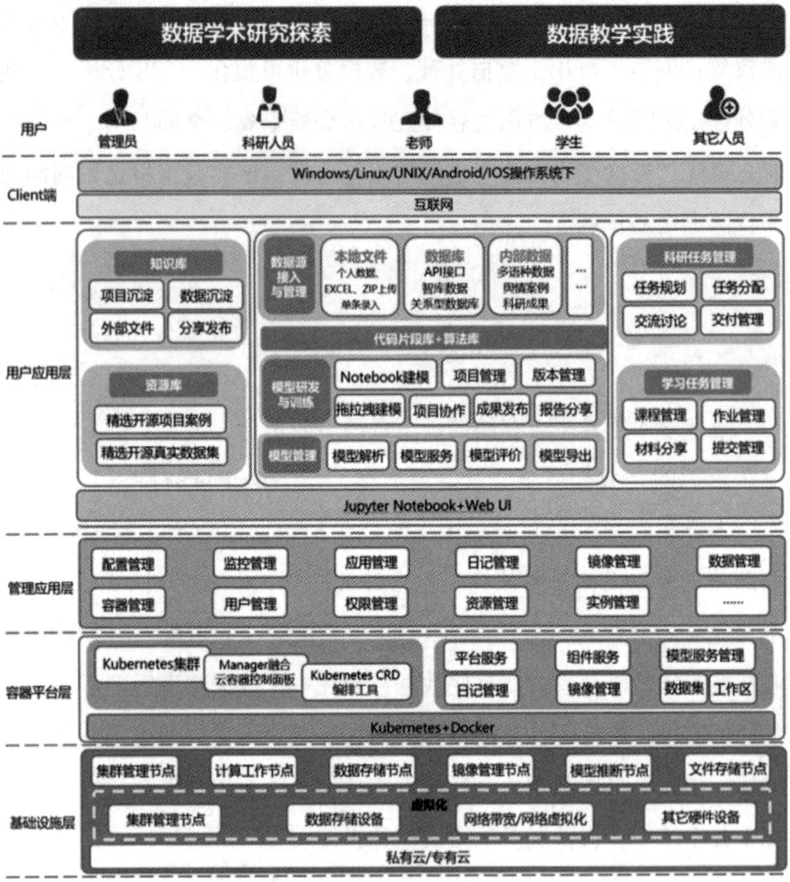

图 5.3 数字学术教学与科研一体化服务系统框架

的师生的需求；可按需弹性调度 CPU/GPU 硬件资源，无须管理人员干预；用户可以新建自己的学习（实验）项目、课程项目或正式的研究项目。系统内置数字人文、数据科学方面的经典案例供用户进行完整项目的模仿学习，还提供各种数据采集、分析、处理、可视化、机器学习等常用算法代码片段供用户参考。在数据应用层，用户可以上传个人数据集，也可以利用系统提供的开放数据集开展研究。在数据采集层，系统提供各种数据采集方式，可实现自动同步已有数据库、

API 方式的数据集，也支持手动导入各种载体的数据集。作为系统运营管理方的图书馆可以根据学科需要协助研究人员自动化采集或直接采购专门项目的数据集，如多语种新闻数据、智库数据、舆情案例数据等，还可以鼓励用户分享个人数据集作为共享数据集。在硬件资源层，可以选择本地部署硬件方式，也可以租用成熟的云服务。但为了减少后续运维工作，建议采用云服务。

（2）学科服务门户系统。相比于传统的学科服务门户网站，基于中台理念重新架构的系统，目标是全校多个学科服务网站复用一个数据库及管理后台。在数据层不区分学科地全面采集存储各类中外文期刊、中外文图书（馆藏书目、电子书）、学位论文、教参书等数据，形成一个基础数据库。在应用层提供学科核心资源导航、学科竞争力跟踪、学科主要学者聚合、学科研究热点、综合统计数据、投稿选刊工具等通用功能，并可进行一定程度的定制化。界面层可按各学科实际需求定制。

四、数字学术服务平台服务团队建设

相比于图书馆的传统业务，数字学术服务要求更趋向学术化、专业化、技术化。数字学术服务平台的建设及后续有效运营必须要有一个具备相关能力的服务团队作为保障，这需要图书馆在组织架构及岗位设置上进行调整。[①] 上外图书馆于 2019 年底进行了组织架构优化，并设立了虚拟组织“数字学术中心团队”（计划在条件成熟后设为实体机构），团队成员挑选自各部门。此外，还依托学校的青年教师科研创新团队资金支持，成立了“数字人文与知识传播”科研团队。为使

① 林晓彤:《数字学术发展背景下高校图书馆员岗位重塑研究》,《情报探索》2020 年第 8 期。

团队具备数字学术服务能力，图书馆一方面在近两年招聘了 4 名具备一定数字技术能力的新员工，另一方面通过培训，培养现有馆员的特长和能力。此外，图书馆还紧密联系校内有数字学术能力的教师、邀请校外知名数字人文专家学者作为指导老师，参与培训和项目指导。最后，还招募对数字学术感兴趣的学生作为志愿者、助管，参与数字人文实验室、教学与科研系统、学科门户的日常运维管理。

五、数字学术服务平台服务体系建设

在建设完成物理空间、数字资源、软件系统后，图书馆还需要根据各数据服务项目需求情况和服务团队能力，制定配套的服务机制，以系统有序地开展各项服务。

（1）物理空间服务。物理空间的设备和软件必须管理好、用得好，才能发挥其效用。一方面配备能胜任数字人文实验室管理和使用的专业技术人员，为师生用户提供及时的服务，并安排助管或招募对数字技术感兴趣的学生志愿者参与日常运维；另一方面，利用图书馆的空间座位预约系统管理实验室的可用时间，提前了解用户的需求，为有实际需求的师生提供针对性的服务。

（2）数据素养课程及培训。开设信息素养、数据素养课程一直都是图书馆的重要工作。上外图书馆目前面向研究生新开设了"数字学术科研工具"公选课，内容涵盖网络数据采集（爬虫）、社会网络分析、统计分析、文本分析、定性数据分析、数据可视化等实用工具的介绍；面向本科生开设了"Python 数据分析与可视化"公选课，培养学生利用 Python 进行数据采集、存储、处理、分析、可视化的能力。此外，每年还开设研究生学术训练营，以高端讲座、工作坊形式，邀请校内外各相关专业领域的专家学者分享科研经历、传授研究方法和技能。在数字人文实验室及教学科研一体化服务平台建成后，师生可直接在配置完善的环境中开展实践学习，并得到相应线上线下指导。

（3）研究数据服务。严格意义上的研究数据服务基本覆盖数据生命周期的各个环节，包括数据管理计划咨询服务、元数据服务、数据仓储服务、数据出版服务、数据分析与可视化服务。①然而根据调研，发现目前文科类研究对数据服务的需求集中在数据采集、存储、分析应用方面。因此上外图书馆目前主要是采用嵌入式服务，即安排数字学术馆员参与到科研项目中，有针对性地提供数据服务，如参与新闻传播学院的国家重大社科项目，合作建设“国际舆情与全球传播案例管理平台”系统，涉及各种来源数据的采集、处理和分析工作。

（4）数字人文服务。数字人文是数字学术范畴内的重点内容，图书馆将数字人文服务作为一项重点服务进行打造，专门引进了多名具有数字人文项目经验的研究人员加入团队。数字人文服务的重点方向是主动对接学校多个跨学科科研团队，一方面积极宣传交流数字人文技术的理念、作用，另一方面为各类人文社科类项目申报提供技术方面的咨询，在项目过程中提供数字人文技术、方法、工具方面的支持，将一些项目孵化为完整的数字人文项目，为更多的项目提供示范和启示，促进学校跨学科的研究。

（5）其他服务。为推广宣传数字学术、数字人文的理念，扩大图书馆的影响力，图书馆还积极组织学生团队参与校内外单位组织的相关比赛，如“慧源共享”全国高校开放数据创新研究大赛、上海图书馆开放数据竞赛、互联网 + 大学生创新创业大赛、“知网杯”上海高校信息资源发现大赛，提供技术指导和训练场地。鼓励馆员担任大学生创新创业项目指导教师，为学生提供项目申报、数据采集分析、撰写报告方面的指导。

---

① 周力虹、原源、韩滢莹:《中美顶尖高校图书馆数字学术服务对比研究》,《图书与情报》2018 年第 2 期。

本章总结

数字学术在国内还处于起步阶段，相关概念也在不断演变，研究人员开展数字学术的意识和能力还有待提高。然而，在数据技术不断发展的趋势下，跨学科研究将成为普遍形式。高校图书馆应重视这一形势，理解数字学术的内涵和对图书馆创新发展的重要作用，切实根据学校学科发展需求、图书馆当前能力，及时规划数字学术服务平台，开展数字学术服务。上海外国语大学图书馆根据本校、本馆的发展需要，建设了基于中台理念的数字学术服务平台，通过统一的数字人文实验室、数字学术教学与科研一体化服务系统、学科服务门户，极大地解决了目前国内高校图书馆数字学术服务在物理空间、数据资源、馆员团队等方面存在的一些问题。

— 第六章 —

数字学术中的数字人文服务

随着信息技术的飞速发展，数字技术得到了广泛应用，数字人文是人文科学领域中数字技术应用的产物，数字人文已成为数字学术的一个重要分支。数字人文使用数字技术和方法来研究人类文化、语言和历史，涉及多个学科领域，如图书馆学、历史学、语言学、考古学、社会学等；数字人文旨在通过数字化技术，将人类文化和历史资料进行数字化处理、分析和呈现。数字人文的发展对于数字学术的发展具有重要意义，数字技术和方法的发展改变了传统学术研究的模式和方法，使得学术研究更加开放、协作和跨学科，数字人文作为数字学术的一个重要分支，其发展推动了数字学术的进步和发展。

第一节　数字人文基本概念与内涵

数字人文作为21世纪的一个现象级国际话语，其深度、广度在数字技术、工具和方法快速发展的背景下均得以显著提升。数字人文适应了整个社会数字化转型和变革的趋势，无论是理论建构层面还是技术应用层面，无论是从研究领域视角、研究机构视角还是研究成果视角看，都已经拥有较为完备的跨学科研究体系，在实践中出现了一批以高校为依托的数字人文研究机构和以图书馆为依托的数据基础设施建设机构，并产生了较有影响的实践成果和学术成果。

数字人文源于“人文计算”，以人文数据为基础，以计算技术作为有效的辅助和服务手段，来提升研究者对人文语料的处理效率。在与传统人文学科思想的交汇中，“人文计算”从单纯的工具方法逐渐向信息技术与人文学科的跨学科融合过渡，并进一步发展成为凝聚多元领域且具有独立的专业实践、研究方法、研究标准和理论价值的新的学科范式。在这样的趋势和背景下，“数字人文”作为一门学科应运而生。[①] 数字人文的产生与发展，既是计算机技术和方法向新研究范式演进的过程，也是传统人文学科触角向外延伸的现实需要；数字人文作为一门新兴学科，更是助推新文科发展的不可或缺的新生力量。

随着数字人文项目和研究成果的增多，对数字人文成果进行评价开始进入研究者视野，如何评定数字人文成果成为学术领域的新课题。数字人文的产生和发展依靠三个维度：学科性、专业性、技术性。从学科性来看，数字人文具有人文学科特质和跨学科特征；从专业性来看，图书情报学的理论与方法是支撑数字人文研究的专业性基础；从技术性来看，数字技术与智能分析工具的开发与应用是推动数字人文发展的必备因素。以上这些特征也使得学科性、专业性和技术性成为数字人文评价的三个主要维度。

一、数字人文的三个维度和阶段划分

（一）数字人文的三个维度：学科性、专业性、技术性

为了更清晰地展现数字人文的发展脉络和发展特点，本章以“数

---

① David M. Berry, *Understanding Digital Humanities*, New York: Palgrave Macmillan Press, 2012.

字人文”“人文计算”和“Digital Humanity”“Digital Humanities”“Human computing”作为主题词，分别在《中国学术期刊（网络版）》（CNKI）数据库和Web of Science（WoS）核心合集数据库进行检索（检索时间：2020-08-16），后经筛选最终获得国内外相关文献892篇和5501篇。通过对国内外数字人文相关研究成果主题的深入分析，总结发现国内外数字人文研究的特点。国际方面研究主要集中在三个方面：一是人文数字资源的数字化建设与维护，主要是将数字化文本、数字资源保存、数字仿真等相关技术应用于计算机地图、虚拟图像而形成相关成果；二是图情档领域参与数字人文的探索性研究，主要包括信息可视化、信息检索、信息服务等内容；三是数字人文相关技术研究，包括数字化技术、可视化技术、信息技术等。国内研究主题也主要集中在三个方面：一是以人文项目为案例的数字化转型探索与研究，例如古籍、民国文献、徽州文书等特藏资源项目；二是数字人文概念的界定以及图情档领域在数字人文背景下的发展趋势及服务转型；三是数字人文技术、工具、平台的研究、开发和利用等。

从以上对国内外数字人文相关研究的总结可以发现，国际和国内的数字人文研究有相通之处，即主要体现三个方面的特点：学科性、专业性、技术性。

（1）学科性。数字人文核心是“人文”，决定其研究主题的人文学科性质，这也是其核心特质。从中外数字人文的项目来看，每个项目都有相对集中的人文社科主题，或语言，或文学，或历史，或哲学，或艺术，或兼而有之，这是中外数字人文项目的共性，也是数字人文立足的根本。从目前已有的数字人文项目和研究成果来看，虽然早期是图情档领域在主导数字人文的项目实践，发表相关的研究成果，但其核心内容和主题，都是人文内核。

跨学科是数字人文的最本质属性。国外数字人文的学科交叉深度要强于国内。国外数字人文相关研究主要汇集了人文科学、社会科学、计算机科学、地理信息学等多领域的学者，跨学科性非常明显，研究范围广泛，研究成果互相融合、并驾齐驱。国内数字人文已有十余年的发展历史，早期的数字人文项目主要由图情档领域倡导引领，相关成果也主要刊登在图情档期刊上。近年来，数字人文开始受到人文社科学者的关注，综合性和理论性的人文社科期刊和报纸如《中国社会科学》《文艺理论与批评》《理论月刊》《中国社会科学报》关注并刊登相关研究成果，说明了人文社科领域开始逐渐接受数字人文，也说明了数字推动下的人文学科在研究方法和思想理论方面正悄然发生着变革。

目前，我国正处于新文科建设的语境中，"数字人文生态"的提出促使我们从整体性视角来审视当前的数字人文实践。对于新文科背景下的人文学者而言，一方面需要在了解数字人文的基础上，有突破传统人文研究的勇气和能力，以积极的态度寻求通过数字人文平台或相关项目的带动，促进人文研究视角向更为广阔的空间和场景延伸；另一方面也需要具有跨学科合作精神，善于从传统人文研究中去思考数字人文的发展路径，以及数字技术与人文研究进一步融合发展的可能[①]，最终成为以实践性介入知识生产的广泛、多样的群体，实现向数字人文学者的转型。数字人文不仅是在某个领域的简单线性应用，或跨领域的不同层面的应用，而是形成了多维度、立体化的网状结构，推动形成各学科领域的数字人文共同体。[②]

（2）专业性。数字人文的实质是利用数字的理念和数据分析技术对文本中的相关词及词间关系进行深度揭示，实现超时空、多维度的共现，使人文学者能够突破原有平面的、文本的视角看待问题，发现新的研究视角并启迪思维。在数字人文项目的策划、组织、实施过程

---

① 崔凤娇：《探索数字人文》，《跨文化研究》2019 年第 2 期。

② 许苗苗、邵波：《我国数字人文发展的脉络、问题及启示》，《图书馆学研究》2020 年第 14 期。

中，图书馆学对于文献的揭示、标引和对知识组织的认知，起到了非常关键的作用。文献标引技术所揭示的知识规则，可以说是构建人类知识体系的基础，也是实现知识发现新方案的基础。揭示标引词之间的内在关联，最终实现对海量文献的分析与处理，已大大突破了传统的个体有限生命和记忆所承受的能力，而自动标引的实现，通过自动化技术在图情档领域的实践与应用，大大提高了文献标引的效率和质量。同时，基于非受控词表，以自然语言为基础，共词分析、语义网技术和本体方法对人文领域知识体系的有效揭示，也为数字人文研究构筑了广阔的前景。①

数字人文的跨学科研究，更需要图书馆丰富的文献信息资源和专业的基础数据服务平台作为保障。图书馆提供的海量的文本资源和数据基础设施，是数字人文研究精准数据分析和得出可信研究结论的保障。因此，图书馆参与数字人文研究的关键在于要找准定位，不论是理论层面还是实践层面，都需要重新审视“文献”这个概念，尤其是知识在新的媒介环境下表现出的新的文献形态。发掘传统文献学在新的数字媒体环境下的全新变化，以及利用标引与检索等图书馆学专业理论知识、方法和经验为数字人文提供资源和平台，是图书馆专业对于数字人文发展的两个有力支撑。

数据管理、信息可视化、人机交互技术、机器学习技术等数字人文相关技术和研究方法在人文、社科以及自然科学、计算机领域的不断拓展和创新，为数字人文研究搭建了基础，提供了研究所需的素材、工具和交流平台，逐渐形成“问题跨界、工具共通、学科融合”的特征。

(3)技术性。数字人文利用数字的方法和技术带来了人文研究

---

① 周文杰：《知识资源的序化与数字人文的结构化知识资源基础——基于知识地图和认知结构学说的解析》，《情报资料工作》2020年第6期。

过程中知识生产和分析的新认识论和新方法论，即知识生产新形态。[①] 数字人文主要以工具的创新和方法的变革为肇始，技术、方法以及平台的研发可以说是其研究和实践的物质基础。开发针对人文学者的多样性数字人文工具，会吸引更多人文学者参与到数字人文研究中来。

目前，数字人文涉及的相关技术和方法极其丰富，主要包括计算机技术、信息技术、多媒体技术、自然语言处理技术、语义网技术、文本挖掘技术、GIS 技术，以及可视化、VR/AR 等数字技术。数字技术将人文学者、资源与媒介紧密联系起来，在人文领域“大显身手”，不断丰富着人文研究的视角和方法，努力寻找数字技术与人文学科的平衡点。因而，对于传统人文研究，数字人文“可以有效解决学术之间独立和无关联问题”，借助数字技术具有的多样性、包容性和延展性，通过计算、分析、可视化等手段改变或重塑人文知识，为人文学者提供更多宏观性、规律性、差异性和趋势性的研究方法，促进人文学科领域实现“轮廓重绘”。而对于数字技术，在注入人文价值观和分析方法之后，其功能则更加强大、多元，更符合人文学科的本质特征，可以处理跨越媒介、语言、地点、历史的不同问题，引导、扩展甚至改变人文学者的研究习惯，成为助推数字人文发展的重要手段。例如，文本分析技术不仅可以显示原始文本，还可以通过计算机系统提供相关背景及相关知识，以便增强读者与自身的对话，丰富读者的阅读体验，促进读者的思考，重塑读者的身份。同时，文学活动也需要进行系统性分析——不仅需要追溯原始文本，更应关注读者的心理过程，甚至文化影响，可以借助数字人文技术对文本进行客观有效的评价，并将文本分析与读者反馈相结合[②]，而所有这些场景

① 大卫・M. 贝里、安德斯・费格约德：《数字人文：数字时代的知识与批判》，王晓光等译，大连：东北财经大学出版社 2019 年版。

② 曾蕾、王晓光、范炜：《图档博领域的智慧数据及其在数字人文研究中的角色》，《中国图书馆学报》2018 年第 1 期。

都是数字技术赋予人文学者和读者的新的感观和体验。

新文科驱动下的人文学者，开始以数字人文为“器”、以数字人文为“思”，主动学习数字人文新技术，把数字人文研究的新范式嫁接在传统研究方法上，作为增益人文研究的引擎。[①] 随着以大数据、数据管理或数字技术为基础的数字人文相关学科建设，以及在人文学科的各分支领域加强人文学者的数字人文相关技术、工具与方法的应用培训，也可以让更多的人文学者进入这个领域，让进入的人文学者有所作为。

（二）数字人文发展的阶段性

最初，学者偶然将计算机技术与图书馆学的文献整理理念相结合，应用于人文领域文献资料的整理和研究，形成了最初的数字人文形态和成果。随着社会的发展，知识不断更新，各行各业产生的文献和信息数量增多，信息技术被广泛地应用到文献整理和研究中，并随着文献整理理念的变化不断更新和升级。

在人文领域，对于文献的整理从原始的人工分类、索引、排架、汇编等，发展到机读编目和整理、纸质文献数字化建成专题资源库，再进一步发展成为数据化的文本资源库。对于人文文献信息的利用，从最初的人工检索，发展到计算机技术的机读检索，再发展到数字化和全文检索，再进一步发展到目前的文本分析和挖掘、智能分析和计算等。而人文领域本身，随着数字化转型，也在不断开拓新的研究领域，如文化遗产的数字化保存问题、数据资产问题等。从总体来看，数字人文项目可分为三个发展阶段。

（1）初级阶段。构建数字人文基础设施，分不同人文专题完成基

---

① 项蕾等：《数字与文学的对话——“数字人文规范对传统文学研究方法的挑战”研讨会纪要》，《中国现代文学研究丛刊》2020 年第 8 期。

础数据的建设。该阶段也分不同时期，早期主要是开发平台，完成纸质文献的数字化和数据化的组织整理；随着整个社会数字化转型的深入，要收集和整理原生的数字化人文资源，不断增加人文数据的数量，充实基础设施的建设。该阶段是动态的过程，要随着不同领域文献和信息的发展不断更新和补充基础数据。

（2）中级阶段。利用基础数据和信息技术进行自动化的数据处理，或进行深度的数据分析和智能计算，数据可视化和知识图谱呈现是这个阶段采用的主要方法和特点。该阶段的分析成果或与传统的人文研究互证，或辅助传统的人文研究，也能够说明数字人文方法和方向的准确性。该阶段以前期建设的人文数据为基础，也为更高级的人文研究奠定基础，是迈向高级阶段的必由之路。这是目前大多数数字人文项目所处的阶段。

（3）高级阶段。人文学者深度参与数据分析或智能计算的过程，利用分析和计算的结果，产生创新性的成果。数字人文真正融入人文社科领域的研究，能帮助人文学者取得传统方法无法取得的突破，推动人文社科领域的学术创新、思想创新和知识创新，弥补传统人文研究的不足。这应该是数字人文发展的高级目标。而且，随着整个社会数字化转型的深入，人文研究范式的数字化转型将会成为常态，“数字学术”将成为未来的发展方向。

以上三个阶段，都由人文学者、图情档专业人士和技术研发应用人员共同合作完成。图情档的专业文献收集、整理和数字化，通过技术人员，建成人文数据整理平台及基础设施，这是数字人文项目的基础，也是整个项目继续推进的前提。在国内，主要以图情档人为主，联合人文学者，利用人文基础数据，进行数据分析和计算，辅助人文领域的研究，并逐渐引起人文学者的关注。目前，人文学者开始逐渐认识到数字对于人文研究的作用和影响，开始深度参与其中，也逐渐获得人文领域认可的学术成果，这是数字人文项目评定的关键。对数字人文项目或成果进行阶段性划分和认识是进行科学评价的前提和基础。

二、数字人文评价的三个维度

数字人文自产生之初就受到业界和学界的广泛关注，同时也引起了来自不同领域的不同声音。积极参与者有之——图情档领域积极推动并引领；质疑者有之——人文领域开始对此认可度不高；观望者有之——更多的人认为它仅仅是工具，是比文献数字化更高一级的工具。随着数字人文项目和成果的增多，遍布语言、文学、历史、艺术等各人文学科领域，也催生了超越传统研究方法的学术成果。而数字人文评价则是将一些额外的价值附加到数字人文项目或成果身上，突破传统的以刊评文、以量胜出的单线或线性的评价，更多从多维和复合的角度为数字人文发展赋能赋值。同时，数字人文在由中级阶段向高级阶段的演进过程中，势必也需要在数字人文评价体系建设的基础上，规范相关研究及成果发布，引导数字人文的良性发展。由此，数字人文评价开始引起学界的关注，日益成为实践和研究领域的新课题。

数字人文是否需要不同于传统学术的评价体系？鉴于数字人文研究成果的非典型性实践性，如何对多样性的成果形态进行认证？如何能够公正客观地认识跨学科成果？从数字人文发展阶段的角度来看，这些问题的回答将有利于数字人文发展逐渐规范化、科学化。[①]上文分析了数字人文的三个核心要素和三个发展阶段，对其成果评价也可从这三个核心要素入手进行评定（见表 6.1）。鉴于不同的发展阶段，数字人文的评价侧重不尽相同，同时指标体系需要具有足够弹性，尽可能包容数字人文所有的成果形式，本章更主要是提供一

① 杜娟、雪映：《数字人文：何以评价》，《社会科学报》2020 年 10 月 08 日，第 4 版。

种评价的维度，希望学界共同关注数字人文评价理论的研究及指标体系的构建。

表 6.1 数字人文评价的维度及指标

维度	指标	说明
学科性	学科思维体系	主要包括是否突破传统学科思维与体系模式，呈现出新的思维范式、学科特征、理论方法和体系结构等
	学科资料整合	主要包括资料的权威性、珍稀性、完整性、系统性等
	学科数据解读	主要包括数据的合理性、专业性、深刻性、有效性等
	学科交叉创新	主要包括学科的交叉性、融合性、跨界性、创新性等
	学科学术成果	主要包括成果应用的多元性、实用性、开放性、社会性、传播性、反思性，以及合作标注的规范性、协作性、合理性、贡献度等
专业性	数据编制	主要包括资源揭示的广度、深度和粒度，元数据编制的准确性和完整性，数据关联、数据分析等应用的学科匹配度、合理性，人文数据资源建设标准等
	数据管理	主要包括数据存储空间建设，数据管理的科学性和系统性，过程数据的保存完整性、可存储性、可获取性等
	数字实验	主要包括数字实验的科学性、适宜性、可复制推广性、可还原验证性等
	平台建设	主要包括成果展示和应用平台的架构设计、板块设置、功能实现、用户体验等
	教育培训	主要包括面向用户开展的工作坊、座谈、研讨、交流、体验等教育培训形式多样性，以及平台建设中应用工具、方法的开放性、学习性等
技术性	数字方法	主要包括文本分析（词频、共现、关联、向量、概率），聚类分类，主题分析，内容挖掘，地理空间分析，社会网络分析等技术
	数字技术	主要包括扫描、拍摄、采样、捕捉、图形设计、3D 建模等技术
	技术标准化	主要包括数据标准化、接口标准化、应用标准化等

（一）学科性：核心要素

学科性是数字人文实践和研究的核心要素，也是评价的核心要素。评价一项数字人文成果，最终要看它是否拓展了人文学科的研究领域，是否推动了人文领域的理论创新、知识创新和学术创新，进而促进各人文学科的交叉融合。[①] 对于学科性的评价，即对于学科自身专业领域各个维度的评价，必须要由人文学者深度参与并认可。对于数字人文学科性的评价可从学科思维体系、学科资料整合、学科数据解读、学科交叉创新、学科学术成果五个方面展开。

（1）学科思维体系。数字人文是人文学科研究的一种新的研究范式，突破了传统的思维模式。同时，数字人文又涵盖了传统人文学的各个方向，例如历史学、哲学、语言学、文学、艺术、考古学、音乐学、文化研究等，近年来，数字人文作为一种新的人文学科研究范式及新领域逐步形成了一个新的学术共同体，新学科的特性逐渐显现出来，数字人文的学科体系雏形也逐步显现，虽然距一门独立学科尚有差距，但也体现出一些鲜明的学科特色，数字人文基本概念、思维方式、研究内容等趋同性不断增强。因此，考察是否突破传统学科思维与体系模式，呈现出新的思维范式、学科特征、理论方法或体系结构等，成为评价数字人文跨学科特性的一项重要指标。

（2）学科资料整合。这是开展一项数字人文项目研究的基础，其中对资料来源的评价是比较传统的方式，但也是最稳定的方式，主要考察整合的资料是否完整可靠，是否稀缺罕见，重点可以从其权威性、珍稀性、完整性、系统性等角度进行评价。其中，内容准确权威最为重要，它影响到用户是否能获取可靠的知识，尤其是研究者在利

---

① 司莉、陈辰、郭思成：《中国图书馆学的应用实践创新及发展研究》，《中国图书馆学报》2021 年第 3 期。

用外部数据时，要特别甄别其真实性。[①] 如果一项数字人文的资料是独有的、唯一的、罕见的，将其进行数字化整合并向学界或社会开放，其价值就非常大。这是评价数字人文的首要前提，因为无论什么研究项目，不管你用多么先进的技术方法开展，如果基础不稳，那后续的研究都缺乏根基。

（3）学科数据解读。数字人文项目通过各种工具和方法开展研究后，得到的统计数据或可视化图表需要由学科专业人士进行解释和说明，从而得出研究结论。而这些解释是否具有解决问题的合理性，符合学科领域的专业性，具备解释学术的深刻性，具有指导实践的有效性等，都是开展评价的重要方面。应该考察其解读是否有效推进了学科领域的理论创新和知识创新，取得了传统人文研究方法无法取得的成果。

（4）学科交叉创新。目前，我国“新文科”建设是为了对接新一轮科技革命所带来的学科交融要求，在“应变”和“求变”中实现哲学社会科学教育及知识生产模式深刻而全方位的变革。[②] 数字人文的跨学科性则成为新文科发展的新生力量，可以促进交叉学科的形成和发展。因此，从学科的交叉性、融合性、跨界性、创新性等角度去评价一项数字人文研究的创新度是符合新文科发展要求的，是开展其建设的题中应有之义。

（5）学科学术成果。数字人文成果中作者概念和传统的成果已有较大不同，数字人文项目本身又具有广泛的合作性，尤其是不同领域之间的合作。同时，很多数字人文成果不只是论文，还包括虚拟仿真模型、程序、代码设计、数据可视化、数字期刊、数字博客等其他类

① 赵宇翔等：《创意类开放数据竞赛作品评价指标体系构建与测定——以数字人文项目为例》，《中国图书馆学报》2020 年第 2 期。

② 马费成、李志元：《新文科背景下我国图书情报学科的发展前景》，《中国图书馆学报》2020 年第 6 期。

型。因此，学术合作标注以及学科成果应用显得尤为重要，成为数字人文重要的学术规范之一。在合作标注方面，首先，合作者的共同的价值认同和规则认同，以及合作者的协作性和合理性，是数字人文项目得以顺利开展的前提；其次，知识产权的归属，以及合作形式等方面的标注，也是学术规范的表现形式，合作者全署名的好处就在于不仅尊重和明确每个人的贡献，而且还可以激励责任人创新，精益求精。在学科成果应用方面，当前的数字人文项目更多的是以实践应用型为导向的，因为对其成果的评价应该坚持多元性和实用性的原则。[①] 同时，建成的数据库或平台向特定人群或社会公众提供的使用权限，即其开放性、社会性和传播性也是重要的评价指标。此外，任何一项研究都不是完美的，数字人文研究还应该反思自身研究的数据基础设施前提、采用的方法和步骤，以及这些所带来的局限性，或者说未来可以修正的空间。[②] 当然，成果的应用前景、社会效益和价值创造等因素也是必不可少的指标。

（二）专业性：关键要素

数字人文虽然具有鲜明的跨学科性，但也具有非常鲜明的专业性，需要具备一定深度的专业知识，不是所有人都能轻易入手从事数字人文工作。而图书情报学利用其信息组织、检索、分析等专业知识为数字人文提供了方法论指导，也是连接学科和技术的桥梁和纽带。数字人文的专业性评价主要体现在数据编制、数据管理、数字实验、平台建设、教育培训等方面。

（1）数据编制。数据是数字人文的基础与核心，因此数字人文的

---

① A. J. Bradley, M. EL-Assady, K. Coles, et al, “Visualization and the Digital Humanitie”, *IEEE Computer Graphics and Applications*, no. 6, 2018, pp. 26–38.

② 王涛等:《“数字人文的学术评价体系：定义与规范建构” 研讨会发言汇编》,《数字人文》2021 年第 1 期。

数据设计是关键一环，即数据的编制，数字人文中的数据编制包含元数据定义、数据建设、数据关联的建立以及人文数据资源建设标准化等，这些都需要一定的专业性知识，根据数字人文的研究需要，对资源的广度、深度和粒度进行多维度揭示，并编制准确和完整的元数据，将不同维度的数据建立关联，通过一定的标准最终完成人文数据建设。因此，透过数据编制揭示数据之间的关联和指向，透过时间和空间的维度呈现出不同研究视角，以立体、多元、多维的方式展现数据之间的关联，应该就是数字技术突破传统人文研究的最大助力。

（2）数据管理。数字人文研究过程中会产生大量的过程数据，其作为重要的研究过程的体现，应该予以保存和提供后续研究者继续利用。如何对过程数据进行存储和管理也是涉及一些专业性知识，数据存储空间建设的情况、数据管理的科学性和系统性，以及数据保存的完整性和可获取性是评价的主要方面。当前已有很多学术期刊要求数字人文研究在提交论文的同时提供原始数据，正是对这一评价维度的最好体现。

（3）数字实验。数字人文项目往往具有实验属性，很多高校也建设了数字人文实验室。一方面需要对数字人文实验设计的科学性、学科适宜性等开展评价，另一方面从实验本身的特性出发，其应该是具有可复制推广性、可还原验证性的，因此需要检验这样的实验是否可以被其他研究者再次实施和验证，是否具有反复进行的复制可能。

（4）平台建设。数字人文研究成果中的数据库平台应当成为评价的重要内容，正如中国历代人物传记资料库（China Biographical Database，CBDB）成为数字人文的一项标志性产品或成果，可见应用性的实际产品更应受到重视。对成果展示和应用平台的评价可以借鉴传统的对数据库评价的维度，从其架构设计、板块设置、功能实现、用户体验等角度进行评价，此外需重点关注其实际利用率、社会影响力，以及产生的实际效益和社会价值。

（5）教育培训。从目前数字人文相关教育与培训实践来看，参与者可能更多是图情档领域的馆员、学生、学者和实践者，而人文学者的参与面还不是很大。此指标一方面可以促使数字人文项目采取更多的教育培训方式，让更多参与者了解数字人文项目和成果，扩大数字人文理论与技术的认知度和参与面；另一方面使项目本身能够从人文学者本身的学术训练视角，需要更多地将视角关注到人文学者身上，真正思考如何让人文学者掌握数字技术相关工具与方法，带动人文学者一起深入到数字人文研究中，而这才是教育、培训的真正志向所在。例如，可以通过构建数字人文数据中台、工具中台和方法中台等，更好的嵌入跨学科支撑中，让更多的人文学者能够有机会训练和使用这些工具与方法。

（三）技术性：必备要素

数字信息技术对人文学科研究的资源类型和研究方法产生了巨大影响，数字人文正是数字技术与人文学科交叉而形成的跨学科研究领域。[①] 信息技术、自然语言处理技术、语义网技术、文本挖掘技术等应用于人文数据分析中，助力人文领域的学术创新和知识创新。数字人文技术性评价主要体现在数字方法、数字技术以及技术标准化等方面。

（1）数字方法。对人文研究的探索只有依靠现代技术与数字人文工具及方法，挖掘隐藏于文本内外的各种知识、关联以及透过文本表达出来的情感因素，才可以突破传统人文研究的局限。当前数字人文领域应用较多的主要涉及文本分析（词频、共现、关联、向量、概率）、聚类分类、主题分析、内容挖掘、地理空间分析、社会网络分

① 欧阳剑：《大数据视域下人文学科的数字人文研究》，《图书馆杂志》2018年第10期。

析等技术[①]，对这些技术是否合理选择和科学利用是评价的重要内容，主要看其是否符合研究的实际需求，而非为用而用，生搬硬套。

（2）数字技术。数字技术作用于传统人文能使其实现动态和知识关联，标志着“数据＋算法＋算力”正在成为人类应对不确定性的主要手段之一，传统文科必须拥抱数字技术，以提升自身研究的准确性与科学性。[②]当前数字人文主要运用到的数字加工技术主要包括扫描、拍摄、采样、捕捉、图形设计、3D建模等技术，可以从对这些技术选用的针对性、合理性、有效性，以及技术运用的专业度和熟练度等角度来开展评价。

（3）技术标准化。数字人文的技术多元而异质，但在研究中需要尽可能地进行统一和规范。因此，需要对数据标准化、接口标准化、应用标准化等的实践予以评价，在评价中不断探索和实现技术标准化的路径。

三、图情档在数字人文发展和评价中的作用

（一）图情档利用其专业性推动数字人文发展

图情档应利用其专业优势，推动数字人文的发展和创新，在数字人文评价中起到关键作用。第一，图情档等机构和学科继续为数字人文研究提供数据基础设施，为人文社科数据分析提供思想、理论和方法。第二，发掘图情档机构中人文社科人才的潜力，利用资源和数据优势，使本领域的跨学科人才真正融入人文社科的研究之中，产出图

① 单蓉蓉、陈涛、刘炜、夏翠娟：《国际图像互操作框架及拓展应用》，《图书馆杂志》2021年第5期。

② 王丽华、刘炜、刘圣婴：《数字人文的理论化趋势前瞻》，《中国图书馆学报》2020年第3期。

情档的人文研究新思想和新理论。第三，与高校和科研院所的人文社科机构深度合作，共同推动人文领域的思想创新和理论创新，真正让人文社科领域的专家学者认可数字人文。第四，建设的数字人文实验室等场所为高校跨学科数字人文研究的开展提供各类基础设施、交流协同空间和技术方法指导，并通过数据中台等理念开展数字人文服务与支持。

研究发现，数字人文类国家社科重大项目呈现出明显的跨学科特征，涵盖人文社会科学领域和自然科学领域相关学科。传统人文学科之外，图书情报与档案管理学科和计算机科学在研究中占据重要地位。学者的学科背景、成果形式以及项目涉及的数字技术呈现出多样性。[①] 跨学科是指学科之间的相互交叉、融合和协作，图情档领域作为数字人文这个新型跨学科中的重要成员，在经过知识转型、重新定位之后以多重身份参与数字人文相关研究。首先是扮演“应用者”角色。图书馆借助数字技术，在资源建设、知识服务、空间设计等方面更“聪明”、更“智慧”[②]；其次是扮演“合作者”“协调者”和“支持者”的角色。数据是数字人文研究最基础的保障，而图情档领域以其先天存储信息资源的优势能为人文学者提供从结构化数据到非结构化数据的巨大挖掘机会。

对于图情档领域研究者而言，无论是从应用者的角度还是从合作者、支持者的角度，都需要紧密对标新文科建设的方向，在对人文学者研究的基础上，加强与人文学者、计算机领域相关人员的紧密合作，一方面可以基于数字人文项目，通过加强与人文学者的沟通，准

---

① 赵宇翔、练靖雯：《数字人文类国家社科基金重大项目的学科属性与合作特征》，《图书馆论坛 2022 年第 1 期。

② 赵洪波、罗玲、李大莉：《数字人文视域下智慧图书馆建设的模式与路径》，《图书馆学刊》2019 年第 9 期。

确把握人文学者的信息需求与研究思维，更多地从人文研究的视角开发研究更多的数字工具和方法；另一方面，通过数字人文项目，吸引更多的人文学者尝试通过合作，认识到数字人文研究的无限魅力。这不仅可以通过合作产出更多有价值的成果，促进数字人文向广度和深度延展，而且以点带面进一步凸显数字人文的跨学科特性，为数字人文发展增添活力。

（二）图情档利用其专业性促进数字人文评价

数字人文评价本身是专业性较强的一项工作，无论是指标体系构建，还是评价实践本身，都需要具有专业性的知识、专业性的人员和专业性的组织。

（1）专业性知识优势。学术评价体系研究和构建是图情档的专业特长，也在实践中积累了丰富的经验。图情档领域的研究者具备设计和编制相应评价指标体系的知识优势，熟悉元数据的标引、关联数据的整合、科研数据的管理，以及各类数字人文工具和方法的应用、数据库平台的构建等等关键领域的知识，具有开展数字人文评价的天然条件。应用这些专业性知识和技能，对于构建相对较为完善的数字人文评价体系并不断修订完善具有很强的指导意义。

（2）专业性人员优势。针对上述专业性知识，图情档领域配置有术业有专攻的各类专业性人员，包括有熟悉图情档业务的人文学科背景的人员，还有熟悉图情档业务和需求的专业技术人员。一方面，数字人文评价离不开既熟悉元数据标引和相应工具方法，同时又兼具一定人文学科背景的人才，他们可以在评价中起到沟通人文学者与技术人员的作用，并对人文学者开展数字人文研究所应用的技术方法等进行评价。另一方面也离不开专业的技术团队的支持与保障，他们不仅为数字人文项目的顺利开展提供强有力的技术工具和方法指导，也能对其中的技术难题攻关和技术问题解决予以专业性评判。

（3）专业性组织优势。数字人文评价目前尚未形成较为完善的工作机制，缺乏统一的组织和规范的流程，具体请哪些专家来评价也存在争议。在这一问题上，图情档机构可以发挥其中介桥梁作用和组织功能，为来自人文学科领域、图情档领域和专业技术领域等各方专家搭建一个数字人文评价委员会平台，组织相应的专家应用其开发的评价指标体系来协同评价，并在此实践过程中不断完善其评价指标体系的更新构建和评价组织平台的进一步搭建。

第二节　中美数字人文研究“差异性”比较

什么是数字人文？虽然一直经历不断重新认识和评价的界定过程，目前在学术界尚未达成共识，但是都改变不了一个事实，那就是数字人文是一个高度跨学科的研究范式。可以说数字人文已经成为一个多元化的领域，结合了广泛的学术实践和近几十年兴起的数字技术与工具。[①] 目前，美国对数字人文的跨学科属性进行计量分析或研究的成果有很多。有学者认为数字人文的交叉特性为该领域的理论和方法之间的辩论提供了一种重要方法，并通过调查数字人文项目概述了利用数字人文的交叉方法讲述历史的必要性。[②] 也有学者指出数字人

---

① A. J. Bradley, M. EL-Assady, K. Coles, et al, “Visualization and the Digital Humanities”, *IEEE Computer Graphics and Applications*, no. 6, 2018, pp. 26–38.

② R. Risam, “Beyond the Margins:Intersectionality and the Digital Humanities”, *Digital Humanities Quarterly*, vol. 9, no. 2, 2015.

文学科极大地影响了信息和图书馆科学以及传统人文学科，并通过着眼于数字人文学科带来的新方式，为多种人文学科提供新视角，可以看到数字人文代表了跨学科、协作智力活动的重要新潮流。[①] 研究人员在交流和解决研究问题时，越来越多地跨越已建立的学科框架开展工作，有学者对数据密集型的跨学科学术合作项目进行研究，发现跨学科协作具有避免冗余、打破纪律孤岛、实现更有野心的工作等优势，通过跨学科研究有利于实现对问题更全面的理解，使参与者能够探索新的知识领域并不断创新。[②] 国内学者也尝试对数字人文跨学科性进行研究，在解读“数字人文宣言 2.0”的基础上，提出数字人文不仅是不同学科协同工作的地方，而且是不同引领者在一起工作和发展各自领域的地方。[③] 还有学者基于作者履历信息挖掘的国内外数字人文研究发现，在学科背景、研究手段和研究方向上，国内外亦有较大不同。国内数字人文作者学科分布和跨学科相对集中，更多关注编程语言、基本研究方法以及工具、数字人文基础设施建设以及与数字人文有关的高等教育等方面，而国外作者表现则较为丰富和多元。[④] 此外，也有学者运用多种社会网络分析和可视化工具研究了数字人文领域跨学科合作的结构、模式和研究主题，发现数字人文领域的学科分布范围很广，但学科分布不均衡，各学科之间的总体协作往往集中在

---

① A. H. Poole, “The Conceptual Ecology of Digital Humanities”, *Journal of Documentation*, no. 73, 2017, pp. 91–122.

② A. H. Poole, D. A. Garwood, “Interdisciplinary Scholarly Collaboration in Data-intensive, Public-funded, International Digital Humanities Project Work”, *Library & Information Science Research*, no. 3–4, 2018, pp. 184–193.

③ 曹进军：《“焦点 + 上下文”可视化分析：数字历史集合的关联与探索——兼谈数字人文的演进与实践》,《情报资料工作》2018 年第 4 期。

④ 徐孝婷、朱庆华、何晨晨：《基于作者履历信息挖掘的国内外数字人文研究对比》,《图书馆论坛》2019 年第 5 期。

几个关键领域等。[①]

综上所述，中美对数字人文的跨学科研究都较为关注，而美国的相关研究更为深入全面和多元，国内研究仅提到数字人文涉及大量跨学科合作，但是跨学科属性究竟如何体现，数字技术与传统人文学科之间呈现出何种关系，各学科之间如何协作，以及图情学科与数字人文领域如何定位等问题尚未得到很好的解决。因此，基于中美数字人文研究，探讨分析两者的“差异性”，有助于数字人文领域相关专家、学者，尤其是图情领域研究人员精准定位参与数字人文的研究范式与专业路径，以建立更有效的跨学科合作关系。

一、中美数字人文研究的“差异性”调研

本章选用 CNKI 数据库（期刊论文）和 WoS 核心合集数据库中的 SCI-E、SSCI、A&HCI 各子库（Article、Proceeding 和 Review）作为数据来源，分别以“数字人文”和“Digital Humanity” or “Digital Humanities”作为主题词检索，并对结果进行筛选（国内部分剔除与数字人文相关性较小的文章；美国部分剔除相关性较小且中国作者在国外发表的论文），最终获得中美相关文献分别为 636 篇和 732 篇（截止时间 2020 年 12 月 31 日）。

（一）学科分布情况

通过对学科分布情况进行计量分析，可以较为清晰地对比中美数字人文研究的侧重方向，进而深入研究不同学科对数字人文领域发展研究产生的影响。中国和美国数字人文相关研究分别共显的学科方向

① 苏芳荔、常人杰：《数字人文研究——跨学科性、合作模式及主题》，《图书情报导刊》2020 年第 2 期。

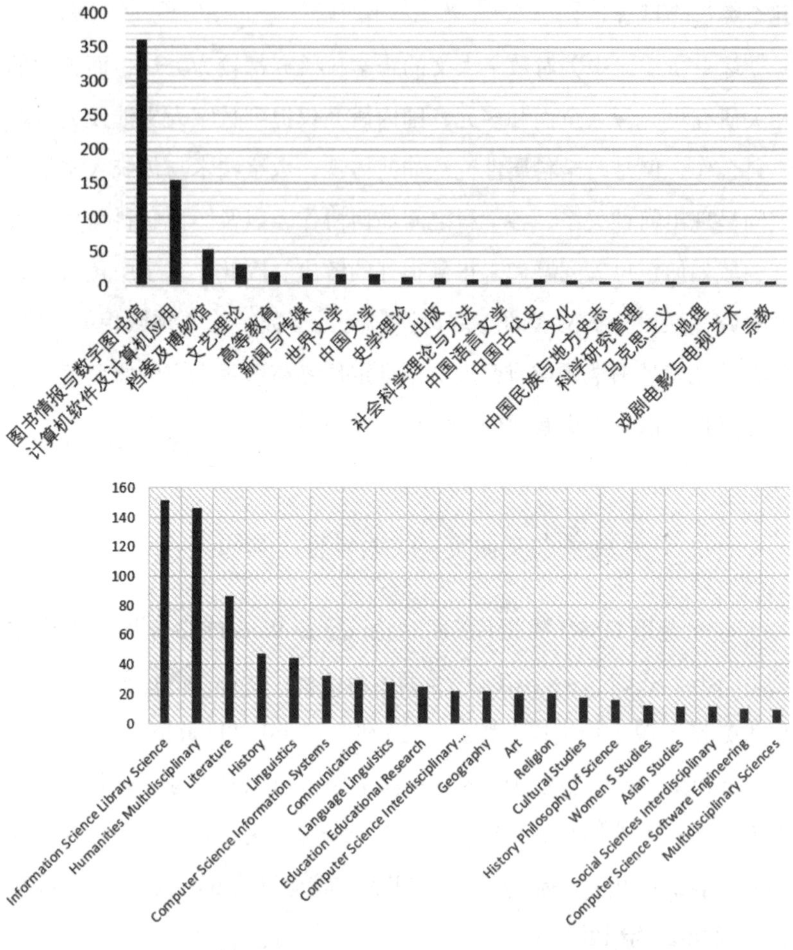

图 6.1 中美数字人文研究学科载文情况（前 20 位）（上图：国内。下图：美国。）

有很多，其中载文量位于前 20 位的学科分布见图 6.1。从图中可看出，中美数字人文研究均集中于多个学科方向，但侧重的学科方向有所差别。国内数字人文研究虽然学科方向较多、分布广泛，但是主要集中在图书情报与档案管理领域，文献量占到了 65% 以上，而计算机软件及计算机应用方向有 25%，人文社科类研究的理论和实践成果明显较少，其他一些学科也相对式微。可见，国内图书情报与档案管理相关学科是数字人文研究的中坚力量。同时，图情档领域的基础理论和方法与信息技术相结合，共同为探索和发展数字人文提供重要支持。此外，在研究主题多元化的同时，国内数字人文领域较为注重中国特色历史和文化的研究，重视中国文学、中国语言文学、中国古代史以及民族与地方史与数字技术的结合和探索。而美国数字人文领域呈现图书情报和人文学科并重研究的态势，二者的研究分布较为均衡，文学、历史、语言、教育等人文学科的载文量占比明显。此外，美国数字人文领域跨学科研究比较明显，统计显示计算机科学跨学科、社会科学跨学科以及多学科研究的文献数量均占据一定比例。

（二）研究主体及合作情况

通过对核心高产作者合作网络进行可视化呈现，可对作者发文数量及作者间的合作关系进行系统性的分析，可以较为清晰地看到不同领域的学者对数字人文的关注度，结合学科分布情况进而思考数字人文的探索方向。图 6.2 是中美数字人文研究的作者发文和合作情况示意图。

从发文量来看，节点大小与发文数量成正比，节点越大则发文数量越多。国内数字人文相关内容发文量较多的作者依次为刘炜、夏翠娟、赵宇翔、鄂丽君、李子林、张卫东、肖鹏、张磊、曾子明等。美国数字人文领域发文数量较多的作者有 Colin Allen、Alex H. Poole、Héctor Fernández L'Hoeste、Juan Carlos Rodriguez、Kevin W. Boyack、Richard Furuta、Roopika Risam 等。以作者发文量为指标，可以从一方面代表作者的影响力，发文数量越多表明该作者在该领域的影响力越大。通过考察上述作者的学科领域可知，美国在艺术与人文历史的学者在数字人文领域的发文量较多，同时研究内容注重数字化技术、信息服务等在数字人文中的应用。而国内图情档领域的学者发文数量众多，人文艺术学者的研究相对较少。因此，图情档领域理

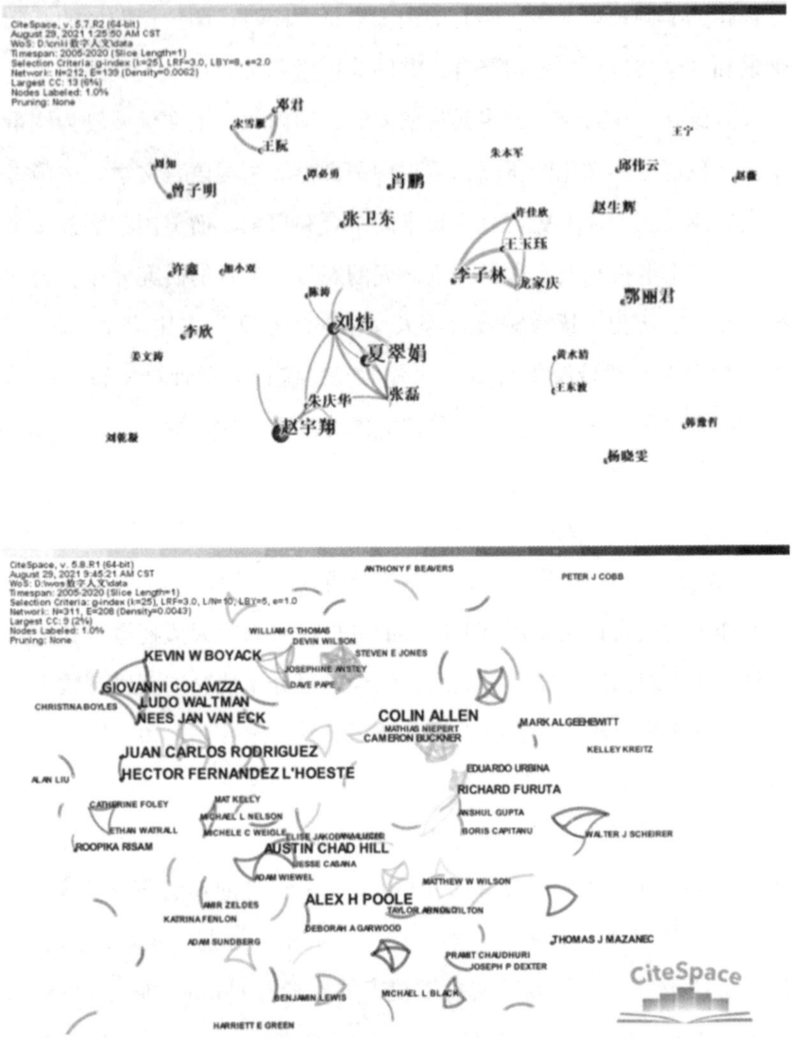

图 6.2 中美数字人文研究核心高产作者合作网络图（上图：国内。下图：美国。）

论与方法在数字人文研究中占据重要地位。

从合作关系来看，节点间连线反映作者的合作关系，连线数量越多则合作者网络具有一定规模，连线越粗则合作关系越紧密。数字人文学科不断扩展、更加包容，其多样性和连贯性这两个跨学科的标志，已经显示出越来越强大的迹象[①]，不同学科背景研究者之间的合作是该领域的重要特征。从图 6.2 中可以看出，美国数字人文研究者的跨学科、跨机构合作交流较为普遍，合作网络众多。而国内单独研究的学者占较大比例，其中不乏高产作者。此外，同机构和地区的学者合作联系较为紧密，如刘炜、夏翠娟均为上海图书馆的学者，赵宇翔、朱庆华为南京地区的学者，而与外部机构和其他地区的高产核心作者的合作网络较为疏远，各学者的合作交流意识可以进一步提高，突破传统学科限制的学术交流成果存在较大的丰富空间。

（三）研究热点情况

某学科领域研究热点是在某一个时间段内，有内在联系的、数量相对较多的一组论文所探讨的研究问题或专题，出现频次高的关键词和名词短语通常用来代表某一研究领域的热点主题。[②]通过梳理关键词数据得到国内数字人文研究排名前十位的关键词为图书馆、高校图书馆、数字学术、人文计算、可视化、关联数据、美国、数字化、大数据、知识服务；美国数字人文研究排名前十位的关键词为 library、archive、history、pedagogy、data visualization、collaboration、digitization、digital library、humanity、technology。通过对关键词进行聚类分析，能够得到中美数字人文研究热点情况，具体见表 6.2 和表 6.3。

---

① Muh-Chyun Tang, Yun-Jen Cheng, Kuang hua Chen, "A Longitudinal Study of Intellectual Cohesion in Digital Humanities Using Bibliometric Analyses", *Scientometrics*, no. 2, 2017, pp. 985–1008.

② 赵蓉英、许丽敏：《文献计量学发展演进与研究前沿的知识图谱探析》，《中国图书馆学报》2010 年第 5 期。

表 6.2　我国数字人文相关研究关键词聚类表

聚类号	聚类大小	标签词
0	39	数字工具，数字仓储，信息行为，知识图谱，人文计算，可视化分析
1	38	高校图书馆，数字学术，数字人文服务，智慧图书馆，美国高校图书馆，数字人文馆员
2	36	图书馆，众包，移动视觉搜索，数字人文项目，服务模式，数字学术服务
3	35	关联数据，古籍数字化，社会网络分析，知识组织，文献计量，元数据
4	23	档案工作，数字图书馆，图书馆转型，数字资源，语义，本体
5	18	可视化，人文学科，人文学者，文本挖掘，现代文学研究，合作
6	17	图书馆服务，大学图书馆，跨学科，世界文学，网络基础设施，中国数字人文，信息素养教育
7	17	数字化，数字技术，数字人文学，历史档案，特藏资源，文化遗产，数字敦煌
8	14	大数据，公共图书馆，聚类分析，史学方法，人文学科研究，历史研究

表 6.3　美国数字人文相关研究关键词聚类表

聚类号	聚类大小	标签词
0	56	community, embedded librarianship, information and library science, digital humanities resources, information work, skills, institutional repositories
1	50	digital libraries, field theory, computational social sciences, topic models, digital curation, mapping
2	39	digital archives, history, social web, business intelligence, feminist historiography, design science, educational technology

续表

聚类号	聚类大小	标签词
3	34	iot, sociology of news, information and communications technology, geohumanities, augmented reality, digital technologies
4	32	digital humanities, literature, digital translation history, big data, interdisciplinarity, text mining
5	31	spatial history, neo-marxism, software design, creative geovisualization, information literacy, digital scholarship
6	30	sustainability, technological change, library partnership, subject librarian, digital projects, academic libraries
7	27	data visualization, copyright, random-feature texton, religion, computational art history, automatic classification
8	25	information literacy, quantitative methods, digital philosophy, taxonomy, semantic web, text interoperability , ontology

从关键词聚类方面来说，各聚类的研究内容存在相互交叉现象，数字人文领域的研究热点内容是在相互促进中不断丰富发展的。总的来说，除了数字人文基础知识的研究，热点主题还集中分布在技术应用、项目构建、特藏资源研究等更加具有实践意义的领域。通过对表6.2、表6.3以及节点文献的分析，中美数字人文研究热点可以归纳为以下几个主题，具体见表6.4、表6.5。

表6.4　国内数字人文研究主题

序号	研究主题	研究内容
1	数字人文基础理论	概念和内涵、知识组织、文献计量、历史学方法等
2	数字人文量化分析	知识图谱、可视化分析、共词分析等
3	图书馆服务转型	信息行为、数字人文馆员、数字学术服务、信息素养教育等

续表

序号	研究主题	研究内容
4	特藏和特色文化	特藏资源、数字敦煌、民族与地方史志、古籍数字化等
5	数字人文技术	数字仓储、关联数据、文本挖掘、大数据、人文计算等

表 6.5 美国数字人文研究主题

序号	研究主题	研究内容
1	Digital Technologies	information and communications technology, iot, augmented reality, big data, text mining, etc
2	Interdisciplinary Research	library science, sociology of news, literature, digital translation history, neo-marxism, etc
3	Library and Digital Humanities	digital scholarship, information literacy, embedded librarianship, digital curation, etc
4	Digital resource construction and maintenance	digital humanities resources information work, digital aichive, spatial history, library partnership, etc

中美数字人文研究具有一定的差异性。国内的数字人文研究主要集中在以下几方面：一是理论研究，数字人文概念和内涵，图情和人文学科理论与方法的应用；二是对数字人文研究进行量化分析，借助知识图谱和社会网络分析等对研究内容进行抽取和直观分析；三是图情领域在数字人文背景下发展及服务转型；四是特藏资源和中国特色文化的研究；五是数字人文相关技术研究和项目构建。而国外数字人文研究主要集中在以下几个方面：一是数字人文相关技术研究；二是跨学科数字人文研究；三是将数字人文运用于图情领域的探索性研究；四是数字资源的数字化建设与维护。总的来说，中美的研究热点在某些主题上具有一定的相似性，如关联数据和可视化探索与实践、图书馆服务转型等。图情领域理论与方法是我国数字人文研究的

基础支撑，国内的数字人文研究也逐渐形成了自己的特色，逐渐在敦煌学、民族与地方史、古籍的数字化等方面形成优势。而数字人文的发展需要多学科的支持和激发，注入新鲜血液，促进共同进步，我国的数字人文研究期待新兴技术应用于数字人文的系统性研究和体系构建，期待数字技术和艺术人文学科的进一步有机融合发展，也期待人文学者的关注。

二、中美数字人文研究的“差异性”分析

作为舶来品的数字人文早在20世纪60年代后期就在国外提出，20世纪80年代开始广泛进入研究者的视野，直到2010年左右被我国学术界引入并引起图情界的关注。无论是从学科分布、研究主体及合作情况，还是研究热点来看，中美数字人文相关研究差异性表现较大。美国更多侧重于数字人文各种关键技术探讨，相关研究跨学科性非常明显，研究范围广泛，研究成果融合度高，这也是数字人文领域发展的根本。美国数字人文研究早期主要集中在人文学科研究的数字化上，研究对象包括教育学、历史学等。然后，随着数字应用的深入和数字发展，数字人文逐渐形成了自己独立的理论体系，如数字策展、数字历史等，这些理论为数字工具在人文研究中的应用提供了指导。近年来，美国学者的研究开始将大量与数字和社会网络相关的概念和计算方法整合到人文学科的相关研究中，如文献计量学、社会网络分析、机器学习、空间地理可视化等，数字人文工具在人文研究中的作用已进入广泛的实践阶段。而国内更多是实践层面进行具体应用性研究，尤其是侧重于图情领域的应用性研究，其他领域相对较少。[①]

① 蔡迎春:《数字人文评价：学科性、专业性和技术性》,《中国图书馆学报》2021年第4期。

但值得一提的是，随着数字项目的发展，数字人文方法和工具的应用，以及图书馆资源整合、空间建设和数字服务的具体应用，我国的数字人文研究也开始渗透到其他领域，如女性研究[①]、敦煌研究[②]、藏学研究[③]、艺术[④]、宗教[⑤]、古籍[⑥]、比较文学[⑦]等，随着新文科的提出和数字人文体系的建设，我国的数字人文研究已经逐步延伸到数字人文教育体系，一些学者还探讨了数字人文学科与新文科之间关系的跨学科研究的本质。同时，先期更多是一些国外数字人文研究的介绍性和对比研究性成果，随后也扩展到数字人文思想在图书馆资源管理与服务创新工作中的应用，如图书馆参与数字人文的实践与推广和图书馆推进人文知识的数字化与交流等。总体而言，图情领域为我国数字人文的发展提供了诸多思路并不断探索，而艺术和人文领域的研究性成果相对较少，究其原因主要有以下三个方面。

其一，计算机在人文领域的应用虽然较早就有相关研究和实践，真正意义的数字人文直到 2010 年前后才真正被国内学者所关注，经过 5 年的蛰伏期，近三年才有了突飞猛进的进展，但是研究更多集中数字人文理念的技术普及，以及数字人文技术在一些数字人文项目的开发应用层面上，还没有完全引起人文学者的关注，同时数字人

---

① 许婷、肖映萱：《由“一夫”至“多宝”：数字人文视角下女频小说的情感位移》，《文艺理论与批评》2021 年第 4 期。

② 王晓光、侯西龙、程航航、夏生平：《敦煌壁画叙词表构建与关联数据发布》，《中国图书馆学报》2020 年第 4 期。

③ 赵生辉、胡莹：《中国藏学数字人文发展的战略思考》，《西藏民族大学学报（哲学社会科学版）》2020 年第 6 期。

④ 金家琴、夏翠娟：《数字人文在视觉化艺术领域的应用前沿——图像艺术分析与计算机生成艺术》，《图书馆杂志》2021 年第 6 期。

⑤ 向宁：《宗教学与数字人文研究的新趋势》，《世界宗教文化》2020 年第 6 期。

⑥ 李惠等：《钩玄提——古籍目录智能分析工具构建》，《中国图书馆学报》2021 年第 4 期。

⑦ 冉从敬、何梦婷、黄海瑛：《数字人文视阈下的比较文学可视化研究》，《厦门大学学报（哲学社会科学版）》2020 年第 5 期。

文研究对数字技术的熟悉和掌握也具有一定的要求，国内人文学者大多缺乏对数字技术的掌握，而国内人文学者的相对研究更多是从国外留学归国者，真正体会过数字人文研究的魅力并且具有一定的研究能力者。相信，随着目前我国数字人文学科的首次建立、数字人文研究中心和相关团队的纷纷创建，以及数字人文专刊的首次创立，将进一步助推我国数字人文研究的广度和深度，相关研究成果会进一步凸显。

其二，图情与档案领域学者更倾向于数字人文研究，而人文学者关注度还相对有限。我国数字人文相关研究才刚处于起步阶段，在这一阶段图情与档案领域的刊物可能更关注数字人文研究，甚至有许多刊物设立“数字人文研究”专栏，引导图情领域、人文学者关注数字人文研究，而其他领域刊物相对而言关注度不够。例如，刊发量最大的《图书馆论坛》《图书馆杂志》等均开设专栏，甚至邀请相关领域专家或青年学者负责专栏策划，《中国图书馆学报》近几年也大量刊发数字人文方面的相关研究。实际上，数字人文也逐渐受到人文社科界学者的关注，2016 年以后，人文学者的自觉探索大幅增多，渐成潮流，但是图情学者仍然是数字人文的主力军和主要推动者，此种现状的形成与从业者对数字人文、数字技术的理解不无关系。同时，综合性和理论性的人文社科期刊和报纸也开始刊登相关研究成果，说明数字推动下的人文学科在研究方法和思想理论方面正悄然发生着变革。因此，我国数字人文研究势必需要吸引更多领域的学者的关注与研究，同时需要加强相关研究的广泛性和延展性方面，无论是从研究成果、合作力度，还是成果发表等方面都能够真正体现出跨学科研究的特性。

其三，国内图书馆在向数字图书馆的发展转型过程中，产生了大量的数字化文本，同时各图书馆也将特藏资源的数字化开发与利用作为未来图书馆发展方向，而数字技术在文本内容以及检索结果可视化分析方面具有非常独特的优势。因此，各图书馆在特藏资源数字化过程中自然会考虑利用先进的数字人文技术，以构建一个更为直观、便捷、立体、多维的资料库，不仅向人文学者提供资源的检索获取服务，同时也能够助推人文学者相关研究，以支持多领域学者保存管理资源、合作交流、资源互操作等研究任务，从而促进知识生产和转移。[①]

三、关于数字人文研究"差异性"的思考

（一）图情领域理论与方法是支撑数字人文的基础

探究数字人文产生的原因，主要是源自研究者探索和解决如何借助计算机自动输入文本这一问题。1949 年利用自动化技术编制的《托马斯著作索引》为人文学领域运用计算机开创先河[②]，同时也为图情领域参与数字人文研究奠定了基础。数字人文自产生以来，经历了一个不断发展变化的过程，与数字技术和工具方法的更新与升级更是紧密相连。可以说，数字人文从本质而言就是一个"方法论共同体"，即人文学者使用计算机方法和工具，依靠数字化和数据化的人文资料进行人文研究[③]，数据资源和工具方法成为助推数字人文发展的两大支柱。从数据资源层面来看，主要是由结构化数据和半结构化数据组成，同时也包括大量的非结构化数据，这些数据资源经过有序的组织和工具的应用，构成了数字人文研究服务支撑平台。其中结构化数据

① M. S. Christina, A. Maristella, S. S. Mark, et al, "Evaluating a Digital Humanities Research Environment: the CULTURA Approach", *International Journal on Digital Libraries*, no. 1, 2014, pp. 53-70.

② 安妮·伯迪克等：《数字人文：改变知识创新与分享的游戏规则》，马林青、韩若画译，中国人民大学出版社 2018 年版，第 123-124 页。

③ 刘炜、林海青、夏翠娟：《数字人文研究的图书馆学方法：书目控制与文献循证》，《大学图书馆学报》2018 年第 5 期。

主要包括书目、索引和文摘数据库、各类目录、元数据、专题门户、名称规范档等；半结构化数据包括根据文本编码倡议（Text Encoding Initiative，TEI）编码的经典作品、各种形式的增值或标记资源，以及元数据记录中包含的非结构化部分。[①] 而所有这些支持数字人文研究的数据资源都源于图书馆基础业务工作的实践，是建立图情领域相关理论和业务基础上的实践成果；从技术和方法角度来看，数字人文研究主要关注和考量人文领域海量文献的数字化、数据化和文本转换过程，需要通过数字技术揭示海量文献标引词之间的关联性而得以实现。而这种基于元数据的信息组织过程，旨在揭示文本内容中的具体信息，通过将信息中包含的知识从不同资源、不同类型中进行关联和聚类，才能将资源组织成相互关联的知识体系。因此，数字人文研究的实质就是通过人文学科的数字化转化过程，展示标引词所揭示的词与词之间的内在关联，从而实现对更多文献的掌握和处理。而标引技术与方法也是图情领域的基础学科，主要通过知识的组织和交叉来深入揭示资源内核，从而展示人类知识关联的一种认知模式。因此，数字人文所涉及的数据资源与工具方法，都与图书馆存在非常密切的关联，图情领域参与数字人文相关研究并不是一厢情愿的，而是具有深厚的专业基础作为研究的必要条件。

此外，图情领域的专业性人员优势、专业性组织优势、数字学术空间优势也将有力助推数字人文研究的开展。首先，数字人文研究离不开专业技术团队的支持与保障，图书馆不仅为数字人文研究的顺利开展提供强有力的技术工具和方法指导，也能对其中的技术难题解决予以专业性评判。其次，作为一个跨学科研究，图书馆也可以发挥其桥梁和组织作用，有效对接来自人文学科领域、图情档领域和专业技

---

① 曾蕾、王晓光、范炜：《图档博领域的智慧数据及其在数字人文研究中的角色》，《中国图书馆学报》2018 年第 1 期。

术领域的各方面专家，构建一个有利于学术交流和跨学科研究的数字人文服务平台。而图书馆之所以对人文学者有如此大的吸引力，除了上述因素之外，可能更多是基于对特定氛围和场景的需要，图书馆创造的数字学术空间或场景，可以突破语言、学科的限制，链接各学科与专业，为数字人文研究提供一个沉浸式的研究和体验场所，从而有利于学术思想和观点的相互交流与碰撞。

（二）数字人文跨学科性期待人文学者的更多关注

数字技术在人文领域的深刻变化，促使基于印本的知识生产向基于数字的知识生产转型。而新文科建设需要给传统文科“做加法”，尤其是通过数字技术手段，冲破传统人文科学的研究范式，以数字思维对接人文学科的转型和升级，而跨学科性则成为数字人文赋能新文科发展的新生力量。[①] 首先，传统的人文研究方法和工具无法揭示对文本中暗含的对外界或事物本身的看法与情感，也无法深入其语言的深髓，而只有依靠数字技术，挖掘隐藏于文本内外的各种知识和关联，以及透过文本表达出来的情感因素，才可以突破传统人文研究的局限。其次，传统人文是静态的，知识之间是孤立的，数字技术作用于传统人文，使其实现了动态和知识关联的可能，传统文科必须拥抱数字技术，以提升自身研究的准确性与科学性。[②] 最后，语言是很多人文学研究的原材料，多语言问题在一定程度上制约了传统人文研究，数字人文所使用的语言及其技术语料库可能仅覆盖了很小的地理范围，致使数字人文亦需要协调跨学科的合作，以此来应对跨语种数

---

① 马费成、李志元：《新文科背景下我国图书情报学科的发展前景》，《中国图书馆学报》2020 年第 6 期。

② 王丽华、刘炜、刘圣婴：《数字人文的理论化趋势前瞻》，《中国图书馆学报》2020 年第 3 期。

字研究的技术问题。[①]透过计算揭示文本内的知识之间的关联和指向，透过时间和空间的维度呈现出不同的看文本的视角，以立体、多元、多维的方式展现文本之间的关联，应该就是数字技术突破传统人文研究的最大助力。例如，比较数字人文研究法与过去传统的唐诗研究法后，可以很清晰地总结出两种不同方法的不同之处。数字人文应运于唐诗研究，可以获得由数据呈现出的复杂结构信息，同时通过数字技术，也可以提供研究者诸多过去人工阅读视野下难以快速发现的线索与问题意识，从众多线索中，研究者可以找到自己有兴趣的问题，进一步深入研究讨论，抽丝剥茧。[②]因此，结合数字研究与人机共读，数字人文不但可以探讨旧说，也可著立新论，在此视角下也许有很多以前的认知都需要被重新定义，给数字人文视野下的人文研究带来挑战的同时，也带来诸多机遇。

从研究的学科分布和作者合作网络来看，国内数字人文研究更多是集中在图情领域，主要是"数字基础设施"建设方面的应用性研究，而人文艺术学科和计算机信息领域相对较少，社会科学领域和自然科学领域仍显不足。由此可见，目前国内数字人文研究总体而言是剃头挑子一头热，主要集中于图情领域，甚至出现图书馆为了迎合数字人文的浪潮开发的数据平台或工具并没有吸引人文学者，跨学科的研究性质没有完全体现出来的情况。此外，目前国内数字人文研究中所运用的技术虽然也正逐渐向世界接轨，如关联数据、机器学习、AR/VR等，但相对较为有限，缺乏先进的数字工具，致使数字人文项目在实施过程中，数字技术应用相对滞后，在一定程度上无法满足人文学者的需要。同时，图书馆数字人文研究主要关注数字人文的研究现

① 艾伦·刘、张思静：《走向多元化的"堆栈"：作为技术问题的数字人文和多样性》，《山东社会科学》2020年第8期。

② 邱伟云、严程：《心寄乐园，凝望人间：中唐诗空间方位的数字人文研究》，《西南民族大学学报（人文社科版）》2020年第8期。

状、数字人文项目等，而图书馆数字人文项目则倾向于利用数字人文技术，对特定馆藏资源的知识内容进行深度挖掘，建立开放的、关联的、立体的、多维的、众筹的数字人文特藏资源整合平台，以方便人文学者的研究。而国内数字人文研究缺少对人文学者的研究，以及图书馆在数字人文项目策划、筹建和实施过程中经常会忽视对人文学者真实需求的考量，缺乏与人文学者的合作与沟通，没有从人文研究的视角来建构知识关联与技术应用框架，从而导致平台的利用率、满意度及可持续性远没有达到预期效果[①]，致使数字人文项目鲜有人文学者问津。因此，跨学科性是数字人文的本质属性，不仅需要服务于人文研究全周期的数字基础设施及其他支撑性条件，而且也需要具有数字学术思维和技能、能够适应数字学术范式的人文学者。

（三）数字工具与技术方法赋能数字人文良性发展

技术进步是数字人文最重要的内在动力，包括文本分析（词频、关联性、共现性等）、主题分析、聚类分析、时间序列分析、社会关系分析、地理空间分析等数据分析技术，也是实现数字人文的关键。数字技术在人文科学研究中有着悠久的历史，而进入 21 世纪后，网络技术的发展和数字技术的广泛应用给学术研究带来了深刻的变化。一方面，随着信息通信技术的发展，可利用的数字学术资源迅速增长；另一方面，数字环境下传统研究问题的拓展和新兴研究问题的出现，促进了学术研究视角、研究思维和研究方法的革新。尽管人文学者对数字人文有不同的理解，但他们都强调数字技术和工具在学术研究中的渗透，数字材料和计算机方法的介入不仅提高了人文学科的研究效率，为人文学科研究提供了新的研究范式，也为人文学科研究带

① 张轩慧、赵宇翔、刘炜等：《数字人文众包抄录平台用户体验优化的行动研究：基于社会技术系统理论》，《中国图书馆学报》2020 年第 5 期。

来了新的学术思维、理念和方法。[①] 与传统研究范式相比，数字人文研究范式更偏向于大量引用数字技术，大量数字资源和分析软件的介入可能会产生新的问题，从而改变研究范式。

从研究主题领域来看，中美数字人文研究的差异性表现较为明显，美国更多地侧重于数字人文各种关键技术探讨，这也是数字人文领域发展的根本。而国内更多是实践层面进行具体应用性研究，所应用的技术和方法也相对较为基础。虽然近几年，国内数字人文相关研究数量在迅速增长，但是大多数研究将视角放在已有数字技术介绍与应用上，尚缺少从开发层面研制出更多适合人文研究视域的工具和方法。同时，数字技术在人文领域的应用也并非真正意义上的数字人文研究，数字人文研究的突破的关键在于如何将工具、技术和方法应用到人文学科中，做出与传统人文学科不同的研究成果。因此，数字人文理应被视为借助数字技术进行人文研究的一种理论方法，由于在技术层面和方法层面上缺乏创新，也没有建立有效的教育和培训体系，在更为广泛领域引起更多人文学者的参与，而造成目前图档博领域“孤军奋战”的现状。

四、对国内数字人文研究的启示

（一）强化图情领域对数字人文的支撑

数字人文需要多学科、多技术和多专业人才的综合运用，相关研究与项目的开展需要建立在合作的基础上。同时，可持续性是保障数字人文良性发展的源泉，这主要体现在数据资源的及时性、可获得性和有效性，技术方法的创新性、适用性，以及合作机构的协同

---

① 唐江浩、卢章平、苏文成：《人文学者数字学术能力理论框架构建研究——基于数字人文视角》,《图书馆》2020 年第 11 期。

性诸多方面。图情领域由于拥有数字人文所必需的资源、专业与空间优势，而成为进行数字人文研究不可或缺的支撑力量。因此，国内图书馆、博物馆和档案馆需要积极发挥其在数字人文领域的诸多优势，主动参与到数字人文及相关项目实践中。一方面进行通用型或开放型的基础平台建设，加快对数字人文相应理论和方法的探索，为数字人文研究提供数据资源与管理、数字技术、研究工具、成果发布等完善的基础设施并提供数据中台服务，让人文学者能够自主且自由地融合数字技术与工具进行人文研究[①]，以更好地支撑数字人文研究与相关项目的开展。数字人文研究势必需要建立在海量文本资源或数据资源基础上的，如果缺少这些基础资源的话，所展现给人文学者的研究结果可能就会因为资源基础的缺失，将会大大影响相关结果的精准性和可靠性，因为只有建立在大规模数据基础上的研究才更为可靠。另一方面，提供数字人文相关标准规范和评价的依据，图情领域在数字图书馆建设初期制定的数字资源生命周期相关标准、规范和评价方法，可为数字人文项目的具体实践提供参考。虽然这些标准和规范中的描述性元数据可能无法满足特定学科主题数据库建设的深度和专业需求，但元数据方案设计的方法、流程、技术和工具可以提供有益的参考。[②]

（二）加强与人文学者之间合作黏度

"人"的因素是推动人文研究知识生产方式转变、构建数字人文的核心。数字人文研究需要研究者（人文学者）、技术开发或提供者（计算机专家）和服务支持者（图情领域专业人士）的合作。人文学者

---

① 赵薇：《数字时代人文学研究的变革与超越——数字人文在中国》，《探索与争鸣》2021年第6期。

② 夏翠娟、娄秀明、潘威等：《数智时代的知识组织方法在历史地理信息化中的应用初探——兼论图情领域与人文研究的跨学科融合范式》，《图书情报知识》2021年第3期。

参与数字人文研究的行为动机可能更多地来源于对知识或数据的需求，这正是图情学科的共同核心知识。图情领域需要突破传统辅助和支持服务模式的局限性，不仅作为研究者介入数字人文学科的科研实践，加强与人文学者之间的合作黏度，利用图情领域的核心知识对人文领域专家的知识结构产生影响，而且需要结合人文教学和科研的具体情况，将其嵌入人文学者的教学和科研过程中。此外，需要利用各种媒介倡议和宣传数字人文研究，以吸引高校、院系、人文学者甚至计算机领域和数学专家关注和参与数字人文研究。同时，也要将信息技术应用于更多学术问题的研究，不断扩大数字人文研究的范围，促进研究课题的多样化，充分挖掘项目深层次价值信息，最大限度发挥数字人文研究潜力①，倡导和推动数字人文实践的多元化合作模式，即多元化共建、多元化共管、多元化服务、多元化支持，为了促进数字人文实践产生更大的合力，产生更具学术价值和社会影响力的研究成果，而不仅仅是为相同或不同人文领域的专家提供一组或多组可以反复验证的数据。② 此外，人文学者还应主动运用图书馆、博物馆和档案馆的资源，对其资源和服务提出个性化要求，项目元数据还应尽可能与图情系统和搜索工具相结合，研究成果和工具可保存在图书馆、博物馆和档案馆，同时加强图书馆员和研究人员之间的交流与沟通，促进数字人文研究与图博档之间的合作与互动。

（三）构建数字人文教育与培训体系

首先，需要加强以大数据、数据管理或数字技术为基础的数字人文相关学科建设。在国外，数字人文已经建立涉及本科、硕士、博士

---

① 刘炜、叶鹰：《数字人文的技术体系与理论结构探讨》，《中国图书馆学报》2017 年第 5 期。

② 左娜、张卫东：《数字人文向度下的中国图情档学科：逻辑与进路》，《情报资料工作》2021 年第 3 期。

的完整的课程体系，而把"数字人文"纳入我国教育培养体系应该算是一个全新的尝试。[①] 国内已有高校开设了数字人文研究方向，或设置了大数据、数据管理等方面的课程，为数字人文在国内的发展奠定了一定的基础。目前，面临国内数字人文学科发展最主要的问题，可能正如北京大学数字人文研究中心主任王军教授所说，需要思考如何"让人文学者理解数字技术和技术专家具备人文素养"，基于数字人文领域的社会需求，形成以专业教育为核心的教育体系，不仅培养师生利用大数据和文献信息促进与提升人文科学研究的能力，而且激励师生致力于数字工具的开发与研究，为科教融合、人才孵化、产学互动创造良好的数字教育生态。

其次，需要建立通识教育培养机制，通过多样化的教育培训方式，加强人文学者应用数字人文相关技术、工具与方法等方面的能力。数字技术的井喷式发展催生出新的教育理念和学习需求，这就要求建立与之相适应的多目标、多层次、多形态的教育方式，以激发数字人文教育的活力。[②] 目前，数字人文相关教育与培训在国内已经具有一定尝试，各高校或图书馆纷纷成立的数字人文中心、研究工作坊等，主要目标就是致力于数字人文相关教育与培训，同时也以项目带动学科发展，拥有了一批具有数字人文研究能力的青年学者。有的高校则通过构建基于数据中台理念的数字人文服务平台等，将数字人文相关工具与方法进行整合，以便捷的方式嵌入跨学科支撑体系中，让更多的人文学者能够有机会训练和使用这些工具与方法。[③]

---

① 王涛：《数字人文的本科教育实践：总结与反思》，《图书馆论坛》2018 年第 6 期。

② 李懿、唐智川：《日本高校数字人文教育探析》，《图书馆学研究》2021 年第 9 期。

③ 蔡迎春、欧阳剑、严丹：《基于数据中台理念的图书馆数据服务模式研究》，《图书馆杂志》2021 年第 11 期。

第三节　数字人文应用平台构建模式

数字人文服务是数字学术的核心，数字人文是一个将计算机和网络技术深入应用于传统的人文研究与教学的新型跨学科研究领域，它的产生与发展得益于数字技术的进步及其在科学领域的普及应用，近年来，传统文史哲等人文学科和社会科学都在不同程度上开展了数字人文研究的探索。数字人文研究的兴起给人文学者带来了新的研究视角与思维模式，也为传统的人文研究带来了新的方法、工具和平台，数据、研究方法、工具与平台是数字人文研究的重要组成部分，数据是数字人文研究的基础，基础数据库很大程度上缓解了人文研究数据缺乏的状况，而数字人文研究方法主要通过应用工具及平台来实现，应用工具及平台体现出数字人文研究的基本理论、方法与技术等。随着人文数据建设越来越受到重视，基于数据融合的多维度数据应用平台应时而生，传统数字化资源的建设也逐渐由资源库向数字研究平台转变，以不断满足人文学者提出的辅助其研究的新需求。①

一、国内外数字人文应用平台建设现状

近年来，各种数字人文应用平台建设此起彼伏，由于数字人文应用平台构建的理念不同，出现了不同的应用平台构建模式，与传统应用平台不同，数字人文应用平台是集数据、方法及工具为一体，其构建模式的选择也会给人文数据及研究工具的使用方式带来影响，因

① 卢彤、李明杰:《中文古籍数字化成果辅助人文学术研究功能的调查》,《图书与情报》2019 年第 1 期。

此，数字人文应用平台模式及构建研究对数字人文资源的开发与利用具有重要意义，同时对我国数字人文基础设施的建设模式选择也具有实际的参考价值。

在美术馆、图书馆、档案馆与博物馆（GLAM）领域，“基础设施”的提法由来已久，数字人文基础设施是一种支持人文学科研究活动的基础设施，是数字环境下开展人文研究的基本条件，包括与研究主题相关的文献、数据、相关软件工具、学术交流和出版的公用设施及相关服务等[①]，通过平台化的架构为人文学者提供各类量化分析工具与可视化数据服务。数字人文基础设施对于学者的研究与实践至关重要，数字人文基础设施作为一种技术平台，将工具、服务、资源和方法用于数字研究之中，通过标准化协议将异构的数字人文基础设施相互关联成本地节点，有助于在不同基础设施系统之上建立一个包容性的资源获取网络，从而实现人文数据的开放获取，由此可见，数字人文基础设施具有高连接性、标准化及易访问的特点。[②]

数字人文基础设施的建设为数字环境下开展人文研究提供必备的基本条件，相关项目的建设如火如荼，涌现出一批优秀的数字人文基础设施。上海图书馆历史人文大数据平台以关联数据的方式向外公开发布了上海图书馆数字人文项目所组织的基础知识库（人、地、时、事、物）、文献知识库（家谱、手稿档案、古籍等）、本体词表和数字人文项目建设过程中所用到的各种数据清洗和转换工具。[③]哈佛大学

---

① 刘炜、谢蓉、张磊、张永娟等：《面向人文研究的国家数据基础设施建设》，《中国图书馆学报》2016 年第 5 期。

② Urszula Pawlicka-Degerr, “Infastrucuing Digital Humanities: On Relationcd Infrastrulture and Global Reconfiguration of the Field”, *Digital Scholarship in the Humanities*, vol. 37, no. 2, 2022, pp. 534–550.

③ 上海图书馆历史人文大数据平台，https://dhc.library.sh.cn/，访问时间：2021 年 10 月 15 日。

东亚语言文明系教授包弼德（K. B. Peter）负责的中国历代人物传记资料库项目提供了多个涵盖人物信息的关联数据集[①]，已成为历史领域数字人文研究的典范。类似的还有中国台湾地区“中研院”创建的基础地理信息系统“中华文明之时空基础架构”（Chinese Civilization in Time and Space，CCTS）[②]，该系统以中国地图为基础底图，整合了“中研院”的汉籍电子文献系统、清代粮价资料库、明清地方志联合目录资料库等专业应用系统或资料库。此外，还有“中研院”建立的台湾区域研究地理信息系统（Taiwan History and Culture in Time and Space，THCTS）[③]，陕西师范大学出版总社、首都师范大学张萍教授和西安云图电子信息有限公司合作打造的丝绸之路历史地理信息开放平台[④]，王兆鹏教授主持的“唐宋文学编年地图”项目[⑤]，等等。这些数字人文基础设施的建设极大地促进了数字人文的发展，丰富了人文学科研究的基础数据。

数字人文基础设施与传统资源库的本质差别在于：数字人文基础设施嵌入了数字人文学者需要的数据，提供人文学者需要的研究及分析手段、算法、工具，实现了基础数据与人文学者的无缝连接，数字人文应用平台是数字人文基础设施的重要组成部分。近年来，数字人文应用平台也不断涌现，其典型代表有中国台湾地区“中研院”的数位人文研究平台[⑥]、台湾大学的DocuSky数位人文学术研究平台[⑦]、

---

① 中国历代人物传记资料库，http://projects.iq.harvard.edu/cbdb/home，访问时间：2022年03月29日。

② 中华文明之时空基础架构，https://ccts.ascc.net，访问时间：2022年03月29日。

③ 台湾历史文化地图，http://thcts.ascc.net/，访问时间：2022年03月29日。

④ 丝绸之路历史地理信息开放平台，http://www.srhgis.cn/，访问时间：2022年03月29日。

⑤ 诗词地图地理，https://www.sou-yun.cn/PoemGeo.aspx，访问时间：2021年10月12日。

⑥ 台湾“中央研究院”数位人文研究平台，http://dh.ascdc.sinica.edu.tw/member/index.html，访问时间：2021年09月09日。

⑦ DocuSky数位人文学术研究平台，http://docusky.org.tw/DocuSky/ ds-01.home.html，访问时间：2021年09月16日。

复旦大学历史地理研究中心的数字禹贡[①]、Gale 数字学术实验室研发的基于云服务的历史文献分析平台[②]、HathiTrust研究中心（HathiTrust Research Center，HTRC）的“数据胶囊”（Data Capsule）项目等，一些专有数据库厂商如 Jstor Constellate、ProQuest（TDM studio）等开发了文本和数据挖掘工具，使人文学者可以使用词频统计、术语提炼及主题模型等工具对专有数据库的数据进行研究，更进一步促进了数字人文研究的发展，给普通人文学者的研究带来了极大的便利。数字人文研究平台的建立使人文研究者不必再完全依赖于信息技术专家，为人文学者提供了一个友好互动的数字人文研究环境，提供了个性化的服务、协同合作的机制以及开放的资源，很大程度上克服了人文数据匮乏的困难，使得人文学者自由地融合数字人文技术与方法进行相关人文研究，加速人文研究进程。

二、应用平台建设中的数字版权风险分析

作为数字人文基础设施的核心，数字人文应用平台是开展数字人文服务的主要形式。数字人文应用平台与传统的数字图书馆服务平台的显著区别在于数字人文应用平台以文本化、数据化的数据为主，并辅以相关的数字化研究工具等，为人文学者提供一个数字化的研究环境。总的来说，数字人文应用平台以数字化、数据化、文本化为主要方式对各种类型人文资料进行组织与重构，将图书馆、档案馆、博物馆、文化遗产机构等分散的数字化馆藏资源进行整合作为应用平台的基础数据，通过平台化的架构为人文学者提供各类量化分析工具与可

---

① 数字禹贡，http://hgis.fudan.edu.cn/，访问时间：2021 年 09 月 16 日。

② Gale 数字学术实验室，https://www.gale.com/cn/primary-sources/ digital-scholar-lab，访问时间：2021 年 09 月 16 日。

视化数据服务。数字人文应用平台是在传统资源库的基础上发展而来的，保留着诸多传统资源库的特征，特别是在人文数据的组成方面更是以传统的特藏资源为基础，通过对传统文献进行标注、融合和重组等工作使传统资源转化为数据形式，从而实现人文数据服务。

数字人文中的人文数据建设主要有人文数据复原与人文数据重构这两种形式[①]，即通过对传统文献资源转录、改编、转换、重组以及发布等一系列加工处理，并实现人文数据之间的关联，从而构建完整、权威的人文数据集，人文数据建设不仅仅包含数字化，更包含文本、图像、音视频的多角度、颗粒化深度标引与元数据描述、数据化、数据融合、知识关联等工作，而这些工作与《著作权法》中的使用权、复制权、改编权等密切相关。当属于《著作权法》允许的少量、适当引用他人作品，且在自主加工成数据的过程中投入智力劳动这一情况时，一般不涉及著作权问题，版权风险相对较少。然而《著作权法》对原始的、非结构化的数据的版权保护比较薄弱，因为一些原始数据可能不符合"原创性作品"的创造性要求，而通过对原始数据进行开发或加工产生的分析数据或汇编数据才应当被视为著作权客体，目前现有的法律对数据的版权保护还不完善，在有些情况下，法院愿意将版权保护范围扩大到涉及数据且具有足够创造性的作品[②]，因此，在人文数据建设的过程中很容易因为版权不明确而产生纠纷。

数字人文应用服务平台是以"数据化"为主要方式对各种类型人文资料进行组织与揭示，其中的人文数据更多来自文献原始数据或汇

① 欧阳剑、彭松林、李臻：《数字人文背景下图书馆人文数据组织与重构》，《图书情报工作》2019 年第 11 期。

② U. S. Copyright Protections for Market Data, https://www.natlawreview.com/article/us-copyright-protections-market-data, accessed 20 October 2021.

编数据。人文数据除了来自传统的特藏资源外还有其他来源渠道，比如自建特色数据、研究机构的开放数据以及数字人文中的众包数据等，这些来源的数据很大一部分具有明确的数字版权。尽管一些发布的数据已申明遵从知识共享授权协议，但使用者依然需要遵守作者的意愿，其中就涉及是否需要署名、是否可以被商用、能否修改后重新发布等问题。

与数字人文基础设施类似，数字人文应用平台也具有高连接性、标准化及易访问的特点，数字人文应用平台往往涉及数据开放获取及共享，在数据开放获取及共享的过程中也会涉及版权问题，可能会为数字人文应用服务平台带来侵权风险。由此可见，人文数据的创建与组织、使用方式、使用范围、数据的安全等成为数字人文应用平台的重要影响因素。

数字人文应用平台对数字人文研究的实现具有重要意义，数字人文应用平台是数据版权的最后把关“人”，数据使用的合法性、安全性等都通过应用服务平台实现。数据版权与人文数据开放理念存在一定的矛盾，作为研究者来说，希望方便、快捷地获取自己需要的人文数据，实现内外部数据的整合与关联访问，得到“一站式”的数据服务，但这种高度开放性的数据服务增加数据侵权的风险；而对数字人文应用服务管理者来说，数据版权则是主要考虑的因素。因此，双方利益平衡是数字人文应用平台版权保护的根基。

三、数字人文应用平台构建模式对比分析

数字人文应用平台的建设旨在实现数据开放共享、人文分析技术实现，为人文学者构建一个数字研究环境，使人文研究者专注于学术问题研究。人文数据已成为人文学科研究的关键生产要素和基础资源，数据也是数字人文基础设施建设的重要内容，因此数字版权成为

各数字人文应用平台构建的核心影响因素，进而使得各平台数据的开放及使用出现差异。根据数据开放程度，数字人文应用平台构建模式主要分为数据开放型、数据封闭型、混合型等。

（一）数据开放型平台

数字人文应用平台作为数字人文基础设施的重要组成部分，起到数据基础设施的作用，数据开放共享成为数字人文应用平台的重要特征之一，数据开放型数字人文应用平台成为最基本的构建模式。数据开放型数字人文应用平台以无版权或被授权的数据开放利用为目的，实现数据的广泛共享。首先，用户可以根据自己的需要将平台数据进行组合、重构、浏览及下载；其次，平台的数据对外开放，或提供相应的数据 API 接口供其他用户及平台使用；除此之外，也允许导入及调用其他平台的数据，连接及共享其他平台的数据，并利用平台工具进行阅读、分析及可视化利用。

目前，诸多数字人文应用平台呈现出数据开放型模式特征。中国台湾大学数位人文研究中心研发的 DocuSky 数位人文研究平台是典型的数据开放型平台，该平台基于个人化资料库构建及数字工具分析理念，致力于开放链接技术支持人文学者上传各种不同来源、格式相异的文本数据，并且学者可以利用平台所提供的各种数字工具满足自己的个性化需求。在 DocuSky 平台中，学者无须求助专业技术人员就可以自主构建个人的多功能云端数据库，可以自由选用丰富的工具与材料，在上传个人文本与权威文档的同时，还可以导入其他开放资料库的文本，如中国哲学书电子化计划（Chinese Text Project，Ctext）、日本京都大学的汉籍文本 Kanripo、中国台湾“中研院”史语所汉籍文本等权威文档等。

数据开放型平台侧重于数字人文研究数据及工具的集成与共享，主要提供各种数据处理及分析工具，通过定义一套标准化的 API 数据访问接口或关联数据技术进行链接，具有高度的数据开放性及易访问性。同时，由于数据开放型平台可以引入外部数据进行分析，使得平台的研究方法及工具也具有极高的共享性，这都为学者的研究带来了极大的便利，因而数据开放型平台具有良好的开放性、公共性和可持续性。

（二）数据封闭型平台

从版权角度来说，有的数字人文应用平台又具有一定的封闭性及排他性——既不开放数据，也不接收外部数据，这种数字人文应用平台形成一种数据封闭型模式。数据封闭型数字人文应用平台是一种基于数字版权保护机制的封闭平台，其将版权（私有）数据封装到一个可控制访问权限的系统中，从而实现数据版权保护。数据封闭性平台通过软件、硬件系统来隔离用户与数据之间的直接联系，通过基于策略接口和网络访问的控制限制他人对版权数据的非法操作与访问，用户可以选择具有自定义功能的模块或工具用于数据分析。相对于数据开放型数字人文应用平台，数据封闭型平台侧重于数据版权保护的运作模式，并以平台数据及分析工具为研究者构建一个数字学术研究环境。

数据封闭型数字人文应用平台模式是一种较好的平台数据版权解决方案，并在实践中被广泛应用。随着数字研究环境的发展，内容分析研究逐渐兴起，文本内容挖掘策略较好地解决了版权数据使用限制。HathiTrust 是美国一个长期保存数字资源的公共平台，HathiTrust 数字图书馆拥有 1,500 多万卷 / 册资源，但大约有 900 多万卷 / 册因受到版权限制而不能在 HathiTrust 成员馆用户中得到使用。为解决此问题，HathiTrust 研究中心（HathiTrust Research Center，HTRC）一直希望创建一套能让这些受版权限制的资源更加开放地被学者使用的模式，为了满足数字人文的需要，HTRC 提出了“非消费型研究”

(non-consumptive research)服务理念。[①] 基于这种服务理念，HTRC开发了“数据胶囊”的应用环境[②]，这既为学者访问这些受版权保护资源开辟了新的访问方式，又尊重了版权限制。所谓“数据胶囊”，简单来说就是将受版权保护的数据通过技术手段封装起来，避免用户直接读取原始全文，再基于特定的算法对封装的原始全文进行计算分析，并返回分析结果供研究人员使用，这种运作机制打破数字版权的屏障，满足了研究者的数据需求，又较好地保护了原始数据的版权。

“数据胶囊”服务为研究人员提供虚拟计算及分析功能，研究人员可以根据需要选择适合需求的分析工具及分析数据集进行分析。“数据胶囊”支持研究人员灵活配置运算环境，将不同的运算机制嵌入到“数据胶囊”中，用户可以在该运算机制下生成分析结果，目前“数据胶囊”支持越来越多的分析类型，并且内置各种通用的分析工具。此外，HTRC 还与 Google 实验室合作开发了 Bookworm 文本分析和可视化工具[③]，旨在帮助学者应对大规模的 HathiTrust 文本数据所带来的挑战，在尊重版权的基础上充分服务学者。Bookworm 以一种简单而强大的方式对数字化文本库中的语言使用趋势进行可视化，通过一组强化的基于内容和元数据的特性来支持数据的多面“切片和切块”，从而帮助学者们更好地建立他们的工作集，HathiTrust 与

---

① Non-Consumptive Use Research Policy, https://www.hathitrust.org/htrc_ncup, accessed 16 Octomber 2021.

② J. Murdock, J. Jett, T. Cole, Y. Ma, J. S. Downie and B. Plale, “Towards Publishing Secure Capsule-Based Analysis”, ACM/IEEE, *Joint Conference on Digital Libraries (JCDL)*, Toronto, ON, Canada, 2017, pp. 1–4, doi: 10.1109/JCDL.2017.7991585; HathiTrust Research Center Data Capsule Terms of Use, https://www.hathitrust.org/htrc_dc_tou, accessed 18 Octomber 2021.

③ Exploring the Billions and Billions of Words in the HathiTrust Corpus with Bookworm: HathiTrust + Bookworm Project, https://ischool.illinois.edu/research/projects/hathitrust-bookworm-project, accessed 23 Octomber 2021.

Bookworm 可视化工具可供研究人员绘制 HathiTrust 语料库中的单词趋势图，并通过书目元数据对其进行搜索。Gale 数字学术实验室也将 Gale 1.7 亿页、跨越 500 多年的原始档案文字识别数据与文本构建用于研究的语料库，并将挖掘和可视化工具整合在一个平台之下，为学者提供了可对历史、文化、社会、政治等众多领域数据进行分析与挖掘的人文计算工具。[①]

数据封闭型数字人文应用平台侧重于人文数据的版权保护，对数据的合理使用进行了严格的规范，在未被授权的情况下用户不能直接访问平台的数据，用户可以通过分析及挖掘工具获得分析及处理结果。数据封闭型数字人文应用平台对用户来说具有单向性，大多只能分析平台提供的数据集，不能链接分析平台外部的数据，因此，平台分析工具及数据共享功能差，不利于人文数据及研究工具的开放及共享。

（三）混合型平台

在实践中，数字人文应用平台中的数据组成形式呈多样化，既包含开放共享数据，也包含版权数据，因而需要一种兼顾这两种形式的混合模式数字人文应用平台。混合型平台介于数据封闭型与数据开放型之间，这种平台在以开放共享为主导模式的基础上对一些受保护的数据进行封装，借鉴“数据胶囊”式建设理念构建数据分析环境，通过建立合理的数据应用机制保护版权（私有）数据，从而以实现数据版权（私有）保护与数据利用之间的利益平衡，对于无版权限制的数据则开放共享，同时，研究工具也可对应用平台的所有数据进行分析。

混合型数字人文应用平台注重数据的共享，以笔者开发的中国古

---

① Gale Scholar 系列讲座——Gale 数字学术实验室：一个新的人文研究视角，http://www.library.fudan.edu.cn/2020/1116/c952a161836/page.htm，访问时间：2021 年 10 月 23 日。

籍基础数据应用平台为例[①]，数据版权风险是古籍数字人文应用服务体系构建面临的现实挑战之一，也是影响古籍数字人文健康发展的关键因素。从理论上来说，古籍文献本身已超过了五十年的版权保护期，使用上无版权限制，但古籍数字人文应用平台的古籍数据更多来自古籍的标点、注释、匡正、补遗等整理作品，依据我国《著作权法》第十二条规定，“改编、翻译、注释、整理已有作品而产生的作品，其著作权由改编、翻译、注释、整理人享有”，按此项规定，如果整理的新作品具有独创性，则理应受著作权保护。[②]此外，古籍数据及知识的整理是件费时、费力的工作，整理者对古籍数据及知识的整理做出了智力劳动，因此而拥有所有权，也具有版权。就目前来说，应用于古籍数字人文平台的数据主要来源于传统数字资源的数据化，因此，古籍数字人文应用平台需要具有完善的版权（私有）数据保护机制，从而对版权及私有数据进行保护。同时，古籍数字人文应用平台的开放数据服务对人文数据的互联互通具有重要意义，是推动人文研究创新的重要基础，需要考虑研究者的使用需求，需要选择合适的古籍数字人文应用平台构建模式，从而促进古籍数据在更大范围内共建共享。

综上所述，为了寻求古籍数据保护与数据开放之间的平衡关系，中国古籍基础数据应用平台采用混合型模式构建，古籍数字人文中的数据来源渠道多元化，混合模式既对含有版权的数据进行了保护，又为人文学者提供了相对开放的数据服务应用环境，同时也实现了其他数据的开放与共享，有力地支持了人文研究。

中国古籍基础数据应用平台主要由数据中台、算法中台等组成

---

① 中国古籍基础数据应用平台，http://121.201.35.124:88，访问时间：2021 年 10 月 25 日。

② 赵江龙：《馆藏古籍数字化版权保护问题及解决对策》，《内蒙古科技与经济》2015 年第 8 期。

（见图 6.3）。数字人文研究加速了人文学科数据驱动型研究的发展，数据建设是数字人文的重要内容，通过建立古籍数据中台，聚合和治理跨域数据，从而驱动数据服务的转型，满足人文学者研究需求。古籍数据中台的核心思想是数据共享与数据版权保护，古籍数据中台作为一个数据共享的核心，在混合型古籍数字人文应用平台构建的过程中对有版权（私有）的古籍数据进行封装，通过将图像、文本、数据、知识等进行结构化处理，进而聚合跨域多源数据，解决人文研究中面临的古籍数据孤岛问题，建立数据挖掘、数据管理、数据利用与共享等机制，最终满足人文学者研究的多维数据需求，实现不同古籍应用场景的人文研究。古籍数据中台存储受保护的版权（私有）数据，也存储开放共享数据，从而实现数据版权（私有）与数据利用之间的利益平衡。

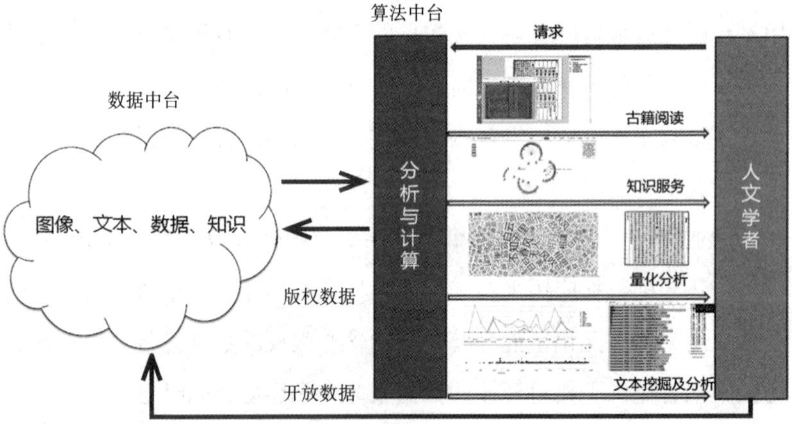

图 6.3　混合模式的古籍数字人文应用平台框架

古籍算法中台部分主要包含量化分析、文本可视化挖掘、知识图谱等分析及计算方法，算法中台不但为人文学者提供各种古籍研究场景的分析方法及工具，也为人文计算提供高性能硬件计算服务，为人文学者构建一个流畅、稳定、可扩展的研究环境，提供更加个性化的服务，增强用户体验。算法中台将用户与易于使用的工具相连接，实现分析方法工具化、平台化，其接收用户的计算分析及数据调度请求，通过内置的文本分析和可视化工具等进行数据分析，并向用户返回计算及分析结果，而计算及分析与数据调度都由算法中台完成，用户根据自己的研究需要配置相应参数并选择对应功能模块即可完成分析及计算，为人文学者实现数据与应用的无缝对接。人文学者既可以通过应用分析与计算接口对平台受保护的图像、文本、数据、知识进行间接访问，系统把分析及计算的结果返回给人文学者，避免了人文学者直接访问平台的版权（私有）数据；人文学者也可以直接访问平台的开放数据，分析与计算接口是联系古籍数据与人文学者的桥梁。

（四）三种数字人文应用平台模式比较

数据开放型、数据封闭型及混合型数字人文应用平台模式各自的特点不同（见表6.6），侧重于不同的应用场景，从数据的开放性来说数据开放型数字人文应用平台的开放程度最好，也是人文学者比较喜欢的模式，学者可以共享平台数据，人文学者参与程度高，但也因为数据的保护性差，阻止了一些学者上传个人数据的意愿，也限制了版权数据的发布与共享，从而限制了平台的数据类型和数量。数据封闭型数字人文应用平台则更强调对数据的保护，数据的开放程度不够，难以对数据进行共享，实践中也缺乏人文学者的广泛参与。目前，商业性数字人文应用平台多为数据封闭型模式，大多采用付费方式供用户使用。而混合型数字人文应用平台模式则兼顾前两种的优点，既可以对版权（私有）数据进行保护，又可以实现广泛的数据共享，既满足学者的需要，也符合数据管理者的需求，既能吸引人文学者的广泛参与，也对商业性数据参与具有吸引力，但从平台实现角度来看，混合型数字人文应用平台构建复杂程度也较前两种高。

表 6.6 数字人文应用平台各种模式比较

平台模式	共享性	版权保护程度	开放性	学者参与度
数据开放型	高	低	高	高
数据封闭型	低	高	低	低
混合型	高	高	高	高

第四节 数字人文项目可持续性研究

数字人文项目是开展数字人文服务最重要的实现途径之一。随着数字人文理念的兴起，各研究机构及图书馆已开展了数量众多的数字人文项目，数字人文项目的研究数据也已成为人文学科研究的重要资源，涉及语言、文学和历史等广泛学科。同时数字人文项目也为学者研究提供了丰富、高效的研究工具及平台，为人文学者营造了一种新的数字学术环境，数字人文项目展现出独特的学术和文化价值，已成为数字学术协作和交流的枢纽，吸引了广泛的学者，并支持新的数字学术研究，数字人文项目已成为人文学科研究中至关重要的组成部分。

然而，数字人文项目数量及种类繁多且独立于不同研究机构和图书馆，许多数字人文项目是试图去解决人文领域中的一些特定研究而建设，具有一定的短期目标，而且大多依靠各类项目基金的资助而展开，当项目结束，维护项目的资金与人员成为一个挑战。此外随着数字技术的发展，保持其研究数据、工具及平台的开放性与可用性成为数字人文项目的另一个挑战，人们不得不面对数字人文项目研究数据及数字工具退化、消失等问题，在数字人文研究中寻找一种全面的、可扩展的可持续发展方法是一个非同小可的问题。[①] 近年来随着各种数字人文基础设施的建设，有必要认真思考数字人文项目的可持续性，为研究者提供一个可靠、可持续的数字人文基础设施。

一、数字人文项目可持续性概念及研究现状

（一）数字人文项目工作流程及主要内容

数字人文是一个将人文领域知识、学科研究发展需要、数据收集及分析技术、网络与计算基础设施、算法模型等方面发展共同促成的产物。[②] 数字人文项目的工作流程包括数据收集及创建、数据加工处理、数据发布、数据分析、成果发布、更新等过程，数字人文项目中的工作流程是一个循环迭代的过程（见图 6.4），数据及研究工具根据研究任务的需要而做出调整，从而实现数据驱动的数字人文研究。

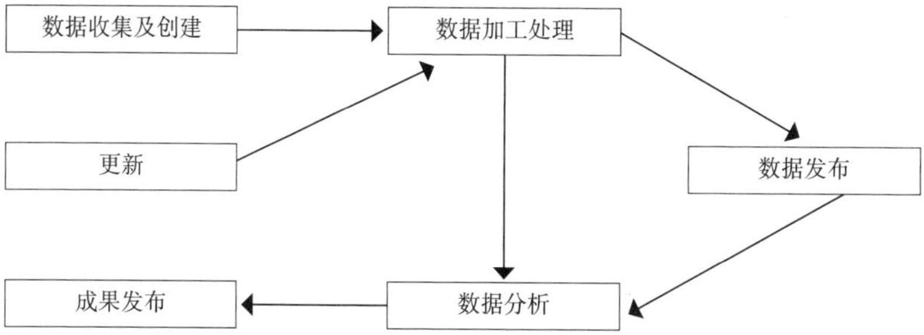

图 6.4　数字人文项目工作流程

① James Smithies, Carina Westling, Anna-Maria Sichani, et al, "Managing 100 Digital Humanities Projects: Digital Scholarship & Archiving in King's Digital Lab", *Digital Humanities Quarterly*, vol. 13, no. 1, 2019.

② 欧阳剑：《大数据视域下人文学科的数字人文研究》，《图书馆杂志》2018 年第 10 期。

根据克里斯蒂安·马德森、梅根·赫斯特等人的调查[①]，研究数据是学者需求的核心，而研究数据的检索与发现则是学者的主要信息行为，可见，人文社会科学领域研究数据收集与创建是数字人文项目的基础。研究数据收集与创建的不仅仅是元数据，还包括各类研究数据、文本语料、图像、收藏品、参考文献等，根据研究的需要对数据进行相应加工处理，形成能满足研究者需求的数据样式。研究数据的发布则是研究数据检索与发现的前提，通过互联网发布永久性的URL，以便可以被用户搜索和浏览及引用。采用数字方法与技术对研究数据进行分析并形成研究成果是数字人文研究的重要特征，研究工具是新方法的重要体现，也是新的数据驱动研究范式的呈现，数字人文研究中包含一系列的数字学术活动，这些学术活动是数字人文项目的特色。通过研究工具里的算法、模型对数据进行分析并进行诠释形成新的学术研究成果，新的研究也推动对数据的更正、补充和更新，逐步形成一种新的数字学术环境。数据分析及知识成果的发布、传播、更新等活动则反映了数字人文的研究理念及研究过程的特点，体现出一种新型学术研究模式和学术形态。

数字人文项目的工作流程反映了数字人文研究的特点，数字人文研究突破了对传统学术活动的认识，传统观点认为学术成果仅仅是某些类型的产品，如专著或文章，但数字人文研究的学术成果的生产、传播具有鲜明的新型数字出版特征，学术成果也可以通过网站或数据集及分析工具来充分展现，学术成果的大部分价值体现在其过程中，而不仅仅是其产品中，这种新形式的数字增强型研究和传播方式给出版带来了挑战。数字人文方法不仅改变了人文学者表达其研究成果的方式，还改变了他们的工作方式、建立的工具及相关联的学科，特别

① “Are Digital Humanities Projects Sustainable?”, https://www.cni.org/wp-content/uploads/2019/12/CNI_Are_Madsen.pdf, accessed 20 February 2021.

是在多年的合作项目中，尽管可能发生了开创性的方法论或其他基于过程的工作，但这一现象还没有被大家所意识到。①

（二）数字人文项目可持续性概念与内涵

“可持续”语源是出自法语动词“soutenir”，意为“持续下去、支持下去和支撑、支持”。《牛津英语词典》将“可持续”（sustainable）定义为“可以维持、可以支撑的”，将“sustain”定义为“使某人、某团体等免于失败或垮掉；使之存在，使保持适当水平；维持其生存；维持生命、本性等”。可持续概念最早起源于生态学（或生态经济学），“可持续发展”概念正式提出前，生态学模型已广泛使用“可持续收获”“最大可持续收获”等概念。②

从定义上来看，“可持续”包含了两种含义：（1）以一定的速度或水平保持可持续增长；（2）保持某种认为是有效的、正确的或真实的模式或状态。由此可见，“可持续”在数字人文中也具有两层含义：一是数字人文项目保持一定的速度或水平持续更新与发展；另一种是维持数字人文项目以一种有效的、可靠的模式或状态维持正常运转。第一种含义虽然更接近人们可能认为数字人文项目所面临的挑战，但并没有完全把握住应用于这些项目研究成果的必要条件，从一般意义上讲，人们期望这些项目成果能够长期提供给潜在的用户，因此要考虑到项目维护的周期和质量，但同时也意味着在不需要原来的项目资助者进一步投资或提供资源的前提下保持项目的可持续发展。

在数字化项目中可持续性一般被理解为“与数字图书馆、档案馆

① J. Edmond, F. Morselli, “Sustainability of Digital Humanities Projects as a Publication and Documentation Challenge”, *Journal of Documentation*, vol. 76, no. 5, 2020, pp. 1019–1031.

② 蒲勇健：《可持续发展概念的起源、发展与理论纷争》，《重庆大学学报（社会科学版）》1997 年第 1 期。

和资料库相关的馆藏、服务或组织在一段时间内的持续运作”[①]，数据和元数据的保存是图书馆界关注的重点，将可持续性视为一项技术功能，将图书馆的数据和馆藏等视为可持续性过程的对象，这种理解表明了数字图书馆可持续性的概念相对狭窄。数字人文项目的可持续性比图书馆数字化项目可持续性的含义要丰富，数字人文项目包含从数据收集、组织、知识生产到知识传播整个活动过程，不局限于软件、工具和数据的技术维护，还包含更广泛的人文和社会科学领域的研究过程，所涉及的内容需要对数字时代数据收集与创建、数据处理与发布、知识生产与传播和保护的多个层面进行更广泛的思考[②]，即数字人文项目的所有阶段，从数据收集到知识传播，并不局限于软件、工具和数据的技术维护，还适用于更广泛的机构背景、认识论传统和社会实践。数字人文项目的可持续性除了将数据、元数据同质化整合以满足当前用户需求外，还需考虑将其他数据保存在项目中，虽然这些数据目前不为当前研究者所使用，但可能供未来的需求者访问和使用，并通过使用研究工具对数据进行读取及解释。因此，研究的长周期问题需要纳入可持续性的思考中，以保证工作环境和研究的周期性被长期记录下来。

（三）数字人文项目可持续性研究现状

维恩斯和其团队对生物学领域数据的可持续性进行了调查，通过对 1991 年到 2011 年间发表的 516 篇文章的分析，发现科学数据在文章发表两年后就会丢失，之后每年获取科学数据的概率会下降

---

① K. R. Eschenfelder, K. Shankar, R. D. Williams, et al, “A Nine Dimensional Framework for Digital Cultural Heritage Organizational Sustainability”, *Online Information Review*, vo1. 43, no. 2, 2019, pp. 182–196.

② F. Musiani, V. Schafer, “Patrimoine et patrimonialisation numériques”, http://journals.openedition.org/reset/803, accessed 20 February 2021.

17%。[①] 社会科学和人文学科的调查情况显示当涉及从中长期（即分别为长达 10 年或超过 10 年的时期）实施可持续的存储和共享时，也存在很大的困难[②]，可见，数字人文项目也面临着广泛的可持续性危机。

近年来数字化项目可持续性逐步受到学者关注，早在 2003 年，图书馆和信息资源委员会出版了《数字文化项目及其可持续性调查》的小册子[③]，介绍了可持续性需要考虑的因素，认为资金的持续性、数据的保存（包括标准的选择和数据的持久性）以及商业模式等因素对数字项目的发展起到重要作用。为增强数字化项目的可持续性，委员会已经研究并采取了各种形式的策略、技术和政策，例如代码归档、开源传播、复制、沙盒、重构、统一技术栈、虚拟研究环境、互联网存档等。

近十年来，数字人文项目的可持续性发展受到档案管理员、图书馆员和数字人文从业者的关注，数字人文项目可持续性发展成为大家所关注和探讨的主题。[④] 人们对数字人文项目的长期建设的认识也在不断提高，长久以来学者往往从图书馆角度来思考数字人文项目的可

---

① T. H. Vines, Arianne Y. K. Albert, et al, "The Availability of Research Data Declines Rapidly with Article Age", *Current Biology*, vol. 24, no. 1, 2014, pp. 94–97.

② Christine Barats, Valèrie Schafer, Andreas Fickers, "Fading Away... The challenge of sustainability in digital studies", *Digital Humanities Quarterly*, vol. 14, no. 3, 2020.

③ M. Zorich, "A Survey of Digital Cultural Heritage Initiatives and Their Sustainability Concerns", https://www.clir.org/pubs/reports/pub118/pub118.pdf, accessed 20 February 2021.

④ Towards Sustainability for Digital Archives and Projects, https://www.sharpweb.org/main/mla-2021-session-on-towards-sustainability-for-digital-archives-and-projects/, accessed 21 February 2021; Sustaining Digital Humanities, Important Developments in the UK, https://software.ac.uk/news/sustaining-digital-humanities-important-developments-uk-landscape, accessed 22 March 2021; Digital Humanities Sustainability, https://digitalhumanities.berkeley.edu/tags/sustainability, accessed 23 February 2021; Building Sustainable Digital Humanities Projects, https://endings.uvic.ca/about.html, accessed 23 February 2021; Digital Sustainability at Oxford, https://dh.web.ox.ac.uk/digital-sustainability-oxford, accessed 23 February 2021.

持续性，试图从图书馆管理中所得到的经验来探寻数字人文项目可持续性模式，因为忽略了数字人文研究中的数字活动、研究成果等特色及数字人文生态系统，往往会将数字人文项目的可持续性引向迷途。进入数字时代以来，数字人文项目快速发展，数据共享、可重复性、开放存取和维护等问题变得越来越重要，数据的长期保存与发展研究也逐步引起了广泛的关注，2011年,《数字人文学科宣言》呼吁“开放数据和元数据的使用权，这些数据和元数据必须在技术上和概念上都是有据可查和可互操作的”[①]。更多跨学科研究也强调数据的可持续性，可持续性的挑战需要新的知识生产方式，期望在学术领域采用合作的方式和新的科学机构[②]，可持续已经成为数字人文领域的一个重要关注点，在Huma-Num[③]、Dariah[④]和OPERAS[⑤]等大型研究基础设施建设过程中都对人文社会科学研究的可持续发展问题进行了关注，资助机构也越来越多地将项目可持续性作为研究应用资助的必备条件。

二、数字人文项目可持续性影响因素分析

数字人文项目在数据收集及创建、数据加工处理、数据发布、数据分析、成果发布、更新等过程中面临的两个主要问题：一方面需要满足数据保存和维护的长期性，维持数据、工具及平台等基础设施及

① Manifeste des Digital Humanities, https://tcp.hypotheses.org/318, accessed 23 March 2021.

② Daniel J. Lang, Arnim Wiek, et al, “Transdisciplinary research in sustainability science: practice, principles, and challenges”, *Sustainability Science*, no. 7, 2012, pp. 25–43.

③ HUMA-NUM ET VOTRE PROJET DE RECHERCHE, https://www.huma-num.fr/presentation/reseau, accessed 15 March 2021.

④ DARIAH | Digital Research Infrastructure for the Arts and Humanities, https://www.dariah.eu/, accessed 23 March 2021.

⑤ OPERAS-open scholarly communication in the european research area for social sciences and humanities, https://operas.hypotheses.org, accessed 23 March 2021.

数字活动的正常运行，探索数字人文研究服务的稳定性和可重复性使用，确保工具或技术平台的稳健性，满足用户需求；另一方面是使以数据、平台等基础设施及数字活动为基础的数字人文项目保持一定的速度或水平不断迭代更新，使数字人文项目不断根据研究的需要发展及完善。数字人文项目可持续性包含在培训、基础设施建设和更广泛的知识生产环境等工作流程实际实施中，建设资金与人员是项目建设的基本保障，而数据、工具及平台是数字人文项目建设的主要内容。因此，建设资金、维护人员、用户以及数据、工具平台等是影响数字人文项目可持续性的主要因素。

（一）数字人文项目可持续性发展规划

数字人文项目像其他数字化项目一样具有生命周期性，数字人文项目生命周期由提案、启动、计划、执行和结束五个阶段组成[①]，每个阶段都有多个相关的主题，随着时间的推移，项目的人员、规模、资金的不断变化，对项目的认知也会发生变化，因此，数字人文项目可持续性规划是首要前提。数字人文项目往往是以当前研究的实际需要为基础而进行规划和实施，将重点聚焦在实用的解决方案上，并对数据、工具及平台等进行设计，研究人员聚焦解决大量的短期困难，往往忽略对研究数据、工具及平台未来用途的关注，缺乏对数字人文项目可持续发展的思考，对项目所涉及的长期数据保存与应用缺乏规划，出于实际原因并没有真正考虑到长远的问题，尤其是在项目结束后的维护及升级。项目管理战略在项目资助期结束后对项目的可持续性尤为重要，有活力和参与性的领导力、明确的价值主张、创造性的成本管理和培养多样化的收入来源，都是项目可

① PM4DH: “Project Management for the Digital Humanities”, https://scholarblogs.emory.edu/pm4dh/, accessed 20 February 2021.

持续性的因素。

数字人文项目的主要管理者是人文学科学者，人文学者更关注研究问题，普遍关注如何规划和启动一个新项目来解决当前现实问题，而不是如何指导一个正在进行的项目。与数字人文项目管理相关的课程和文献也往往把重点放在规划和启动一个新项目的困难上，而不是放在维持一个既定项目的挑战上[①]，给人一种错误的印象，即数字人文项目本质上是一次性的，长期的项目管理是不必要的，因为创建一个项目比开发或维持它更重要，这样的认识使得数字人文项目的可持续性降低。但是，支持数字人文学术研究的资助机构似乎正在摆脱基于项目短暂性的模式，转而强调保存和永久性——即使不是整个项目，至少也是数据的保存和永久性[②]，例如，美国国家人文基金会（The National Endowment for the Humanities，NEH）数字人文办公室决定要求所有潜在受资助者提交数据管理计划，这可能会鼓励建立数字项目的学者更深入地考虑他们工作的最终命运。[③]不少数字人文项目可持续性规划已经被提上议程，如欧洲社会科学数据档案库联盟（CESSDA）在其主要目标中增加了可持续性内容。[④]虽然不是每个项目都需要永远持续下去，但一些资助机构可能很快就会开始坚持将项

① Ashley Reed, "Managing an Established Digital Humanities Project: Principles and Practices from the Twentieth Year of the William Blake Archive", *Digital Humanities Quarterly*, vol. 8, no. 1, 2014, p. 8.

② "What does it mean to future-proof a DH project?", http://digitalhumanities.org/answers/topic/what-does-it-mean-to-future-proof-a-dh-project, accessed 20 February 2021.

③ The NEH's Guidelines, http://www.neh.gov/files/grants/data_management_plans_2012.pdf, accessed 20 March 2021.

④ E. Tóth-Czifra, "The Risk of Losing the Thick Description: Data Management Challenges Faced by the Arts and Humanities in the Evolving FAIR Data Ecosystem", J. Edmonds, *Digital Technology and the Practices of Humanities Research*, Open Book Publishers, 2020, pp. 235–266.

目的长期可持续性作为资助条件，这使得如何维护和管理一个正在进行的项目成为更为紧迫的问题。

（二）持续的资金与人员支持

数字人文项目中的数据收集与创建、软件工具及平台的开发、硬件设备支持等都需要资金支持，以及后期的维护、更新、升级等。数字人文项目往往是以特定科研项目驱动的形式开展实施，受项目基金资助，当项目基金资助结束后，研究团队任务也随之结束，使得原有数字人文项目难以持续维护和更新，这是影响研究数据及元数据的长期保存、工具及平台正常运行的主要因素，资金成为数字人文可持续性面临的一个主要问题。

数字人文项目或基础设施开发大多是以项目委托组织或机构来开展，项目团队不仅仅负责数据建设，也是保证系统平台正常运转的关键，同时还是创建新商业模式以维护面向用户服务和创新的主要力量。数字人文项目组织及机构是数字人文可持续性的重要组成部分，团队组织连续性至关重要，以维持项目的重要功能运转及更新，并进一步与其他相关联的团队联系并合作。数字人文项目具有高度的跨学科性，团队人员来自多个学科，形成多学科、多部门的合作，而这些合作大多以一种松散的组织结构而存在，许多中心具有机构支持上的脆弱性、数字人文学科项目和从业者的孤立性或非正式性，随着项目任务的终结，人员及团队也难以组织人员对项目进行维护及更新。

（三）人文学者数字人文研究活动需求

数字人文项目的建设目的主要是服务于人文学科的数字人文研究，数字人文研究中包含一系列的学术活动，包括数据查找、数据分析、成果发布等，形成一种新的数字学术环境，满足用户对数字人文研究环境的需求是数字人文项目可持续性的主要动力。

1. 用户的数字人文研究需求

满足用户需求是数字人文项目可持续性的一个决定性因素。数字人文项目面向某种特定研究任务、特定用户群体需求，既要考虑到现阶段的研究问题、研究数据、研究方法和工具平台，更要考虑到所涉的合作方和潜在用户。大部分可持续性的思考都是从项目创建者的角度出发，往往侧重于确保他们设计、实施并能在一定程度上控制项目的可用性，作为其他用户需求的可持续性问题并未引起太多关注。随着数字人文项目团队的结束，项目所产生的研究数据、方法及工具对外部用户来说可能还处于起步阶段，这些无形资产的重要性不可低估，因为这些元素将有助于项目成果的持续使用，更重要的是再利用。许多数字人文研究者将这种人文研究的用户体验及对这些软件和各学科软件进行更广泛的批判性评估联系起来，项目的可使用性是其成功的关键因素，项目向用户社区的移交则是其长期使用模式背后思维的一部分，脱离用户需求的数字人文项目可持续性就会降低。

2. 工具及平台可用性

由于人文学科研究数据和研究问题的特殊性，数字人文项目往往从项目设施者的需求出发开发工具与平台，随着研究人员的流失及资助的结束，数字人文项目将失去维护，工具及平台将难以保证正常运行，这些研究数据、工具及研究平台的可用性将面临巨大问题。同时，数字人文研究对人文社会科学领域长期以来通过数据及工具“模拟”知识生产提供了很大的贡献，研究者通过数据及工具来进行研究，并进行结果重构，当缺乏对元数据和研究数据的展示、出版或再语境化过程的描述，会影响原有研究项目成果的可读性和可理解性，无疑是数字人文研究最大的风险之一。正因如此，目前很多人文学者越来越担心研究的数字环境消失而使得原来的数字化资料在多年后可能不再可读、不可理解，基于这种风险，他们认为可能使用传统的方法比使用当代数字技术更能有效保护他们的数据，即使研究工具以及数据都消失了，还能对分析结果进行解读。

3. 数据可访问性及可引用性

数字人文研究是一种新型的数字化学术过程，形成了新的知识产生方式，与传统学术研究成果形式和传播途径相比数字人文成果具有形式丰富和传播平台的多样性。数字学术活动和学术成果也是数字人文项目的一大特色，数字人文项目的可持续性与研究数据和方法所涉及的学术活动直接相关，在这些活动中，数字人文研究中的一些成果通过研究数据及平台工具产生，因此，与研究成果相关的数据访问与引用具有重要意义，也是研究成果验证的重要依据。研究成果的可引用性问题在数字化时代之前就已经存在，目前也一直是数字学术研究的一个重要问题，关注标识数据的长期保存，尤其是网站的可持续性使用，以促进数字人文数据的可访问性和与引用性，因此数字人文的数据可访问性与可引用性也是数字人文项目可持续性的重要因素。

三、数字人文项目可持续性的建设途径

从数字人文项目可持续性影响因素分析的角度来看，资金、人员、用户以及数据、工具平台等是影响数字人文项目可持续性的主要因素，因此，就数字人文项目可持续性的建设途径来说，首先，国家层面的制度化的政策支持是数字人文项目可继续的重要保证，为数字人文项目的发展提供了所需资金与人员；其次，数字化、社会化的网络环境为数字人文项目的可持续性带来了新的机遇，数字人文项目可持续性的社会化建设也成为重要途径。

（一）国家政策和项目支持的建设途径

数字人文是国际学术界的前沿领域，也是一个目前正在蓬勃发展的新兴交叉学科，数字人文项目的可持续性需要大量的资金和人员投

入才有可能得到有效保障。我国目前暂时未专门设置支持数字人文研究的机构，虽然近年来国家社会科学基金有相关的项目立项，但我国数字人文研究并未从机制上得到保障，限制了继续推进支持数字人文项目实践工作的开展。因此，从数字人文项目的长期可继续发展来说需要从制度上来保证，首先国家层面的政策和科研项目应对数字人文给予更多重视和支持，借鉴美国数字人文研究发展经验，我国国家社科基金在机构设置上，可专门设置类似 NEH 的数字人文委员会，专门负责每年数字人文立项，从机构设置和资金数量上加大对数字人文项目的支持支持数字人文研究；其次，重视对数字人文研究项目的持续投入，通过专门的机构负责对数字人文项目的支持工作，加大对可持续的数字人文项目进行支持；当然，在政府层面主导的同时，鼓励其他基金联合资助项目，持续对数字人文项目进行支持，重视数字人文项目的可持续发展。

（二）可持续性的社会化建设途径

数字图书馆在保存数字对象及其相关元数据方面做了长时间的研究与实践，在可持续性方面所采取的措施为数字人文项目的可持续性研究奠定了基础，数据、方法和工具的可持续性越来越受到重视。[①] 目前，大多数数字人文项目是采用项目基金支持的建设模式，基金支持加速了数字人文项目的开展，但随着项目的结束，数字人文项目维护、更新、升级需要的资金及人员等成为项目可持续性面临的主要问题，也是需要面对解决的难题。数字化、社会化的网络环境为数字人文项目的可持续性带来了新的机遇，数字网络时代，人们倾向于在网络社区上进行信息的交流和分享，用户参与贡献的意愿及动力更为强

① Sustaining the Digital Humanities in the UK, https://doi.org/10.5281/zenodo.4046266, accessed 20 February 2021.

烈，数字人文项目中的社会化众筹、数据众包、软件开源、数据开放等也越来越多，数字人文项目社会化建设途径给数字人文项目的可持续性发展带来了新的契机。

1. 社会化资金支持

资金是所有数字化项目可持续性的重要保证，各种资金支持对数字人文项目建设来说是基础保障。随着数字人文的发展，越来越多的数字人文研究项目和研究成果也已经获得政府和学界的资助与关注，不仅像美国国家人文基金会、德国研究基金会（German Research Foundation，DFG）、英国信息系统联合委员会（Joint Information System Committee，JISC）、加拿大人文社会科学联合会等国家级的科研基金会和科研管理机构等对数字人文进行资助，其还受到了包括梅隆基金会（Mellon Foundation）、艾伦·麦克阿瑟基金会（Elle MacArthur Foundation）、国际图书馆联合会（International Federational of Library Associations and Institutions，IFLA）、美国博物馆和图书馆学会等众多公共基金会和专门的图书馆联盟及文化遗产保护机构的资助[①]，此外社团以及各类发展中心（例如 CHNM）、财团（例如 Europeana、HathiTrust 和 DPLA）以及社区合作伙伴（例如 Samvera 和 Islandora）等也开始对数字人文基础架构和项目进行资助。资助机构对数字人文项目建设和维持数字基础设施方面起到重要作用，但各类基金资助具有一定资助期限，而数字人文项目可持续性是长期的，数字人文项目往往受制于不确定的资金来源，如何保证项目正常运转的资金成为一个难题。

各类基金对数字人文项目的前期发展具有先天性优势，社会化支持对数字人文项目后期的可持续性发展则尤为重要。在社会化的过程中，社会化的资金来源也开始出现在数字人文项目的建设中，资金众

① 王晓光：《"数字人文"的产生、发展与前沿》，http://blog.sciencenet.cn/home.php?mod=space&uid=67855&do=blog&id=275758，访问时间：2021 年 02 月 26 日。

筹成为数字人文项目一种新的形式①，为数字人文项目提供了替代性的融资渠道，通过使用众筹的方式在一定程度上能支持项目运行。众筹是通过网络支持者参与社会项目，为解决社会问题贡献资源，是一种众包合作的形式，这与人文项目中的数据众包有着相似的逻辑②，众筹具有一定的众筹回报条件，需要处理好组织与利益相关者之间的关系。2018 年中文在线与中国历代人物传记资料库项目签署合作协议③，中文在线与 CBDB 项目组共同打造中国古籍数据的数字人文资源平台，中文在线每年资助一定资金支持 CBDB 项目组持续整理古籍基础数据，保障了 CBDB 项目的持续发展。捐款方式则成为数字人文项目资金的另一个补充，特别是在项目结束后的日常维护中起到非常重要的作用，通过社区中的用户捐款来维持项目的正常运转，中国哲学书电子化计划等做了有益的尝试，采用捐款的方式来弥补项目的资金运转④，从而增强平台的继续运行能力。

2. 开放式社会化协作建设

随着社会化网络的发展，用户参与贡献的动力不断增强，数据众包、软件开源等不断涌现，数字人文项目社会化参与成为一种新型的数字人文项目可持续性建设途径。公众通过社会化网络参与知识创造来表达他们的需求，从一定程度上来说，社会化参与能缓解数字人文项目人员分散及资金缺乏所带来的部分问题，帮助其在网络社区中建立一个可靠的长期合作伙伴，进一步吸引成员，增加社区成员对项目

① A. H. Pratono, D. A. Prima, N. Sinaga, et al, "Crowdfunding in Digital Humanities: Some Evidence from Indonesian Social Enterprises", *Aslib Journal of Information Management*, vol. 72, no. 2, 2020, pp. 287–303.

② M. Terras, *Crowdsourcing in the Digital Humanities*, John Wiley & Sons, Ltd, New York, 2015, pp, 420–439.

③《中文在线与 CBDB 项目组在沪签约"数字人文"助推中国文化走出去》，https://difang.gmw.cn/sh/2018-03/17/content_28015920.htm，访问时间：2021 年 03 月 10 日。

④ "协助我们"，https://ctext.org/help-us/zhs，访问时间：2021 年 03 月 10 日。

的信任，扩大社区合作网络，维持和发展数字人文项目研究基础设施。数据众包、开源软件、数据开放等正在改变当前的学术研究环境，使数字人文项目变得更加坚韧并具有更强的生命力，使数字人文项目可持续发展成为可能。

a. 数字人文数据众包

数据是数字人文项目的基础和核心之一，数字人文项目的大部分工作耗在数据处理上，仅仅依靠有限的项目人员无法完成大规模数据整理、加工及组织。数字人文数据众包是指根据人文学科的数字人文研究需要，采用大众共建方式实现定制化的整理、加工，为人文学科的数字人文研究提供标准化、结构化的可用数据，数据类型涵盖文本、图像、音频、视频、网页等数据采集及数据标注。公众通过社会化网络参与数字人文项目数据众包成为一种新的形式，数据众包的主要优势是成本低，且比较灵活，数字人文项目通过在线社区或众包平台发布数据众包任务，利用众多网民对人文数据进行转录校正、标记分类、补充收集等工作，从而获取可分析处理的人文数据。

数字人文数据众包借助于社区成员对项目的信任，吸引成员合作参与建设，通过数据众包活动有效地介入到社区事务的实施、管理、监督和利益分享的全过程，增强了社区的凝聚力，用户的广泛参与活跃了社区，使社区成为数字人文项目可靠的合作伙伴。近年来，数据众包被广泛应用于数字人文项目建设中，伦敦大学学院[①]、美国史密森尼转录中心[②]、澳大利亚国家图书馆[③]、英国国家档案馆[④]、上海图书

① 边沁手稿转录项目，https://blogs.ucl.ac.uk/transcribe-bentham/，访问时间：2021 年 03 月 18 日。

② 史密森尼转录中心，https://transcription.si.edu/，访问时间：2021 年 02 月 19 日。

③ 澳大利亚国家图书馆数字报纸项目，http://www.nla.gov.au/content/newspaper-digitisation-program，访问时间：2021 年 02 月 25 日。

④ 英国国家档案馆“战争日记”项目，http://www.operationwardiary. org/，访问时间：2021 年 03 月 11 日。

馆历史文献众包中心[①]等在相关数字人文项目建设中开展了数据众包活动，数据众包促进数字人文数据建设及资源组织，同时也提升了社区民众数字人文的参与度。

b. 开源的软件工具及平台

目前，数字人文项目开始鼓励使用开放源码和知识共享许可证[②]，开源软件已广泛应用于数字人文项目。[③]开源软件具有修改和分发不受许可证的限制，具有广泛的社区支持，相比于传统的项目基金资助来说社区支持具有更强的可持续性，进一步与数字人文社区合作，倡导软件工程、软件和数据生命周期管理的良好实践，促进数字人文工具及平台可持续性。同时，数字人文项目中的软件也开始采取开源策略，项目中所开发的软件及工具源代码通过开源社区发布，通过开放源码的方式来实现社会化维护、更新及升级，借助社会化的力量参与到数字人文项目的软件及平台建设。哈佛大学为方便网络访问及数据保存，于 2007 年发起了社会科学数据存储 Dataverse 项目[④]，Dataverse 项目是一个开源应用软件，用于数据的共享、引用和存档，来自全球数十个研究机构的参与并做出了贡献，使得 Dataverse 得到了持续性的发展。Manifold（https://manifoldapp.org/）则是一个由梅隆基金会、国家人文基金会和一系列社区合作伙伴支持的开源出版平台[⑤]，梅隆基金会的初始拨款是向大学出版社提供的一轮资金的一部

---

① 盛宣怀档案抄录项目，http://zb.library.sh.cn/index.jhtml，访问时间：2021 年 02 月 20 日。

② Sustaining the Digital Humanities in the UK, https://doi.org/10.5281/zenodo.4046266, accessed 20 February 2021.

③ Open Source and Humanities in the Digital Age, https://opensource.com/education/15/3/open-source-digital-humanities, accessed 16 Marth 2022.

④ About Dataverse, https://dataverse.org/about, accessed 20 February 2021.

⑤ Towards Sustainability for Digital Archives and Projects, https://www.sharpweb.org/main/mla-2021-session-on-towards-sustainability-for-digital-archives-and-projects/, accessed 21 February 2021.

分，以探索数字专著的可持续发展道路，以学者为主导的社区出版平台在赠款结束后寻求自我维持时可以采取的可持续性做法和战略。

c. 人文数据开放

与传统学术成果相比，数字人文研究带来了新形式的数据化数据、研究方法和研究工具，数据及数字成果也是数字人文研究的重要学术产出形式。数字人文研究是以数据、算法为基础的研究，数据及算法体现出来的方法是数字人文研究成果的逻辑起点，具有一定的自然研究特性，数据及算法的重现对数字人文研究成果具有重要意义，既可以对研究结果进行重现，又可以促进数据的再利用，引发新的研究问题，为新的研究提供线索。[①]

数据开放为人文学者的数据访问及引用带来了极大便利，为研究者提供了方便快捷的访问及引证数据通道，数据开放也加速了信息交流和知识共享，提高了人文数据的二次利用，加速了新知识及新研究成果的生产。数字人文数据开放成为一种趋势，上海图书馆开放数据平台陆续以关联数据（Linked Data）的方式公开发布上海图书馆数字人文项目所用的基础知识库（人、地、时、事、物）、文献知识库（家谱、手稿档案、古籍等）、本体词表等，促进了数据的开放获取、共享和重用。[②] 中华电子佛典协会（CBETA）[③]、中国哲学书电子化计划及日本的 Kanseki Repository[④] 对其收集整理的古籍文本开放访问。用于发展社会科学和人文学科开放性学术交流的欧洲研究基础设施（OPERAS）和社区主导的专著开放出版基础设施（Copim）最近也

① A. H. Poole, "'A Greatly Unexplored Area': Digital Curation and Innovation in Digital Humanities", *Journal of the Association for Information Science & Technology*, vol. 68, no. 7, 2017, pp. 1772–1781.

② 上海图书馆开放数据平台，http://data.library.sh.cn/index，访问时间：2021 年 03 月 26 日。

③ 中华电子佛典协会（CBETA），http://www.cbeta.org/，访问时间：2021 年 03 月 26 日。

④ 漢リポ Kanseki Repository，http://www.kanripo.org/，访问时间：2021 年 03 月 28 日。

已启动数据开放，这些合作努力无疑促进了数字人文数据开放的最佳实践，并为更多人接收数据开放共享铺平了道路。

本章总结

数字人文研究以跨学科为特点，以数据为基础，以技术为手段，以平台为支撑，信息技术、自然语言处理技术、语义网技术、文本挖掘技术等应用于人文数据分析中，助推人文领域的学术创新和知识创新。数字人文需要以“差异”作为思考的前提，并在具体实践中为其延伸发展空间。同时作为一个新型的跨学科领域，也需要在差异中寻求平衡与协同。

数字人文应用平台是开展数字人文服务的重要组成部分，也是数字人文重要的基础设施，近年来各种数字人文应用平台建设不断涌现。从现有数字人文应用平台构建模式来看，数字版权是目前数字人文应用平台构建模式的主要影响因素，数字版权的授权与获取直接影响着人文数据及研究工具的使用方式与使用范围，也影响着数字人文应用平台构建模式的选择。从数字人文应用平台构建实践来看，混合型数字人文应用平台是解决目前数字版权问题的首选构建模式。

数字人文项目已成为人文学科研究中至关重要的组成部分，数字人文项目基金支持的建设模式促进了数字人文建设的快速发展，为人文学者研究提供了丰富的研究数据及高效的研究工具与平台，也营造了一种新的数字学术环境。数字人文项目重建设、轻长期性规划的理念给项目长期发展带来了资金及人员的困扰，数字人文项目面临着研究数据、工具及平台退化、消失难题，同时，数字人文项目受工具平台可使用性、数据可访问和引用性等诸多因素的影响，这也成为数字人文项目可持续性面临的一些主要问题。数字化、社会化的网络环境为数字人文项目的可持续性带来了新的机遇，为数字人文项目提供了社会化建设途径。公众通过社会化网络参与来表达需求，通过社会化众筹及捐款、数据众包、软件开源、数据开放等形式参与建设数字人文项目，从一定程度上来说，社会化参与缓解数字人文项目人员分散及资金缺乏所带来的部分问题，给项目的可持续性发展带来了新的契机，增强了数字人文项目的可持续性。

— 附录一 —

我国数字学术服务的实践与进展

我国高校在数字学术服务领域开展了诸多探索和实践，很多高校在图书馆或相关学院建设了数字学术中心或实验室等机构，助力学校的数字学术研究，助推数字学术的创新发展。本章调研和梳理了北京大学、清华大学、南京大学、武汉大学、中国人民大学以及港澳台地区在数字学术服务领域具有代表性和引领性的高校，从其数字学术空间提供、数字学术平台建设、数字素养教育培训、数字工具技术支持、数字人文项目支撑、科研数据全域管理、数字内容创作服务、数字学术交流出版等方面对其实践进展进行了全面扫描，以期从其实践案例中汲取经验和灵感，为进一步推进和创新数字学术服务提供有益借鉴。

第一节　北京大学

北京大学数字人文研究中心（PKUDH）是北京大学的跨学科研究虚体。中心的宗旨是打造数字环境下人文学科发展的信息基础设施，探索智能时代数据驱动的人文研究范式。中心为人文社科学者与理工科专家提供交流与协作渠道，一方面推动大数据、智能技术在人文社科领域的应用，另一方面倡导技术创新要树立以人为本的大局观，促进信息技术与人文社科的双向融合发展。北京大学数字人文中心在校内致力于组织跨学科的研究力量，广泛吸引各院系师生参与，建构协同创新的数字人文平台；在校外积极与国内外高校和相关学术机构建立广泛的学术合作，筹办高端学术活动，培养全科型人才，推动跨学科、跨地域、跨文化的数字人文研究项目。①

一、数字学术空间提供

北京大学数字人文研究中心的前身是北大信息管理系 KVision 数字图书馆实验室。2020 年成立校级虚体"北京大学数字人文研究中心"，同时组建北京大学数字人文开放实验室。2022 年 3 月起接受字节跳动公益的捐赠从事古籍资源的智能开发与利用研究。为答谢字节跳动公益的支持，实验室更名为"北京大学—字节跳动数字人文开放实验室"，在北京大学人工智能研究院下运作。

实验室目前的研究方向有自然语言处理、深度学习、本体与知识图谱、信息可视化、交互设计、用户信息行为研究等。开放实验室是一个跨学科的研究机构，来自北大多个院系的科研导师对实验室的同学进行联合指导，并提供各专业的同学以多种灵活的方式参与科研实践。②

二、数字素养教育培训

为推动国际数字人文事业的发展，培养既具备人文问题意识又能

① 北京大学数字人文研究中心："关于我们"，https://pkudh.org/about.html，访问时间：2023 年 12 月 03 日。

② 北京大学数字人文研究中心："北京大学—字节跳动数字人文开放实验室"，https://pkudh.org/intro.html，访问时间：2023 年 12 月 04 日。

运用计算思维的跨学科人才，北京大学、哈佛大学与普林斯顿大学联合创办“数字人文暑期工作坊”。课程面向全球招生，采用线下面授方式，在北大、哈佛和普林斯顿三校校园轮流举办。每期筹办可围绕不同的主题来组织教学团队和教学内容。

首届三校联合工作坊于2023年8月初在北京大学举办。本次课程以“智能信息环境下的人文创新”为主题，邀请人文学者和人工智能专家联合授课：一方面，教授如何在人文材料上应用大数据与智能方法，培养学员应用计算思维来解决历史与人文议题；另一方面，挖掘历史与文化类的复杂语料在通用人工智能领域中的应用价值。北大、哈佛、普林斯顿三校整合各自在东亚数字人文研究领域的精华师资设立本课程，通过对真实材料的精读研讨和具体项目的动手实践，为未来社会造就新人才、开辟学科融合的新路径。①

2022年，北京大学数字人文研究中心与北京大学人工智能研究院也举办过2022数字人文暑期工作坊。课程邀请国内外数字人文领域的高水平学者，引导学员运用数字人文的研究范式，思考并解决人文社科的研究问题。课程招收文史哲、艺术、考古、人工智能、计算语言、软件工程等多学科背景的学员，在讲授之外组织跨学科研讨和研究实践，培养既具备人文素养又掌握信息技术技能的跨学科人才。工作坊内容涵盖了数字人文方法讲授、专家讲座和小组项目实践等三个环节，课程设计以研究和项目实践为导向，首次尝试了文理生混合编队，立足于真实学科问题进行小组研讨和课程实践，产出了一系列令人满意的研究成果。②

---

① 北京大学数字人文研究中心：“2023数字人文国际联合暑期工作坊”，https://camp2023.pkudh.org/，访问时间：2023年12月04日。

② 北京大学数字人文研究中心：“2022北京大学数字人文暑期工作坊”，https://camp2022.pkudh.org/，访问时间：2023年12月04日。

三、数字学术平台建设

北京大学数字人文研究中心开发了文献溯源分析平台、“吾与点”智能标注平台、识典古籍阅读与整理平台、“吾与点”古籍智能处理系统等智能平台，为科研人员提供技术支持。

1. 文献溯源分析平台[①]

平台荟萃二百余部中国古代哲学经典著作的全文数据，一则周详其时代、作者等信息，二则用深度学习算法自动断分词汇，查检句子重文，进而开辟文献的时空，冀以在词句的经纬之中，厘清思想文化的嬗变过程，成为人文研究的得力辅佐。

主要功能包括：

（1）词汇统计分析。对古籍文本的词汇频次、共现情况等进行全面的梳理。通过这些统计数据，确定古籍中的重要概念和主题，并对不同时期、不同学派的思想进行深入对比和研究。

（2）句子复用分析。追溯句子的来龙去脉，从历时性角度观察句意相似的句子在形式和内涵上发生了什么样的变化，以此揭示古籍之间的联系，发现古代文化、思想的流传演变路径。

（3）书籍分析。句子复用分析的浏览式观察入口，既可查看作为句子集合的篇章、书的整体复用情况，也可在顺序阅读中随时进行单个的句子复用查询。

使用场景案例：

（1）儒家重要概念“学”自先秦到宋代的意涵变化。比较“学”不同时期的共现词汇，宋之于先秦，如“人”“道”“知”等词始终与“学”紧密联结，但宋及以后的朝代，“先生”之“学”兴起，省察原文得知，

---

① 北京大学数字人文研究中心：“文献溯源分析平台”，https://kvlab.org/project/ca/，访问时间：2023 年 12 月 04 日。

与先秦作为君子修养途径的“学”不同，“先生”之“学”多指学识、学风，这与宋代书院的兴盛不无关系。

（2）“颜回之乐”的词语化表达。《论语·雍也第六》有“子曰：‘贤哉回也！一箪食，一瓢饮，在陋巷，人不堪其忧，回也不改其乐。贤哉回也！’”一章，后人论及颜渊，多用此章。宋以后，或是伴随着颜渊地位的上升，学者开始使用“箪瓢陋巷”这一固定的词汇表征颜子的无上品格。

2.“吾与点”智能标注平台①

“吾与点”是北京大学数字研究人文中心针对古籍文本推出的 AI 驱动云端智能标注平台，可以实现实体标注、关系标注以及知识图谱生成，可导出数据为 Brat、Doccano、Gephi、ECharts 等常用工具格式，还可支持直接导出为 BIOES 等序列标注格式数据训练深度学习 AI 模型。“吾与点”还深度集成了多种针对古籍训练的 AI 模型，可一键完成古籍的句读、分词和实体标注。

主要功能包括：

（1）实体标注：支持手动、正则匹配、AI 识别三种实体标注模式，快速准确标注古籍文本中的实体。

（2）关系标注：简化标注过程，精准捕捉古籍文本中实体间的复杂关系。

（3）图谱生成：自动将标注的实体和关系转化为清晰的知识图谱，一键输出，支持多种常用工具格式。

主要特色包括：

（1）AI 驱动：“吾与点”平台利用先进的 AI 技术，为用户提供智能化的古籍文本标注服务。经过大量古籍训练的 AI 模型能够自动识

① 北京大学数字人文研究中心：“‘吾与点’智能标注平台”，https://kvlab.org/project/wyd2/，访问时间：2023 年 12 月 11 日。

别、分类和标注文本中的实体和关系，大大提高了标注的准确性和效率。不仅如此，AI 驱动的模型还能为用户提供句读、分词等高级功能，帮助用户更好地理解和分析古籍文本。此外，随着用户使用的增加，AI 模型会不断学习和进化，为用户提供更加精准和智能的服务。

（2）云驱动："吾与点"作为一个云端平台，为用户提供了随时随地、无须下载、跨平台使用的便利。通过云技术，用户可以轻松保存、分享和协同编辑标注数据，大大提高了工作效率和合作便利性。同时，云端存储确保了数据的安全性和稳定性，用户无须担心数据丢失或被篡改。此外，云技术还为平台提供了强大的计算能力，确保 AI 模型的快速响应和高效运行。

3."吾与点"古籍智能处理系统[①]

中华文明历史悠久，古典文籍浩如烟海。古籍具有极高的文献价值和学术价值，古籍整理不仅是连接现代和历史的桥梁，而且有利于民族文化的传承和研究。而古人在著书时一般不使用标点，现存的许多古籍也没有断句和标点，这给读者阅读学习和学者研究古籍造成了障碍。命名实体识别在古籍文献数字化处理过程中极为重要，是文白翻译、关系抽取等一系列自动化处理工作的基础，能够从古籍文献中自动识别出专名信息是一项非常重要且有价值的工作。传统的古籍整理通过选定某一代表性版本作为底本，通底本文字，同时施以现代标点，标示书名、人名、地名、朝代名，旨在提供一个文字准确，标点可靠，方便阅读的排印文本。"'吾与点'古籍智能整理平台"第二版是由北京大学数字人文研究中心研发的智能化古籍整理平台。"吾与点"平台将提供自动句读、分词、命名实体识别、关系抽取等基本古

① 北京大学数字人文研究中心："'吾与点'古籍智能处理系统"，https://kvlab.org/project/wyd/，访问时间：2023 年 12 月 11 日。

籍整理功能。目前提供公开测试的有自动句读、分词以及命名实体识别功能，其他功能将会陆续开放测试。

主要功能包括：

（1）句读及标点。未经整理的古代典籍不含任何标点，不符合当代人的阅读习惯，古籍断句标点之后有助于阅读、研究和出版。"吾与点"自动句读系统是基于深度学习的预训练语言模型 BERT 实现的，为了使模型能够具有更好的古汉语表示能力，我们利用 10 亿字的古汉语语料对 BERT 进行增量训练，在其基础上再进行句读学习。句读功能利用互联网上公开的古籍文本库训练得到，训练集包括 7 亿字。目前系统能够处理各类古籍文本，包括经史子集以及佛藏、道藏、通俗小说等。无论是先秦典籍还是明清小说，目前模型在混合类文本测试集上的句读平均准确率超过 94%，标点准确率达 90%，达到了实用标准。"吾与点" 自动句读系统具有极高的处理速率和响应速率，经测试 API 接口处理 5 万字耗时 10 秒左右。

（2）分词。语言演化遵循渐变的规律，随着时间的推移，语法、词汇和语义逐渐发生了变化，导致了历时的语言鸿沟。然而，许多的文本中经常掺杂着不同时代的语言，这给自然语言处理任务带来了障碍，如分词和机器翻译等。"吾与点" 自动分词模型在汉语分词任务中引入跨时代学习的研究，使得单一模型可以根据不同的时代的句子产生不同的分词粒度，具备跨时代分词能力。"吾与点" 自动分词模型可实现对上古、中古、近古以及现代汉语文本的分词，在四个时代的分词平均 F1 值达到 98%。

（3）命名实体识别。命名实体自动识别系统功能旨在从非结构化的输入文本中识别出各类专有名词。在实际的应用场景中，可以按照不同的业务需求识别出特定的实体，比如在古代历史文献中要识别地理、年号、职官、著书等常规命名实体。"吾与点" 在以上提到的增量训练的 BERT 模型基础上，应用迁移学习实现古籍命名实体识别。经测试，现有模型在与训练语料同类型的测试语料上，其准确率达到 98.5%。在《尚书》《春秋》等先秦上古语料上对人名、地名的泛化准确率分别达到 87% 和 82%，在明清小说上测试识别准确率达到 80%。上述的准确率水平，表明当前基于预训练模型的深度学习方法在中华古籍文本上的句读和专有名词识别已经取得与专业人员相媲美的表现，准确率的进一步提升完全取决于标记语料的质量和覆盖率。

4. 识典古籍阅读与整理平台[①]

为了更好地保护与利用古籍，提升古籍数字化水平，向大众传播古籍知识，在字节跳动的支持下，北京大学与字节跳动公益部门联合成立了“北京大学—字节跳动开放实验室”，期望解决古籍数字化利用过程中的瓶颈问题，打造互联网环境下内容丰富、使用便捷的高质量古籍数字化阅读平台，面向海内外学者和古籍爱好者免费开放。同时为了支持阅读平台的数据加工的需要，还建设有面向古籍收藏机构和整理人员的一站式古籍智能整理平台。

“识典古籍”平台致力于在检索方式、异体字支持、文字质量、阅读辅助、浏览体验等多个方面进行探索，期望建立一个文字精良、功能丰富、阅读体验优秀的古籍阅读平台。同时，“识典古籍”平台有着丰富的检索功能以及分类与时代筛选功能，因此也是一个初步的古籍研究平台，辅助分析概念与句子在各部类与时代的分布与差异情况。

平台主要功能包括：

（1）书库浏览。阅读平台设计了简单易用的书库浏览功能，书库沿袭传统的经、史、子、集四部分类法，同时外加道教部、佛教部，

① 北京大学北京大学数字人文研究中心：“识典古籍与整理平台”，https://kvlab.org/project/shidianguji/，访问时间：2023 年 12 月 12 日。

涵盖古籍的全部类别。每种分类皆有二级类目，部分有三级类目。为了便于使用，道教部、佛教部的分类方法均遵照传统方法。

平台上对每一种书不仅标示了书名、卷数、作者、作者年代、版本等基本信息，而且每一种书都有简单的作者介绍与内容简介，以方便学者了解其大致内容。

值得一提的是，书库的排列顺序大致按照书籍的撰述年代排序。撰述年代只用于排序，并不会展示给读者。很多古籍的写作年代均无法考证，除少数能够确定准确的撰述年代之外，一般采用作者卒年作为撰述年代。如果作者本身生卒不详，则根据作者生活的大致年号等进行推算。

（2）图文阅读。具体的阅读界面，是适配屏幕阅读的横排方式，默认以繁体字型显示。为了提高文本内容的可靠性与可用性，可以采用图文对照的模式进行核对。文本施以现代标点，以方便阅读。

文本的质量目前有粗校、精校两种。粗校主要是指文本较为准确，但是标点与实体的识别都是通过机器自动识别，还未经人工校对。精校则是文字、标点、实体均经过人工的认真校对。目前平台上的部分文本正在精校过程中，已经精校的文本将陆续上线。

除了图文对照的功能之外，书籍的阅读支持三级目录的显示，同时还支持隐藏注文、繁简转换等功能。更多、更丰富的阅读功能还在开发过程中。为了提供更佳的阅读体验，阅读平台还开发有移动端的阅读界面，以适配手机端、平板端的阅读。

（3）整理平台。与阅读平台进行无缝衔接的是背后的整理平台。整理平台可以将图片数据经过整理发布到阅读平台，还可以将阅读平台中粗校的数据进行精加工。整理平台设计了古籍图像 OCR、文字校对、文字对勘、标题的识别与校对、分段、标点校对、实体校对等环节。同时该平台还支持古籍元数据的修改，任务分发等。所有这些整理工作都尝试充分利用人工智能技术与计算机技术的优点，在计算机辅助下实现人机协同加工与整理，最大限度地减轻整理者的工作量。

第二节 清华大学

清华大学自然语言处理与社会人文计算实验室（THUNLP）是国内开展自然语言处理研究最早的科研单位，也是中国中文信息学会（CIPS）计算语言学专业委员会及中国人工智能学会（CAAI）不确定性人工智能专业委员会的挂靠单位。[①] 实验室围绕以中文为核心的自然语言处理，在大规模预训练模型、中文信息处理、机器翻译、社会计算、智慧教育和知识图谱等方面开展系统深入的研究，在国内外具有较大的学术影响。近年来，实验室承担了国家重点研发项目，国家社会科学基金重大项目等多项重要研究任务，并与腾讯、华为、阿里、美团等企业建立密切的合作关系。

一、数字工具技术支持

清华大学自然语言处理与社会人文计算实验室研发了九歌（自动作诗）系统、THUMT 神经机器翻译工具包、OpenNRE 开源关系抽取工具包、THULAC 中文词法分析工具包等智能工具，为研究人员提

① 清华大学自然语言处理与人文计算实验室，http://nlp.csai.tsinghua.edu.cn/，访问时间：2023 年 12 月 04 日。

供技术支持。

1. 九歌（自动作诗）系统[①]

九歌是清华大学自然语言处理与社会人文计算实验室研发的人工智能诗歌写作系统。该系统采用最新的深度学习技术，结合多个为诗歌生成专门设计的模型，基于超过 80 万首人类诗人创作的诗歌进行训练学习。

区别于其他诗歌生成系统，九歌具有多模态输入、多体裁多风格、人机交互创作模式等特点。

2. THUMT：神经机器翻译工具包[②]

THUMT 是清华大学自然语言处理与社会人文计算实验室开发的神经机器翻译工具包。目前 THUMT 有三种实现：THUMT-PyTorch、THUMT-TensorFlow 以及 THUMT-Theano。其中，THUMT-PyTorch 实现了主流的 Transformer 模型；THUMT-TensorFlow 实现了 Seq2Seq、RNNSearch 和 Transformer 模型；THUMT-Theano 实现了 RNNSearch 模型。

3. OpenNRE：开源关系抽取工具包[③]

OpenNRE 是清华大学自然语言处理与社会人文计算实验室推出的一款开源的神经网络关系抽取工具包，包括了多款常用的关系抽取模型。使用 OpenNRE，不仅可以一键运行预先训练好的关系抽取模型，还可以使用示例代码在自己的数据集上进行训练和测试。不论你是关系抽取领域的初学者、开发者还是研究者，都可以用 OpenNRE 加速自己的工作。

---

① 清华大学自然语言处理与社会人文计算实验室：“九歌系统”，https://jiuge.thunlp.org/about.html，访问时间：2023 年 12 月 11 日。

② 清华大学自然语言处理与社会人文计算实验室：“THUMT：神经机器翻译工具包”，https://nlp.csai.tsinghua.edu.cn/project/thumt/，访问时间：2023 年 12 月 11 日。

③ 清华大学自然语言处理与社会人文计算实验室：“OpenNRE：可一键运行的开源关系抽取工具包”，https://nlp.csai.tsinghua.edu.cn/project/opennre/，访问时间：2023 年 12 月 11 日。

对于初学者，OpenNRE 提供的文档和代码，可以帮助初学者快速入门。对于开发者，它提供了简洁易用的 API 和若干预先训练好的模型，可方便调用。对于研究者，模块化设计、多种任务设定、State-of-the-Art 模型，可以帮助研究者更快更高效地进行探索。

4. THULAC：中文词法分析工具包①

THULAC 是由清华大学自然语言处理与社会人文计算实验室研制推出的一套中文词法分析工具包，具有中文分词和词性标注功能。

THULAC 具有如下几个特点：（1）能力强。该工具包是利用我们集成的、目前世界上规模最大的人工分词和词性标注中文语料库（约含 5800 万字）训练而成，模型标注能力强大。（2）准确率高。该工具包在标准数据集 Chinese Treebank（CTB5）上分词的 F1 值可达 97.3%，词性标注的 F1 值可达 92.9%，与该数据集上最好方法效果相当。（3）速度较快。其同时进行分词和词性标注速度为 300Kb/s，每秒可处理约 15 万字。只进行分词速度可达 1.3Mb/s。

5. OpenKE：知识图谱表示学习工具包②

OpenKE 是 THUNLP 基于 TensorFlow、PyTorch 开发的、用于将知识图谱嵌入低维连续向量空间进行表示的开源框架。在 OpenKE 中，我们提供了快速且稳定的各类接口，也实现了诸多经典的知识表示学习模型。该框架易于扩展，基于框架设计新的知识表示模型也十分方便。具体来说，OpenKE 具有如下特点：接口设计简单，可以轻松在各种不同的训练环境下部署模型。底层的数据处理进行了优化，模型训练速度较快。提供了轻量级的 C++ 模型实现，在 CPU 多线程环境下也能快速运行。提供了大规模知识图谱的预训练向量，可以直

① 清华大学自然语言处理与社会人文计算实验室："THULAC：一个高效的中文词法分析工具包"，https://nlp.csai.tsinghua.edu.cn/project/thulac/，访问时间：2023 年 12 月 11 日。

② 清华大学自然语言处理与社会人文计算实验室："OpenKE：知识图谱表示学习工具包"，https://nlp.csai.tsinghua.edu.cn/project/openke/，访问时间：2023 年 12 月 11 日。

接在下游任务中使用。长期的工程维护来解决问题和满足新的需求。

6. OpenAttack：文本对抗攻击工具包①

OpenAttack 基于 Python 开发，可以用于文本对抗攻击的全过程，包括文本预处理、受害模型访问、对抗样本生成、对抗攻击评测以及对抗训练等。对抗攻击能够帮助暴露受害模型的弱点，有助于提高模型的鲁棒性和可解释性，具有重要的研究意义和应用价值。

OpenAttack 具有如下特点：（1）高可用性。OpenAttack 提供了一系列的易用的 API，支持文本对抗攻击的各个流程。（2）攻击类型全覆盖。OpenAttack 是首个支持所有攻击类型的文本对抗攻击工具包，覆盖了所有扰动粒度，字、词、句级别，以及所有的受害模型可见度，gradient-based、score-based、decision-based 及 blind。（3）高可扩展性。除了很多内置的攻击模型以及经典的受害模型，你可以使用 OpenAttack 容易地对自己的受害模型进行攻击，也可以设计开发新的攻击模型。（4）全面的评测指标。OpenAttack 支持对文本对抗攻击进行全面而系统的评测，具体包括攻击成功率、对抗样本质量、攻击效率 3 个方面共计 8 种不同的评测指标。此外用户还可以自己设计新的评测指标。

7. OpenMatch：开放域信息检索开源工具包②

开放域信息检索工具包 OpenMatch 是清华大学计算机系与微软研究院团队联合完成的成果，基于 Python 和 PyTorch 开发，它具有两大亮点：一是为用户提供了开放域下信息检索的完整解决方案，并通过模块化处理，方便用户定制自己的检索系统；二是支持领域知识的迁移学习，包括融合外部知识图谱信息的知识增强模型以及筛选大规模数据的数据增强模型。

---

① 清华大学自然语言处理与社会人文计算实验室："OpenAttack：文本对抗攻击工具包"，https://nlp.csai.tsinghua.edu.cn/project/openattack/，访问时间：2023 年 12 月 11 日。

② 清华大学自然语言处理与社会人文计算实验室："OpenMatch：开放域信息检索开源工具包"，https://nlp.csai.tsinghua.edu.cn/project/openmatch/，访问时间：2023 年 12 月 11 日。

二、数字学术交流出版

基于以学科交叉促进学术创新发展的理念，清华大学和中华书局联合主办了《数字人文》(*Journal of Digital Humanities*)季刊，旨在为方兴未艾的数字人文研究提供理论探讨和专题研究的平台。[①]

2019年12月，筹备了一年时间的《数字人文》创刊号面世，这是中国大陆正式出版的第一本数字人文学术期刊，刊物以文史哲等传统人文学科为中心，涵盖社科、艺术、教育、新闻等多学科，发表运用数字资源、方法和思维解决人文问题的优秀成果及相关资讯。刘石主编为哈佛大学包弼德教授颁授了顾问聘书，包教授也为办刊提出了一些实质性建议，他认为，面临海量数据的挑战，数字人文刊物应提供关于数据库、工具和平台的介绍，使学者无须学习编程，就可以访问大量结构化数据。[②]2023年,《数字人文》作为综合性社会科学类集刊入选CSSCI收录集刊(2023—2024)。

第三节　南京大学

南京大学人文社会科学高级研究院数字人文创研中心是南京大学人文社会科学高级研究院下属的跨学科国际研究平台。该中心以“聚焦数字时代焦点问题研究”为导向，提倡以“数字人文”为跨学科研

① 中国数字人文：“《数字人文》(清华大学)”，https://www.dhcn.cn/institutions_communities/journals/1231.html，访问时间：2023年12月11日。

② 澎湃新闻：“《数字人文》创刊：为数字人文研究提供发表平台”，https://baijiahao.baidu.com/s?id=1653312868515082914&wfr=spider&for=pc，访问时间：2023年12月11日。

究驱动，以南京大学人文社会科学高等研究院为依托，汇聚南京大学校内多学科资源，促进校内跨学科合作，面向国内外科研及文化机构，搭建国际化交流与合作平台，推动数字时代的人文社会科学知识生产与传播转型。①

一、数字素养教育培训

中心开展"数字人文研究与实践"系列工作坊，面向南京大学及海内外青年学生、学者开展数字人文理论、方法与工具的课程讲授与实操训练，锻炼学员们的数字人文认知与实践操作等基础能力，为有兴趣迈入数字人文领域进行学术研究的学者提供学习机会。

1."定义数字人文"学术工作坊②

讨论议题包括数字人文是否需要被定义，数字人文与组织机构联盟，数字人文与学术期刊，数字人文与教学，数字人文的评价机制，数字人文与数字文学、史学、哲学等分支概念间的关系，数字人文与大数据、人工智能间的关系，数字人文与计量研究方法：相同或相异。

2."空间人文"与地理信息系统（GIS）工作坊③

2019年4月12日至14日，"空间人文"与地理信息系统（GIS）工

---

① 南京大学人文社会科学高级研究院数字人文创研中心，https://digitalhumanities.nju.edu.cn/about/，访问时间：2023年12月04日。

② 南京大学人文社会科学高级研究院数字人文创研中心："'定义数字人文'学术工作坊"，https://digitalhumanities.nju.edu.cn/workhouse/5db6d569 ce624f1a62/，访问时间：2023年12月04日。

③ 南京大学人文社会科学高级研究院数字人文创研中心："'空间人文'与地理信息系统（GIS）工作坊"，https://digitalhumanities.nju.edu.cn/work house/5d99740939c81e5a16/，访问时间：2023年12月04日。

作坊在南京大学仙林校区成功举办。本次活动是“数字人文研究与实践”系列工作坊计划的第三期，由南京大学“国际合作伙伴计划”资助，旨在延请国际著名的学术团队及重要学者，面向南京大学及海内外青年学生、学者开展数字人文理论、方法与工具的课程讲授与实操训练，以期开拓国际视野，推动新兴“数字人文”学术领域的人才培养。

本次工作坊内容充实，包括开幕演讲、GIS 概论、GIS 与历史舞台的重建、GIS 与文献史料空间化、GIS 与历史统计、GPS 与文史田野实察、QGIS 软件操作、综合座谈等教学与交流环节。

3. “DocuSky 数位人文学术研究平台实训” 工作坊[①]

2018 年 12 月 7 日至 12 月 9 日，由南京大学“国际合作伙伴计划”资助，南京大学人文社会科学高级研究院数字人文创研中心主办的南京大学 2018 年“数字人文研究与实践：DocuSky 数位人文学术研究平台实训”工作坊在南京大学仙林校区成功举办。

DocuSky 数位人文学术研究平台由台湾大学数位人文研究中心所研发及提供学术使用，本次工作坊主讲人为台湾大学数位人文研究中心的洪一梅博士与胡其瑞博士。两位老师在 DocuSky 的研究应用和推广方面有着多年的丰富经验。在三天的教学中，两位老师针对 DocuSky 的强大功能，分“DocuSky 云端数据库的操作与建库”“资料格式转换与整并建库”“MARKUS 古籍半自动标记平台”“词频分析与视觉化呈现”“DocuGIS 地理空间资讯”“个人文本操作”和“总结与互动问答”七个环节，全面介绍了该学术工具平台的使用方法，同时还通过实际训练手把手教授了学员们如何切实地将数字人文研究范式运用到人文社科研究中，从而提升针对人文研究的数字方法使用的认知和能力。

---

① 南京大学人文社会科学高级研究院数字人文创研中心：“‘DocuSky 数位人文学术研究平台实训’工作坊”，https://digitalhumanities.nju.edu.cn/work house/5d99727cad213c0230/，访问时间：2023 年 12 月 04 日。

二、数字学术交流出版

“数字人文”国际合作联盟计划[①]是由南京大学人文与社会科学高级研究发起的国际数字人文合作项目，旨在搭建国内第一个数字人文科研、教学和出版的跨学科国际平台，培养一批具备互联网思维、数据分析能力、跨学科知识背景的研究和教学人才，出版了一批具有广泛影响力的数字人文著作。目前已与哈佛大学 CBDB 项目、牛津大学圣贝纳学堂、台湾大学数位人文研究中心签订合作意向书。

第四节　武汉大学

武汉大学数字人文研究中心创建于 2011 年，是中国大陆首个数字人文研究中心，CenterNet 亚太联盟五大创始成员之一。中心是一个跨学科研究平台，致力于探索各种数字信息技术在人文学科知识生产、传播与教学中的创新性应用路径与方法，以及数据驱动的人文社科研究范式创新。中心特别关注人文学科与图档博领域的文献和文化遗产资源的数字化、数据化、语义化处理；智慧数据构建与服务理论、方法与技术；学术文献的语义增强、语义出版、关联发布与数字叙事；人文社科大数据资源管理与文化领域知识图谱建设；古籍文本挖掘、遥读与虚拟可视化再造；人文社科领域学者对信息技术和数字出版物的需求、采纳、使用行为与认知过程等主题，不仅包括学术研

---

① 南京大学人文社会科学高级研究院数字人文创研中心：“‘数字人文’国际合作联盟计划”，https://digitalhumanities.nju.edu.cn/union/，访问时间：2023 年 12 月 04 日。

究，还包括项目实践、教学与科研成果转化。①

一、数字学术空间提供

面向数字中国和文化强国国家战略需要，紧抓全球数字人文发展前沿，武汉大学文化遗产智能计算实验室②聚焦文化遗产保护与活化，力争突破文化遗产智能计算关键技术，构建文化遗产智慧数据资源，研发基础性文科实验平台与科学装置，解决文化遗产保护传承不力、内涵阐释不清与价值挖掘不足的难题，为优秀中国传统文化的创造性转化与创新性发展提供路径与示范。

武汉大学文化遗产智能计算实验室以"文理交叉、数智赋能、共建共享、实验创新"为研究理念，汇聚武汉大学"图书情报与档案管理""测绘科学与技术"两大优势学科和多个传统学科核心力量，设立五大研究室，包括文化遗产智慧数据研究室、古籍内容挖掘分析研究室、文物图像计算研究室、遗址虚拟呈现研究室和文化遗产 GIS 研究室。每个研究室均由传统文科学者与信息技术专家构成，探索形成了较为完善的跨学科研究架构，为新文科建设和文科实验研究范式创新奠定了良好的基础。

二、数字人文项目支撑

中心成员在数字资产管理、文献信息组织、文化遗产本体设计、知识图谱建设、科研数据集成、文物 3D 建模、虚拟场景自动化构造、

---

① 中国数字人文："武汉大学数字人文研究中心"，https://www.dhcn.cn/institutions_communities/institutions/1974.html，访问时间：2023 年 12 月 04 日。

② 武汉大学："首批 9 家名单公布！武大上榜"，微信公众平台，https://mp.weixin.qq.com/s/LL6k0hjTtA_dI997DZ2sVQ，访问时间：2023 年 12 月 04 日。

图像识别与理解、数据与文本挖掘等方面拥有丰富的科研经验，承担过多个重要的科研项目，包括国家自然科学基金重大项目、重点项目、一般项目；社会科学基金重大项目、重点项目、一般项目；科技部“973”项目、“863”项目、科技支撑计划项目、重点研发计划项目；文化和旅游部科技创新项目；广电总局重点项目、一般项目等。

三、数字素养教育培训

为促进数字人文基础理论与领域应用知识的普及，给对数字人文感兴趣的各界同仁提供交流与沟通的平台，武汉大学信息管理学院联合武汉大学数字人文研究中心于 2022 年 7 月 4 日至 7 月 14 日线上开设“大数据与数字人文”暑期开放课程，邀请来自不同学科、国内外各大高校及研究机构的数字人文领域资深教授提供理论和技术讲座，讲解数字人文的基本概念、前沿进展、关键技术以及在人文社会科学各个领域的应用。教学内容聚焦数字人文的基础理论与关键技术，关注历史学、文学、艺术学、建筑学等领域前沿应用，主要分为以下八个专题[①]：

- 数字人文：概念，逻辑与趋势；
- 计算思维与数字人文基础设施建设；
- 数字人文与空间人文；
- Digital Humanities and Knowledge Production: China and the West；
- 历史文本挖掘与分析；
- 数字人文与数字艺术；

---

① 中国数字人文：“课程报名：2022 年武汉大学‘大数据与数字人文’暑期开放课程”，https://www.dhcn.cn/site/news_information/comprehensive/16739.html，访问时间：2023 年 12 月 04 日。

- 远读，网络分析与计算批评；
- 数字人文视野下的“辨章学术、考镜源流”。

四、数字学术交流出版

中心与多个世界知名的数字人文与文化遗产保护机构建立有长期交流与合作关系，包括 UCL 数字人文研究中心、台湾“中研院”史语所数位文化研究中心、中国敦煌研究院等。中心与中国知名的互联网独角兽公司“快手”、上市公司“掌阅科技”、中国知网、数文科技也分别建有联合实验室或战略合作协议。[①]

第五节　中国人民大学

中国人民大学设有数字人文研究院（Research Center for Digital Humanities of RUC），是以图书情报与档案管理、文学、历史学、艺术学、国学、哲学、新闻学等领域优势科研、教学资源为依托，开展数字人文理论研究、实践探索、人才培养和学术交流的重要综合创新平台，同时也是推进学校“双一流”建设，创新融学科发展模式，探索人大新文科品牌的重要平台。中心秉持“融合文理学科、创新知识生产、实现协同创新、追求卓越发展”的宗旨，积极吸纳相关学科参与，开展数字记忆与数字人文的理论研究与项目实践、数字技术

---

① 中国数字人文：“武汉大学数字人文研究中心”，https://www.dhcn.cn/institutions_communities/institutions/1974.html，访问时间：2023 年 12 月 04 日。

与方法在人大传统优势人文社科的应用、数字人文其他前沿研究议题等方面的研究。其集人民大学多学科优势，秉持融合文理，协同创新之理念，开展数字人文理论研究、实践探索、人才培养和学术交流。[①]

一、数字学术空间提供

除了数字人文研究院，中国人民大学信息资源管理学院也提供多项数字学术服务，其下设的数字人文实验室面向数字人文研究的前沿领域进行开创性、验证性实验，是应用数字技术进行人文研究的平台；实验室提供数字化、数字加工、数据存储、数字呈现等工具和软件，包括 3D 扫描仪、3D 打印机、口述采访设备、融合投影、地幕投影、拼接大屏等[②]；为研究人员提供数字化、数字加工、数据储存、数字呈现等服务。该空间位于信息资源管理学院 205 室，可以提供师生开展各类数字人文实验之用。

二、数字素养教育培训

中国人民大学开创了跨学科高端学术对话“数字人文无界谈”和基础人才培养项目“星火训练营”两大品牌活动。以中心学术活动及成果为依托运营的微信公众号“数字人文研究”成为国内最为活跃和有影响力的数字人文传播窗口之一。

---

① 中国人民大学数字人文研究院：“中心简介”，http://dh.ruc.edu.cn/jggk/zxjj/index.htm，访问时间：2023 年 12 月 04 日。

② 中国人民大学信息资源管理学院：“数字人文技术实验室”，https://irm.ruc.edu.cn/syjx/sys/szrwjssys/index.htm，访问时间：2023 年 12 月 04 日。

1.“星火训练营”

中国人民大学数字人文研究院“星火训练营”旨在为学生研究员提供更为系统的数字人文学习指导和训练，借鉴国际上各数字人文中心普遍采用的“理论＋方法＋项目”的培养方式，立足 RUC-DHC“数字人文新青年”的既有基础，邀请跨专业导师进行学术引领和指导，以参与实践项目推动数字人文理论学习与理解。[①]具体讲座主题包括：

- 数字人文视域下的汉语古籍数字化处理与应用；
- 艺术数字人文合作中的开放数据设计；
- 第三届中国数字人文大会最佳创意项目“京剧脸谱”实践分享会；
- 自然语言处理在数字人文中的应用与展望；
- 数据可视化在数字人文领域的应用；
- 社会网络分析在数字人文领域的应用；
- 突破思维鸿沟：面向人文学者的领域本体构建；
- 数据的力量——博物馆的数字化阐释与传播；
- 空间历史“大”数据与城乡文化赋能；
- 馆藏文物基础数据现状、知识图谱建设与未来发展。

2.“数字人文无界谈”

中国人民大学数字人文研究院和科研处联合举办“数字人文无界谈”系列学术沙龙，具体沙龙主题包括：

- 哲学与计算机科学的“本体”之辨；
- 重访古典中国的新路径——学术立场、方法与技术工具；
- 深耕数据——中英数字史学的对话；
- 记忆眼：数字人文视域中的影像再造机制；
- 如何用数字描述历史时期的社会变迁——以清代华北平原为例。

---

① 中国人民大学数字人文研究院：“星火训练营”，http://dh.ruc.edu.cn/xshd/xljz/5621113aedeb4d38b0bc4862a5b66426.htm，访问时间：2023 年 12 月 04 日。

3.“DH 新青年无界谈”。

这是由中国人民大学数字人文研究院学生研究团队主持的一档青年博客节目，以数字人文青年研究者为主体，探讨和展示年轻一代人眼中的数字人文新宇宙。

三、数字学术交流出版

中国人民大学创立了自己的数字人文专业学术刊物《数字人文研究》(*Digital Humanities Research*)。该刊于 2021 年 3 月创刊，是由中国人民大学数字人文研究院、中国人民大学信息资源管理学院承办，中国人民大学书报资料中心出版的学术期刊，秉持“促进人文科技融合发展、搭建中国新文科发展平台”的理念，立足国际学术前沿，引领学科发展，推动知识创新，为数字人文研究提供高端学术交流平台。①

此外，与多家国内外数字人文研究机构和研究人员展开了交流合作，如敦煌研究院、中国国家图书馆、上海图书馆、北京市档案馆、哈佛大学、斯坦福大学、伦敦政治经济学院、马普研究所、香港科技大学、台湾大学等。

第六节　澳门大学

澳门大学伍宜孙图书馆是澳门最大的图书馆。目前，图书馆藏书量超过 1,200 万件，其中包括约 85 万册图书、6,000 种期刊、2.7 万

① 中国人民大学数字人文研究院：“学术期刊”，http://dh.ruc.edu.cn/xsqk/index.htm，访问时间：2023 年 12 月 04 日。

册善本、3 万件音像资料、1,000 件绘画 / 古董、3,000 件档案馆藏和 5,000 件缩微胶片卷。随着网络服务的快速发展，图书馆已拥有相当数量的电子资源，其中包括约 260 个电子数据库、80 万册电子图书、1,300 万篇电子论文、2,000 种电子报纸和 14 万种电子期刊。在数字学术服务方面，澳门大学图书馆也开展了一定的探索和实践。

一、数字学术空间提供

随着网络信息的便捷获取，图书馆如今必须成为读者之间协作学习和互动的场所。为了实现这一目标，澳门大学图书馆提供了大量配备最先进设备的小组讨论室。此外，图书馆各处还将设有一些非正式的讨论和互动空间，供学生社交、互动和相互学习。

资讯共享空间是以读者为中心的服务设施。澳门大学图书馆的资讯共享空间位于伍宜孙图书馆的地面层。资讯共享空间支持个人研究，协作工作和创新教学，学习和研究方法等工作。为了对学术工作提供参考和技术援助，资讯共享空间提供图书馆资源的无缝访问，提供先进的计算机设备和多种软件工具，以及团队协作工作的空间。

图书馆系统及资讯服务组协助澳门大学成员使用图书馆内的各种 IT 相关设备及服务，如印刷、复印、扫描，房间借阅和使用图书馆的 IT 设备。[①]

媒体工作室[②]是澳大图书馆为协助本校师生教学与学习而提供有

① 澳门大学图书馆："图书馆科技服务"，https://library.um.edu.mo/lib_services/IT_services_cn，访问时间：2023 年 12 月 04 日。

② 澳门大学图书馆："媒体工作室"，https://library.um.edu.mo/lib_services/media_service_cn，访问时间：2023 年 12 月 04 日。

关设施和服务的一个媒体素养项目。有兴趣者可利用该服务提升媒体技能，从事媒体创作。

开设了数字学术空间[①]，是图书馆面对新形势新需求的一项重要服务，澳门大学图书馆将通过数字学术空间的建立，积极推动与教学和科研工作的深度合作。

二、数字学术平台建设

澳门大学建有专门的数字学术平台——澳大数字化图书馆[②]，可查看以下几类资料库：图书馆书籍全文、澳门研究博物馆、新闻、学校报告和论文、古契约文书及录像资料。具体涵盖内容如下表：

附表 1.1　澳大数字化图书馆专题资源

专题资源	具体涵盖内容
图书馆书籍全文	Books on China Online, 16th – Early 20th Century（早期中国研究选辑，16 至 20 世纪初）
澳门研究博物馆	Ancient Poetic Cliff Inscriptions in Macao（澳门古代摩崖石刻诗词） Digital Humanities-St. Paul's area（数字人文——大三巴片区） Financial Statements of Macau Limited Companies（澳门股份有限公司财务报表） Macau Economic Data（澳门经济数据） Macau Music Database（澳门音乐人资料库） Macau Periodical Index（澳门期刊论文索引） UM Digital Museum Collection（澳大数位博物馆馆藏） UM Videos Database（澳大视频）

① 澳门大学图书馆："图书馆消息"，https://library.um.edu.mo/lib_info/list_libnews_cn/display?id=763，访问时间：2023 年 12 月 04 日。

② 澳大数字化图书馆："Digital Portal"，https://libdigital.um.edu.mo/home，访问时间：2023 年 12 月 03 日。

续表

专题资源	具体涵盖内容
新闻	Index of Macau News Clippings（澳门报章新闻剪报索引） Index of *XueHai Section of Macau Daily*（《澳门日报（学海版）》标题索引）
学校报告和论文	List of UM Undergraduate Students Report（澳门大学学生报告目录） UM E-Theses Collection（澳门大学电子学位论文库）
古契约文书	古契约文书
录像资料	Audiobook Corner（有声书坊） Culture Sharing Project（文化共享工程） Portuguese and Chinese Academic Resources Hub（葡汉语学术资源平台）

此外，2000 年 9 月，澳大首个数字人文项目启动，“龙文化研究资料库” 正式开通。“龙文化” 项目主持郑德华教授及参与的老师和同学与澳大同事出席了启动仪式，吴建中馆长代表图书馆致辞。“龙文化研究资料库” 是澳大图书馆首个数字人文项目，具有代表性意义。

三、数字素养教育培训

澳大图书馆提供各种工作坊，帮助了解和掌握如何使用各种资料库或其他文献资源，使用特定的资料库、平台、工具或服务来满足学术需求。工作坊对澳门大学所有师生开放。

图书馆工作坊一般会在每年的 9 月至 11 月初和 3 月至 4 月举办。每次图书馆工作坊[①]将用时 1 小时，包括约 45 分钟的讲解和 15 分钟的讨论或练习。工作坊的主题包括但不限于数据库，特定主题或类型

① 澳门大学图书馆：“图书馆工作坊培训视频：Home”，https://um-mo.libguides.com/c.php?g= 940535，访问时间：2023 年 12 月 04 日。

的文献资源，如何发表文章 / 出版图书，EndNote；Qualtrics 等工具的使用等。

澳大图书馆为学院或住宿书院的学生提供 10 个单元的资讯素养课程。这些课程提供有效的查找、评估和使用各种资源所需的知识和技能。课程具体如下：

- 用发现系统开启你的学术之旅；
- 期刊论文：了解最新研究成果的秘诀；
- 再探图书：如何进行有系统的检索和研究；
- 提高效率和效益的秘诀：科学引文分析和可视化；
- 避免抄袭：用 EndNote 管理参考文献；
- 掌握自己专业的学术文献资源；
- 专利资料库助您项目研究；
- DIY 视频制作：一步一步创作属于你自己的视频；
- Qualtrics 101：数据收集和分析指南；
- 数字学术研究技能：如何在研究中应用数字化方法。

图书馆提供嵌入课堂，可以按教师的需要进行定制，将图书馆资源和技能融入课堂，以支持教师的具体需求和目标。由图书馆员与教师密切合作设计和实施课程，帮助学生掌握相关的图书馆资源和服务，使他们能够在课程学习和研究中取得成功。图书馆员可在整个课程中为学生提供持续的支持和回馈。

图书馆通常会在每年 8 月下旬为本科生和研究生新生分别组织图书馆导览和游戏活动。导览可以帮助学生熟悉澳大图书馆的资源、服务和设施。学生将通过现场参观和与馆员互动了解图书馆的基本情况，以及如何使用图书馆的各类资料库、期刊、书籍和其他资源，包括如何找图书馆员帮忙，从而更好地了解图书馆如何为学习和研究提供支持。

此外，澳门大学大学图书馆还与上海图书馆和澳大人力资源处在澳大合办澳门首两个数字人文课程，与学员分享提取价值资料的方法、资讯分析、从事数字人文项目案例的经验，介绍数字人文建设的各个环节，在帮助学员转变传统数字图书馆建设思想的同时，结合上海图书馆的数字人文项目案例，全面介绍了关联数据的组织方式方法，本体语言的设计理念、模型和方法，数据清洗、转换、查询的工具和用法等。①

四、数字工具技术支持

资讯共享空间提供图书馆资源的无缝访问，提供先进的计算机设备和多种软件工具。

媒体工作室提供指向性枪式话筒、羽量级枪式电容话筒、麦克风延伸杆、索尼遥控三脚架、Manfrotto Befree Advanced 铝合金扭锁三脚架、佳能 EOS 5D Mark IV 进阶全片幅数字单镜反光相机、佳能轻巧远摄变焦镜头、佳能自动智能反射闪光灯、奥林巴斯 OM-D E-M1 Mark II、40-150mm F4.0-5.6 R 远摄变焦镜头、光影投射灯、绿色和白色背景板、27 英寸苹果电脑配备 Retina 5K 显示器、各种配套的视频制作与剪辑软件、图像设计工具、视频压缩编码输出软件、现场音频控制器、Adobe Premiere、Adobe Photoshop、Adobe Illustrator、Adobe After Effects、Adobe InDesign 等。线上提供的研究工具包括论文进程计算器、EndNote 21、Qualtrics、Turnitin、VeriGuide 等。

① 澳门特别行政区政府入口网站：“澳大与上海图书馆办首两个竞争情报及数字人文课程”，https://www.gov.mo/zh-hans/news/213127/，访问时间：2023 年 12 月 04 日。

第七节　台湾大学

台湾大学数位人文研究中心于2007年成立，是汉语世界第一个以数位人文为主轴的研究中心。十余年来，在数位人文的研究方法、工具和数位史料内容的研发上，都取得了相当的成果。在研究方法上建立了脉络分析的检索方法论，并用来建置了40个脉络分析型的史料库，内容大多为台湾第一手史料与中文典籍。由于内容的唯一和独特性与强大的数位人文分析与视觉化功能，这些史料库已成为台湾研究不可或缺的研究资源。此外也打造了汇集有全球最大量的佛学二手书目与全文集的“台大佛学数位图书馆”，每天的使用量超过1.1万人次，总使用量超过411万人次，几乎全球所有国家都有使用者。①

一、数字学术空间提供

台湾大学数位媒体区帮助读者利用馆藏视听资料与数位学习资源，内部提供影音聆赏席、数位学习席、乐活窝、演练室、团体室等空间。影音聆赏席设置双人席位，提供一至二人利用馆藏公播版视听资料；数位学习席设置单人席位，提供数位学习使用。乐活窝提供小团体利用馆藏公播版视听资料；演练室提供个人练习简报使用。团体室提供大团体利用馆藏公播版视听资料。

① 台湾大学：“数位人文研究中心”，http://www.digital.ntu.edu.tw/index.htm，访问时间：2023年12月04日。

二、数字学术平台建设

台湾大学数位人文研究中心目前已陆续建立40余个大型数位人文脉络分析系统，内含逾700万笔诠释资料，近3,000万幅影像，逾6亿字的全文，以及数百小时影音资料。内容包括台湾历史、政治、社会、法律、经济等各方面，资料所属年代横贯四百年台湾历史，且多为第一手史料，不仅是国内数位史料累积最丰富的数位典藏机构之一，亦是目前世界上累积最独特、最大量的台湾研究资料。

这些研究资料库所收录的史料均有独特、重要、唯一、即时等特性，并对外提供研究者使用，已在文史学术界及古契书研究领域产生震撼并被广泛运用。结合“检索后分类”为主的检索方法与资讯探勘分析工具，更凸显出检索结果的整体性，并用后分类及统计方法分析并呈现其中的关联性与脉络。同时开发新的资讯取得及资讯分析方法，目前已开发20种以上知识探勘及呈现的工具，借此提升人文研究的品质与效率，促进数位人文的发展。

除持续进行典藏数位化、建置资料库及数位研究工具外，并借由打破使用者使用资料库时，单纯检索搜寻的习惯用法，借由资讯技术，提供使用者观察资料后进一步勾勒资料彼此间的可能脉络，以此作为开发数位人文研究方法和学科领域的基础思维。

此外，还建有台大佛学数位图书馆，致力于汇集佛学书目与全文之佛学主题资料库，收录书目491,755笔，全文137,289笔，包含49种语言、15种资料类型。

依托于图书馆平台的电子数据库，提供期刊检索、资料库检索、以书目找全文、数字化馆藏等服务。目前拥有15个数位化馆藏：“台湾总督府”台北高等商业学校卒业论文、日文线装书、台湾大学毕业纪念册、日本研究旧籍、日本史旧籍、校史资料、日本殖民时期台湾期刊、特藏台湾旧籍、社团刊物、台湾堡图、“台北帝国大学”卒业论文、台湾大学学士论文、台湾宗教民俗资料图录、五万分一蕃地地形图、中文善本书与线装书。

图书馆整合机构典藏（NTUR）与学术库（AH）不同功能平台，建立台大学术典藏 NTU scholars 平台，即为台湾大学的开放取用典藏（OA Archive）平台。

依托于图书馆平台的特色馆藏网站可以查看数字化特藏资源。①

台大数位人文研究中心在 2018 年推出“DocuSky 数位人文学术研究平台”，提供个人化的史料整理与建库服务，更提供各式资源介接、探勘、分析、视觉化与 GIS 整合工具。截至 2020 年 12 月，使用者来自 62 个国家，申请账号服务者近三千人。DocuSky 不仅为国际上第一个个人化的汉学数位人文学术研究平台，更为全球唯一让人文学者得以自主建置云端资料库的研究平台。

“DocuSky 数位人文学术研究平台”的研发，是为了服膺人文学者的个体性，兼具收纳多元媒材的标准性，满足研究需要的多样性，提供学者在平台上建置符合国际标准格式的个人云端资料库，并利用平台上所提供的各种工具，进行个人文本的格式转换、标记与建库、探勘与分析，以及视觉化观察、GIS 整合等学术研究工作。

为永久珍藏及向国际展现本校丰硕的研究成果及学术能量，图书馆整合机构典藏（NTUR）与学术库（AH）不同功能平台，成为台大学术典藏 NTU Scholars，期能整合研究能量、促进交流合作、保存学术产出、推广研究成果。

三、数字工具技术支持

数位媒体区数位学习席帮助使用者进行影音剪辑，安装有 Adobe

---

① 台湾大学图书馆：“特色馆藏”，https://speccoll.lib.ntu.edu.tw/taxonomy/term/40，访问时间：2023 年 12 月 04 日。

2023 系列软件，包含 Photoshop、Illustrator、InDesign、Lightroom、Premier Pro、Media Encoder、After Effects、Dreamweaver；提供读者制作影音及平面作品；数位学习，每席备有台式电脑及耳机，提供读者利用线上学习资源进行线上学习，并可观赏图书馆影音 @online 线上影音资源及 CATCHPLAY+ 等图书馆订阅串流平台影片；提供电脑及光碟机读取互动式光碟。

结合书目计量与社会网络分析等方法，透过引文资料库及视觉化工具，以图形具象呈现研究主题发展现况及新兴趋势，台湾大学图书馆提供可依教师或院系所量身打造的"领域网络分析服务"（Domain Network Analysis Service），简称 DNA 服务。

首先由教师或学院系所线上提出申请，馆员收到申请后依需求进行初步检索，并将检索结果与申请者 / 单位进行确认，期间可能需要申请者 / 单位的专业协助，例如调整检索关键词汇、提供标杆机构等。馆员于收到回复确认分析范围后，方可着手进行分析。确认分析范围后，馆员利用引文资料库收集并下载文献集，进行资料处理、词汇控制、资料视觉化等工作。期间可能需要申请者协助提供领域相关资讯，或确认词汇控制（例如同义词等）。最后馆员通过指定方式提交报告，例如 e-mail、面谈、线上视讯等。

使用多元化的工具来进行领域网络分析，具体包含的工具如下表：

附表 1.2　台大"领域网络分析服务"的多元工具

引文资料库	WOS 核心合辑、Scopus 等
学术指标分析资料库	InCites、SciVal 等
VOSviewer	书目计量学及社会网络分析之免费软件
Gephi	社会网络分析之免费软件
Tableau Public	资料视觉化软件免费版
NTU Scholars	本校教师个人简历及研究成果平台

针对教师，DNA 服务可以提供：领域热点具象呈现、研究趋势聚焦探索、申请计划佐证加分。

针对学院系所，DNA 服务可以提供：评估单位研究动能、分析学术合作走向、辅助科学研究决策。

图书馆依据本校作者著作之主题建置视觉化网络分析网站，呈现作者间的相似度与研究特色，以此帮助本校研究者发掘校内潜在合作对象，并协助校内外人员掌握本校作者及单位聚焦的研究议题依需求提供三种检视角度之平台：作者检视；主题检视；单位检视。

服务以 Incites 资料库提供的三层 Citation Topics 架构界定著作主题，台大作者可以查看个人研究主题组成。

第八节　香港大学

香港大学图书馆为学习、研究和知识交流提供了有利的环境，图书馆一直坚定不移地满足数字世界不断变化的需求。为了让读者接触更高水平的数字技术，图书馆创建了新的 Ingenium 空间来补充学习通用型设施。

一、数字学术空间提供

Ingenium 位于主图书馆二楼，是一个跨学科空间，可供大学社区从一些最新技术中汲取灵感并与之互动。Ingenium 的名字来源于形容词“巧妙的”，它唤起了发明、想象力和创新。Ingenium 包含三个区域：展览和活动空间、展示区、多用途区。①

Ingenium 灵活的展览和活动空间可以通过折叠隔断进行改造，以容纳会议、活动和研讨会。展览空间设有投影墙和大型展览的悬挂系统。当这些空间不用于活动和展览时，移动家具可以容纳小组讨论和学习。②

Tech@Ingenium 是一个通过配备增强现实（AR）、虚拟现实（VR）和混合现实（MR）的工作站来体验和概念化创意的空间。概念和创作室可供用户进行个人或小组头脑风暴会议和想法生成。③设施和服务包括格莱姆实验室、沉浸式科技空间、VR 沙龙、概念与创作室。

二、数字学术平台建设

香港大学图书馆目前正在为研究数据和其他形式的学术成果提供综合存储库。由 Figshare 提供支持的 DataHub 是用于存储、引用、共享和发现研究数据和所有学术成果的云平台。它收集、保存并提供稳定、长期的全球开放获取香港大学研究人员和 RPG 学生在研究和教学过程中创造的广泛研究数据和学术成果。④

香港大学图书馆通过其数字化项目，开放了在线访问原本仅以印刷版形式提供的本地馆藏。HKUL 的第一个数字计划 ExamBase 于 1996 年推出，随后推出了其他学术兴趣项目。更多的数字项目正在

---

① 香港大学图书馆："Ingenium"，https://lib.hku.hk/ingenium/index. html，访问时间：2023 年 12 月 22 日。

② 香港大学图书馆："Ingenium 展览和活动空间"，https://lib.hku.hk/ingenium/exhibition. html，访问时间：2023 年 12 月 22 日。

③ 香港大学图书馆："Tech@Ingenium"，https://lib.hku.hk/ingenium/ tech.html，访问时间：2023 年 12 月 22 日。

④ 香港大学图书馆："数据中心"，https://libguides.lib.hku.hk/resear chdata/datahub，访问时间：2023 年 12 月 22 日。

开发中，以提供对数字内容和服务的持续访问。①

数字化特藏（DigitalRepository@HKUL）是发现香港大学图书馆以及参与图书馆合作伙伴项目的个人 / 组织的数字化资料的门户。该平台提供对广泛信息的开放或受限访问，包括历史和主要来源材料，以支持香港大学教职员工和学生的教学活动，并加强学术和研究。数字化馆藏包括照片、手稿、海报、音像记录以及从图书馆稀有和特殊馆藏中精选的档案材料。②

在数字化特藏中，香港历史地理信息系统（1900—1930）数字人文项目是应用 GIS 技术来描绘 1900 年至 1933 年间香港岛商业活动的地理景观。该项目的目标是转换传统的档案目录和历史街区映射到 GIS 数据，以在基于网络的地图中提供香港岛商业实体的空间分布和可视化。在这个 GIS 数据库中，各种商业活动被分组以便浏览，还可以搜索公司和组织的名称以及商业描述的关键字。商业实体的空间分布与相关空间数据一起显示，并提供 1901 年历史地图的叠加，以可视化原始地理现象。③

UMAG 3D 物品是与香港大学共同核心课程“死者之物：用考古学挖掘过去”联合创建的，是一个持续的数据库，包含从大学博物馆和艺术画廊（UMAG）收藏中扫描的 3D 模型。每个项目都是学生主导的研究的结果，使用数字人文中常用的方法，包括数据收集、管理、数字化和解释。通过使用 UMAG 藏品中的物品，学生可以评估与博物馆物品交互的新兴数字方法，同时获得相关技术的简单经验。

---

① 香港大学图书馆：“数字化项目”，https://lib.hku.hk/database/index.html，访问时间：2023 年 12 月 22 日。

② 香港大学图书馆：“数字化特藏”，https://dss.lib.hku.hk/projects/ hkul_digital_respository，访问时间：2023 年 12 月 22 日。

③ 香港大学图书馆：“香港历史地理信息系统（1900—1930）”，https://dss.lib.hku.hk/projects/law_hk_historical_gis，访问时间：2023 年 12 月 22 日。

该网站上的每个模型都是使用 Agisoft Metashape 创建的，它对数字图像进行摄影测量处理以生成 3D 空间数据。[①]

三、数字工具技术支持

图书馆创新中心是一个创意、协作和教育空间，提供先进软件、新兴技术和生产设备。可用设备和资源有数字交互实验室、LIC 课堂、媒体服务（联合品牌 LES）编辑室、3D 打印机、3D 扫描仪、激光雕刻机、乙烯基切割机、大幅面打印机，并提供线上教程，如视频编辑、音频编辑、Adobe 创意云、3D 设计、3D 扫描等。[②]

数字交互实验室配备了笔记本电脑和高分辨率视频墙，可通过图像和视频实现数据可视化，以进行研究研讨会和学术讨论，并通过连接便携式设备来投影数据以支持协作学习活动。多个屏幕上同时显示图像、视频和研究数据。

媒体服务（联合品牌 LES）编辑室可以让使用者录音和视听格式的编辑。隔音室配备了电脑（PC 或 Mac）和录音设备，包括 ZOOM H6 手持录音机、Rode NT1 套件、SE Electronics RF -X 反射滤波器。

此外还配备了三台 3D 打印机，包括 Formlabs 3+、Ultimaker 3、Ultimaker S5；两部 3D 扫描仪，包括结构传感器、EinScan Pro 2X；激光雕刻机；爱普生大幅面彩色打印机，可打印大型文档和图像；乙烯基切割机。[③]

---

① 香港大学图书馆："UMAG 3D 物品"，https://dss.lib.hku.hk/projects/edu_3d_objects_at_umag，访问时间：2023 年 12 月 22 日。

② 香港大学图书馆："图书馆创新中心"，https://lib.hku.hk/mediaservices/index.html，访问时间：2023 年 12 月 22 日。

③ 香港大学图书馆："媒体服务"，https://libguides.lib.hku.hk/media，访问时间：2023 年 12 月 22 日。

沉浸式科技空间配备有 VR 沙龙，支持 2—4 人的小团体在球幕设置系统中观看 360 度沉浸式视频，周围环绕着 4K 分辨率图像的影院效果。在线上为入门和进阶使用者提供多样的数字人文工具，包括文本分析（Voyant、Lexos、TAPoR 3、Orange-Text、NLTK、spaCy、AllenNLP、Gensim）、测绘（ArcGIS、QGIS、Google Earth Pro、Leaflet）、数据可视化（Tableau Public、Gephi、Orange、Plotly、R Studio、Timeline JS3）等三方面。①

四、科研数据全域管理

香港大学认识到研究数据和记录管理良好实践的重要性，并致力于推广最高标准。由 Figshare 提供支持的 DataHub 是一个综合性机构数据库，用于存储香港大学的研究人员和学生及其合作者所产生的研究数据和学术成果。它是一个安全的云平台，用于存储、引用、共享和发现研究数据以及从大学内部到全球研究社区的所有学术成果。它通过提供长期存储、全球开放访问、标识符生成和安全保护等功能，充当研究数据持久的“家”。

在可持续数字学术服务下，项目数据保存在由香港大学机构数据存储库 Figshare 提供支持的数据存储库 DataHub 上。DataHub 提供长期存储、用于发布和共享的唯一标识符以及数据版本和随时间更新的资格。通过数字学术服务，香港大学社区成员可以将正在进行的项目或未来项目的数据托管在 DataHub 上，以进行协作和长期访问。学者可以将过去和当前的项目数据迁移到 DataHub；在 DataHub 上

① 香港大学图书馆：“数字人文工具”，https://libguides.lib.hku.hk/c.php?g=940687&p=6809916，访问时间：2023 年 12 月 22 日。

为新项目设置自定义页面；并观看培训课程和指南等。①

五、数字内容创作服务

数字学术团队帮助香港大学社区规划、开展数字项目，并为开展数字研究、教学和出版提供帮助。为了促进跨学科研究，我们与所有学科馆员的保护和保护、参与和学习环境、学习和研究服务、技术服务和技术支持服务密切合作，可以帮助使用者规划和制定项目。数字学术网页中为使用者提供了以下内容：了解数字项目、开始计划、应用数字方法论、使用开放数据、发布和保存。

数字学术团队为香港大学各学科的学生、教职员工和研究人员提供前端图书馆服务，主要包括：为数字学术、项目建议、项目规划、数字资产管理、建设强大的基础设施等各个方面提供咨询；与数字学术项目的内部或外部潜在合作伙伴建立合作伙伴关系。②

作为香港大学社区的核心成员，香港大学数字学术团队可以帮助启动和建立数字学术项目，通过采用 APPLE 原则来帮助大家构建自己的项目：

附表 1.3　数字学术项目支持的 APPLE 原则

实现（Actualize）	从概念想法到项目提案
产品（Produce）	通过数据创建和数据管理构建相关内容
流程（Process）	利用可用的界面和功能开发和设计计划
链接（Link）	发布输出以连接世界各地的受众
探索（Explore）	为数字学术活动做出贡献并探索教学和研究的新可能性

① 香港大学图书馆："数据中心"，https://libguides.lib.hku.hk/researchdata/datahub，访问时间：2023 年 12 月 22 日。

② 香港大学图书馆："数字学术"，https://dss.lib.hku.hk/getting-started/what-is-ds，访问时间：2023 年 12 月 22 日。

图书馆的数字学术团队为项目开发从提案到制作的各个方面提供建议，根据数字学术项目的特点和阶段，提供不同级别的支持——不同阶段的简报和延伸咨询。在研究生命周期的各个阶段处理数据，提供帮助，包括查找、管理、分析和保存研究数据，这是确保用户数据的可访问性和可靠性以及长期数据存储的方法。

数字学术团队由图书馆各学科的专家组成，希望与香港大学界的教师建立联系。团队致力于贡献专业知识，帮助使用者获得种子资助的提案／项目，以支持香港大学任何学科的研究、教学或公共推广方面的个人或协作数字学术项目。团队将成为教学、学习和研究过程中的合作伙伴，并能够发现数字技术，帮助解决一些最棘手的发展挑战，提供信息访问，克服偏远和脱节。图书馆在长期项目网络托管以及各种技术和技术支持方面拥有丰富的经验。

六、数字学术交流出版

数字学术团队提供为网络图书、目录、期刊、博客、网站、相册等不同出版模式的网络出版物的设计、管理和发行提供支持和指导，致力于数字学术工作。图书馆可以帮助试用户在不断变化的学术交流环境中探索新兴的出版模式，并帮助监控和解决对网络出版的担忧和问题，致力于为香港大学学者建立一个公平和可持续的学术生态系统，以管理与教学、学习和研究相关的版权和合理使用问题，并处理出版协议并使用作者权利。①

① 香港大学图书馆："交流合作"，https://dss.lib.hku.hk/supports/partnership，访问时间：2023 年 12 月 22 日。

第九节　香港中文大学

香港中文大学图书馆是东亚地区一所领先的研究型图书馆。香港中文大学图书馆包含七所图书馆——大学图书馆、新亚书院钱穆图书馆、崇基学院牟路思怡图书馆、联合书院胡忠图书馆、李炳医学图书馆、建筑学图书馆及利国伟法律图书馆，其与资讯科技服务处共同管理位于伍何曼原楼六楼的学习共享空间。图书馆以技术导向，设有灵活使用的学习空间，并提供多元丰富的数字学术服务。图书馆会利用数字证据、数字工具、方法及程序去协助教研人员和研究生完成他们的学术研究。通过与校内教研人员合作，图书馆会提供服务，包括网上平台、设备先进的空间、工具、培训及咨询服务，在整个研究周期支持和推广在大学进行数字学术研究。

一、数字学术空间提供

位于大学图书馆地下的数字学术研究室为支持数字学术研究提供先进的场地。数字学术研究以利用各种数字工具及方法，如地理信息系统（GIS）、文字探勘、资料影像化等渐渐成为 21 世纪学术研究的新形式。研究室成立目的为提供必要的场地、工具以致服务以支持这种新进的研究模式。

数字学术研究室，面积约 180 平方米，由视觉室及研讨室组成。视觉室重点为一幅可以协助资料显示、数字学术研究工作的数字显示屏幕，可连接手提电脑、MacBook、iPad、tablet 等设备，把资料特别是高解像度的图片显示出来做讨论。研讨室则备有高效能电脑，安装了不同的数字学术研究软件做资料分析及研究。整个研究室共可提供约 80 个座位，两个房间都可以分开使用，或在举办较大型活动时同时预约使用。[①]

此外，位于图书馆地库的进学园是启发创新学习和学术活动的地方，学生在这里可以探索，创作和研习。这里配备科技充足的学习环境和完善的电脑工作站，小组研讨室，高性能的多媒体工作站，有图书馆馆员为同学的专题研习提供支持服务。[②]

二、数字学术平台建设

1. 香港中文大学研究平台[③]

香港中文大学研究门户网站汇集了香港中文大学研究人员的研究成果、资助、项目和学术活动的信息。研究门户网站尽可能开放香港中文大学的研究成果，包括期刊文章、书籍章节、专著、工作论文、会议论文，提高其可发现性，展示其影响力并促进合作机会。香港中文大学的论文及论文可于香港中文大学数字储存库查阅。

2. 香港中文大学数码资料库[④]

香港中文大学数码资料库是一站式资料库，可供存取由香港中文大学图书馆创建和维护的所有公开数字内容。图书馆自 1995 年起开始创建数字馆藏，目的是保存图书馆特别馆藏和捐赠中的重要学术和智力成果，其中一些在香港其他地方是没有的；促进这些材料的获取

---

① 香港中文大学图书馆："数字学术研究室"，https://www.lib.cuhk.edu.hk/sc/research/digital-scholarship/space/，访问时间：2023 年 12 月 26 日。

② 香港中文大学图书馆："进学园及创客空间"，https://www.lib.cuhk.edu.hk/sc/libraries/ul/lg/，访问时间：2023 年 12 月 26 日。

③ 香港中文大学学术研究文库："香港中文大学研究平台"，https://aims.cuhk.edu.hk/converis/portal/overview?lang=en_GB，访问时间：2023 年 12 月 26 日。

④ 香港中文大学图书馆："香港中文大学数码资料库"，https://repository.lib.cuhk.edu.hk/，访问时间：2023 年 12 月 26 日。

和共享；并支持研究和学习。图书馆现已建立了数以百万计的数字档案，涵盖文学、文化、艺术、政治、社会和宗教等不同领域，以及善本／半善本书籍、期刊文章、书信和手稿、甲骨文、照片等不同格式和视听文件。2014年，图书馆决定使用开源软件来构建这个新的存储系统，以便将所有数字内容整合到一个平台上，支持多种格式的所有数字馆藏的浏览、搜索和检索；支持开放访问，允许内容的可发现性，能够永久处理数字对象，并提供选择、组织和维护这些集合的功能。旧的集合将分阶段迁移到存储库，同时新的集合将不断添加。

3. 香港文学资料库①

该库为全球首个有关香港文学的综合性资料网，由香港中文大学图书馆制作建立，2000年6月15日正式启用。截至2023年10月，资料库已收录超过20份早期香港报章文艺副刊，以及逾200份文学期刊，文章条目接近664,000笔，其中汇入了卢玮銮教授所藏香港文学档案，资料超过38,000条。冀能为香港文学的教学和研究，提供学术支持，推动香港文学的发展和研究。

此外，资料库还提供多项与香港文学相关的网上资讯，如文学专题、文学活动及作家专辑。除具备多项基本检索功能外，部分文章更提供全文影像，方便读者参考，不受地域限制。

4. 香港作家及艺术家传记资料库②

该库为香港文学资料库第二阶段更新项目，以香港文化人物为中心，建构查询及数据可视化平台，支持香港文学相关的数字学术研究项目及分析。

香港中文大学图书馆与香港文学研究中心合作，整合香港作家笔

---

① 香港中文大学图书馆："香港文学资料库"，https://hklit.lib.cuhk.edu.hk/about/，访问时间：2023年12月26日。

② 香港中文大学图书馆："香港作家及艺术家传记资料库"，https://hkbdb.lib.cuhk.edu.hk/zh-hans/about，访问时间：2023年12月26日。

名及生平资料，列出其本名、所用笔名、作品，以及人、时、地和事等条目。研究支持及数字创新团队参考不同专著，进行勘探及分析工作，以人工或半自动资料撷取（data extraction）方法抽取及汇入香港文化人物的生平资料。资料库据此分辨人物类别、属性与关联等建构知识本体（ontology）建模，将命名实体（named entity）建立人物关系模型，并参考相关权威档案（authority files）对资料进行消歧及融合工作。

使用者现可透过名称检索及生平资料分类浏览、检索界面和其他增值应用功能（如大事年表、社交网络图及家谱等），从更多元的角度了解香港作家与艺术家之间的关系。另外，资料库现阶段亦已提供SPARQL 语法查询（SPARQL query）及数据集下载（datasets）工具予注册用户使用，以进行香港文学相关的数字学术研究项目或分析。

三、数字素养教育培训

香港中文大学图书馆每学期都会举办各种有关数字学术研究工具及方法的讲座，还会根据研究人员的需要协助他们获取相关的新知识技能，以及提供现场练习的小班讲座。讲座主题包括地理信息系统使用、使用 Voyant Tools 进行文本分析及数据可视化等。此外还与教学人员合作举办与研究相关的讲座。

馆员就如何进行数字学术研究、数据分析、使用数字学术研究软件工具等提供咨询服务，也会协助联系各学科研究、专业人员提供各种研究支持。[①]

此外，图书馆还举办工作坊、讲座和研讨会以推广有关数字学术研究的技术和经验分享。

---

① 香港中文大学图书馆：“数字学术研究服务”，https://www.lib.cuhk.edu.hk/sc/research/digital-scholarship/services/，访问时间：2023 年 12 月 26 日。

四、数字工具技术支持

研究室备有先进的设备以协助数字学术研究之用。

视觉室配备了超高像素的数字显示屏幕，支持多样的显示来源输入，如有线传输和无线传输。蓝光放映机、控制台、互动白板、录像及直播系统可提供予已预约视觉室读者使用。还有可借出的 iPad Pro，MS Surface Pro 及平板于研究室内使用。

研讨室备有高效能个人电脑及 iMac，提供支持数字研究方法的工具和软件以作地理空间分析、数据探勘、文字探勘、多媒体编辑、影像化和模拟分析多功能影印机（MFP）提供打印、扫描及影印服务。咨询室可作一对一数字人文学术研究项目咨询，支持服务柜台协助读者使用研究室内的设备。①

创客空间（MakerSpace）是进学园全新发展的项目，可以提供 3D 打印及扫描服务、创意媒体制作间、扩增实境和虚拟现实的设备及软件、激光切割及 UV 打印、图像编辑、3D 建模等软件。②

五、数字人文项目支撑

图书馆致力于促进港中大教研人员合作及支持他们的数字学术研究以致整个研究周期的需要。发掘研究数据资料，协助教研人员去寻找和取用各种适合的研究数据和资料，提供数字内容创建服务；提供有关以下范畴的咨询服务：数字学术研究工具及方法、软件应用、数据可视化、元数据创建；项目计划及管理，协助制订项目计划、监察

---

① 香港中文大学图书馆："数字学术空间服务"，https://www.lib.cuhk.edu.hk/sc/research/digital-scholarship/space/，访问时间：2023 年 12 月 26 日。

② 香港中文大学图书馆："进学园及创客空间"，https://www.lib.cuhk.edu.hk/sc/libraries/ul/lg/，访问时间：2023 年 12 月 26 日。

进度、提供定期更新和项目管理至完成为止；技术支持，包括有关研究项目的网页创建、平台开发及长远维护。①

六、科研数据全域管理

研究数据管理涵盖数据的产生、使用计划、数据的组织、结构和命名、如何安全地储存数据、提供存取权限、与合作者共享、发布和引用，并把具长远价值的数据存档。优良的研究数据管理可以让研究数据稳妥地储存，在适当情况下共享，并对结果进行验证和支持数字保存。

香港中文大学已制定了《研究数据管理指引》，为研究人员和学生提供有关管理、保存和共享研究数据的一般指引及支持。

为协助大学的研究人员和学生在整个研究生命周期中管理研究数据，图书馆提供了以下的服务：研究数据管理项目、数据管理计划、研究数据计划、香港中文大学研究数据储存库、研究数据管理指引、讲座、研究数据管理咨询服务。②

1. 研究数据管理项目③

香港中文大学成立研究数据管理委员会，以促进研究数据生命周期各阶段中研究数据管理的最高标准。研究数据管理委员会负责向研究事务委员会提议相关研究数据管理的政策、指引及最佳实践；就研究数据管理的基础设施、资源、培训及支持服务的发展和实施

---

① 香港中文大学图书馆："数字学术研究服务"，https://www.lib.cuhk.edu.hk/sc/research/digital-scholarship/services/，访问时间：2023 年 12 月 26 日。

② 香港中文大学图书馆："研究支持"，https://www.lib.cuhk.edu.hk/sc/research/，访问时间：2023 年 12 月 26 日。

③ 香港中文大学图书馆："研究数据管理项目"，https://www.lib.cuhk.edu.hk/sc/research/data/rdm-project/，访问时间：2023 年 12 月 26 日。

提出建议；协助研究事务委员会监督研究数据管理相关项目的实施；为研究人员就遵守资助者和出版商的研究数据管理和开放／共享要求提供建议和协助。

研究数据管理项目旨在提供管理、保存及分享研究数据的最佳实践指引；推行撰写研究计划书中研究数据计划的工具；开发香港中文大学研究数据储存库以用作研究数据存储；通过培训和教育课程提升研究人员对研究数据管理的认识；融合研究数据管理培训于研究生的研究教育中；于学院及学系中建立鼓励研究数据管理的项目以推广数据管理的最佳实践。

2. 数据管理计划[①]

数据管理计划是一份计划数据管理的详细文件，涵盖整个研究生命周期。研究人员通常在提案阶段撰写，并构成研究提案的一部分。一些资助机构亦会要求在提交研究提案时一并附上数据管理计划的文件。

预早计划数据管理不单可为所需的人力和财政资源做好准备，并可在研究过程中省减不少时间，更可确保数据以 FAIR 数据原则来管理，即可查找（findable）、可存取（accessible）、可共同操作（interoperable）和可重新使用（reusable）。

数据管理计划通常包括：

- 数据收集；
- 文件和元数据；
- 道德和法律合规；
- 储存、保存和存档；
- 数据共享；

---

① 香港中文大学图书馆："数据管理计划"，https://www.lib.cuhk.edu.hk/sc/research/data/dmp/，访问时间：2023 年 12 月 26 日。

● 职责和资源。

为协助中文大学的研究人员撰写数据管理计划，图书馆使用了由 University of California Curation Center 管理的免费开源线上应用程序 DMPTool，发展数据管理计划服务。

图书馆制作了一个有关数据管理计划的图书馆指引，内容包括：什么是数据管理计划及其内容、撰写数据管理计划的原因、有关数据管理计划的资源、如何利用 DMPTool 来撰写数据管理计划。图书馆还提供了两个有关数据管理计划的讲座。

3. 研究数据计划[①]

香港中文大学计划根据 TRUST 数据储存库原则——透明度（Transparency）、责任（Responsibility）、以使用者为本（User Focus）、可持续性（Sustainability）、技术性（Technology），使用开源软件 Dataverse 建立香港中文大学研究数据储存库。大学的研究人员可以将他们的研究数据储存到数据储存库中，以便符合出版商和研究资助机构的要求、保存研究数据并分享予学术界、增加研究影响力和引用次数。

香港中文大学研究数据储存库于 2022 年 9 月正式启用，大学研究人员可以与研究团队成员共同储存数据和管理数据文件夹、描述并保存多种格式的数据集、使用永久标识符以发布和共享数据集（例如 DOI）、共享数据集到社交媒体平台、了解数据集的影响（例如观看、下载、引用数量）。

港中大研究人员可发表研究成果的数据以作保存和重复使用，亦可储存投稿论文的数据以供同行审稿。研究人员如需要数据储存的协助，可以填写在线表格联系研究数据团队。图书馆亦制作了一个有关香港中文大学研究数据储存库的图书馆指引。

---

① 香港中文大学图书馆："研究数据计划"，https://libguides.lib.cuhk.edu.hk/RDM，访问时间：2023 年 12 月 26 日。

世界研究人员可以通过搜索引擎搜索并发现存放于大学数据储存库中的数据集、引用并重新使用数据集、与数据集拥有人联系以探求合作机会、在有必要时查询数据集的存取权限或更多信息、从 Dataverse 地图中找到香港中文大学研究数据储存库。

七、数字内容创作服务

图书馆提供以下的数字服务，以提高大学的学习和研究成效：数字化服务、在数字典藏存放数字物件、数字项目规划和咨询。[①]

1. 数字化服务

数字服务团队通常从图书馆馆藏创建数字馆藏。我们也寻求大学学院和学系的外部内容，他们必须持有这些资料，并希望通过"香港中文大学数字典藏"与全球研究界分享（请参阅"开放存取政策"）。该资料可以是文本、图片或多媒体。服务符合业界最佳实践和数字化标准：扫描的程序会于校内进行或外包给供应商。如需要扫描的资料或数字档案会捐赠给图书馆的话，图书馆将妥善地把它们收编在图书馆目录或图书馆档案。

2. 在数字典藏存放数字物件

如果学院已经拥有的数字档案或资料是以数字方式产生，欢迎使用者将它们存放在"香港中文大学数字典藏"，借此向公众开放或资源共享。数字服务团队将评估这些数字图像，如果它们合适存放在数字典藏中，他们将负责处理数字转换。

3. 数字项目规划和咨询

数字服务团队可以为以下项目提供免费的专家意见：合适于数字

① 香港中文大学图书馆："数字服务"，https://repository.lib.cuhk.edu.hk/sc/services，访问时间：2023 年 12 月 26 日。

项目的硬件、软件和流程；为你的数字项目提供后勤支持，如寻找供应商、质量控制的方法；评估该项目是否适合数字化。

八、数字学术交流出版

香港中文大学图书馆的学术传播团队旨在支持大学教研人员有效地传播及保存研究成果以供将来使用，并评估它们对学术界的影响。该团队提供以下服务①：

- 支持开放取用出版；
- 管理大学的研究成果及香港中文大学学术研究文库；
- 为大学教研人员提供引文检索服务；
- 支持作者身份识别码管理；
- 为研究、教学及学习提供版权指导；
- 提供学术传播及开放科学方面的培训。

① 香港中文大学图书馆："学术传播"，https://www.lib.cuhk.edu.hk/sc/research/scholarly-communication/，访问时间：2023 年 12 月 26 日。

— 附录二 —

美国数字学术服务的实践与进展

美国众多高校在数字学术领域已经进行了深入的探索和实践。本章特别聚焦了乔治梅森大学、埃默里大学、迈阿密大学、布朗大学等 10 所高校，通过对它们的图书馆、数字学术中心或实验室等机构的调研，展示了这些学校如何推动数字学术研究，助力数字学术的创新发展。本章详尽梳理了 10 所高校在数字学术空间提供、数字学术平台建设、数字素养教育培训、数字工具技术支持、数字人文项目支撑、科研数据全域管理、数字学术交流出版等多个方面的实践进展，旨在从实践案例中提取宝贵经验和启发，为全球高校的数字学术服务创新与发展提供参考。

第一节　乔治梅森大学

乔治梅森大学图书馆数字学术中心（George Mason University Libraries' Digital Scholarship Center，DiSC）成立于 2014 年，为数据密集型学术研究提供支持，跨学科地满足师生的教学和学习需求。中心的前身是图书馆成立于 2008 年的数字人文中心。[①]

一、数字学术工具支持

如附表 2.1 所示，中心提供数字软件课程、资源和工具支持。课程方面，中心主要提供数据统计分析、数据可视化、数据引用等方面课程；资源和工具方面，中心提供文本分析、网络分析、数据可视化[②]等工具。与此同时，中心配置 OmekaS 和 Omeka Classic 平台、数字扫描机和照相机等数字学术硬件设施、数字工具和平台的使用教程和扩展资源等，其中，Omeka 是数字典藏内容管理系统，帮助图书馆、博物馆等文化机构对数字馆藏进行出版、展示。

附表 2.1 数字软件课程和工具支持

英语名称	中文译名	类别
Big Data & Geovisualization	大数据与地理可视化	课程、资源
Census & Demographic Data	人口普查和人口数据	课程、资源
Citing Data	引用数据	课程、资源
Collect Data with a Survey	通过调查收集数据	课程、资源
Data Analysis & Statistics	数据分析与统计	课程、资源
Data Visualization	数据可视化	课程、资源
Digital Humanities	数字人文	课程、资源
Find Data & Statistics: Best Places to Start	查找数据和统计数据：最佳起点	课程、资源
Find Data for Analysis	查找数据进行分析	课程、资源

① Digital Scholarship Center George Mason University, “About Us”, https://dsc.gmu.edu/about-us/, accessed 14 March 2022.

② Digital Scholarship Center George Mason University, “Digital Humanities”, https://dsc.gmu.edu/digital-humanities/, accessed 14 March 2022.

续表

英语名称	中文译名	类别
Find Data: Public Opinion Polls & Social Surveys	查找数据：民意调查和社会调查	课程、资源
Find/Use Data: ICPSR	查找 / 使用数据：大学间政治和社会研究联盟	课程、资源
Geospatial Data & GIS	地理空间数据和地理信息系统	课程、资源
Learn Python for Data	为数据学习 Python	课程、资源
Learn R	学习 R 语言	课程、资源
Network Analysis	网络分析	课程、资源
Qualitative Research & Tools	定性研究与工具	课程、资源
Research Data Management Basics	研究数据管理基础	课程、资源
Simply Analytics: Getting Started	简单分析：入门	课程、资源
Social Media Data and Tools	社交媒体数据和工具	课程、资源
Spreadsheets	电子表格	课程、资源
Text & Data Mining Sources	文本和数据挖掘源	课程、资源
Text Analysis Tools	文本分析工具	课程、资源
Working with Data	处理数据	课程、资源
Omeka Classic	数字典藏内容管理系统	软件平台
ProQuest TDM Studio	ProQuest TDM 工作台	软件平台
Software for Digital Scholarship	数字学术软件	软件平台
Tropy	图片管理软件	软件平台

二、科研数据全域管理

中心和图书馆全力支持数据管理计划、元数据创建、数据长期保存、数据共享，为师生提供数据全域管理的专业建议和最佳实践[①]：

① Digital Scholarship Center George Mason University, “Research Data Management Basics”, https://infoguides.gmu.edu/data-management/, accessed 14 March 2022.

(1)编写数据管理计划。中心提供了DMPTool，该工具致力于帮助师生开展科研数据管理计划撰写，以满足资助机构的数据管理要求。(2)元数据标准与使用介绍。(3)记录和描述数据。中心提供数据管理文档的内容范围、标准，元数据的概念与标准，敏感信息和个人特征数据的脱敏处理指南和标准。(4)存储和备份工作。中心提供乔治梅森大学存储的方式与标准。(5)存档和共享成果。中心提供两个数据存储选择：一个是乔治梅森大学Dataverse数据存储库，存放科研活动的最终数据，例如表格数据、GIS文件和代码等；另一个是梅森档案库服务(Mason Archival Repository Service，MARS)，存放文章、书籍、论文等研究成果。(6)开放科学框架(Open Science Framework，OSF)。OSF是一个开放平台，支持科学研究活动并实现协作，可进行论文或数据搜索、创建项目、收集和分析数据、发布研究报告。[①] 梅森师生可用梅森凭证登录OSF，将所建项目与梅森进行关联。

三、数字人文项目支持

中心工作人员利用自己的专业技能，与师生合作完成数字学术项目，如东德海报数据项目具体实施过程如下[②]：(1)工作人员负责处理项目数据，将数据Word格式转化为Excel格式，利用CSV导入模块将数据导入OmekaS平台，帮助研究者建立OmekaS站点，协助研究者在OmekaS中对项目资料进行添加和描述。(2)工作人员协助用户联系数字化公司咨询项目元数据创建，安装、配置OmekaS软件，建立数字化笔记和元数据导入OmekaS的工作流程，并将OmekaS中相关标本与数据库中记录进行关联。(3)工作人员与研究人员合作创建

① Center for Open Science, “Open Science Framework”, https://osf.io/, accessed 14 March 2022.

② Geoge Mason Special Collections Research Center, “East German Poster Database”, https://silverbox.gmu.edu/eastgerman/s/eastgermanposters/page/home, accessed 14 March 2022.

和配置项目 OmekaS，完成了东德海报收集、数字化，实现东德海报在线浏览和检索。

中心和图书馆也以多种方式支持学校 GIS 研究项目[①]，提供在线 GIS 数据资源访问指南、GIS 数据处理一对一指导（如数据清洗、编码和空间分析）、GIS 研讨会、在线教程和订制课程。除此之外，还提供常见 GIS 软件如 ArcGIS、ArcGIS Pro、QGIS、Google Earth Pro 等空间分析软件，提供空间分析案例展示。例如，GeoData@Mason 项目由图书馆于 2021 年推出，用户可以搜索、预览并下载梅森存储库托管的地理空间数据。它还提供了由其他学术机构（哈佛大学、塔夫茨大学、麻省理工学院、加州大学伯克利分校等）托管在 Open GeoPortal（OGP）框架中的各种数据集的访问权限。

第二节 埃默里大学

埃默里大学数字学术中心（Emory Center for Digital Scholarship，ECDS）是一个专注于数字学术研究与发展的合作型研究中心。自 2013 年成立以来，该中心致力于为公众和学术界提供可持续的、创新的数字学术支持。中心与教师、员工、学生、合作机构及非营利组织紧密合作，利用数字工具和方法推动学术研究、教育及社会服务的进步。[②]

① Digital Scholarship Center George Mason University, “Geographic Information Systems”, https://dsc.gmu.edu/gis/, accessed 14 March 2022.

② Emory University, “Emory Center for Digital Scholarship”, https://ecdsdashboard.webflow.io/, accessed 14 March 2022.

一、数字学术空间提供

中心数字学术空间提供主要包括[①]:(1)开放式工作空间和协作区,适用于团队合作、集体研讨或个人工作;(2)影音制作套房,配备专业的音视频设备,适合进行媒体制作、拍摄、剪辑等活动;(3)两个会议室和协作空间,可用于举办正式会议、头脑风暴或小型研讨会;(4)工作人员工作区,为工作人员提供独立的办公空间;(5)电话亭,提供私密空间,方便进行电话交谈或网络会议;(6)数字可视化实验室(DigiLab),配备工作人员工作区和学生工作站,重点支持与地图、3D 建模、增强现实(AR)和虚拟现实(VR)相关的项目。

二、数字工具技术支持

如附表 2.2 所示,中心提供了一系列数字学术工具方面的技术支持,以帮助师生将数字工具和方法融入研究、教学和出版中。[②] 提供的各类型数字学术工具支持包括:(1)GIS 和制图。[③] 中心与学者合作,将地理空间技术和数据可视化纳入学校的研究和教学,提供 ArcGIS Desktop 等地理空间工具与技术、相关专业数据资源、专业咨询、典型案例在线访问;提供的工具支持包括 ArcGIS Desktop、Carto、Google Earth Pro、Google Maps、OpenTour Builder、QGIS、Tableau Public。(2)多媒体制作工具。多媒体制作中心提供多类型多媒体制作工具,包括 Adobe Premiere、Adobe Premiere Rush、Audacity、

---

① Emory Center for Digital Scholarship, "Visit Us", https://digitalscholarship.emory.edu/about/center.html, accessed 14 March 2022.

② Emory Center for Digital Scholarship, "Expertise", https://ecds.emory.edu/expertise/index.html, accessed 14 March 2022.

③ Emory Center for Digital Scholarship, "GIS and Mapping", https://digitalscholarship.emory.edu/expertise/mapping.html, accessed 14 March 2022.

Camtasia。(3)网络分析。[①]中心提供网络分析咨询服务，用量化关系方法，来帮助研究者理解、探索实体之间的关系。中心配置了网络分析工具技术，如 Cytoscape、Gephi、Palladio、R Studio、Python。(4)在线展览工具。中心提供 ArcGIS Storymaps、Omeka、WordPress、Unity 等在线展览工具。(5)统计分析工具。中心提供 R、SAS、SPSS、Stat/Transfer、Stata。(6)文本分析工具。中心提供 AntConc、Natural Language Toolkit、Quanteda、Topic Modeling Tool、Voyant。(7)可视化演示。[②]中心数字可视化实验室提供虚拟现实(VR)、增强现实(AR)和混合现实(MR)等新兴技术来可视化学术研究内容，帮助师生开展交互式、跨学科媒体设计、研究洞察、视觉设计、教学游戏等。除此之外，实验室还提供地理空间数据建模和 3D 建模等虚拟建模工具，利用图形设计、图像处理和数据可视化进行数字学术服务。

附表 2.2　埃默里大学数字学术中心数字学术工具支持

工具类型	工具名称
GIS 和制图	ArcGIS Desktop、Carto、Google Earth Pro、Google Maps、OpenTour Builder、QGIS、Tableau Public
多媒体制作	Adobe Premiere、Adobe Premiere Rush、Audacity、Camtasia
网络分析	Cytoscape、Gephi、Palladio、R Studio、Python
在线展览	ArcGIS Storymaps、Omeka、WordPress、Unity
统计分析	R、SAS、SPSS、Stat/Transfer、Stata
文本分析	AntConc、Natural Language Toolkit、Quanteda、Topic Modeling Tool、Voyant
可视化演示	VR、AR、MR、3D 建模

① Emory Center for Digital Scholarship, “Samothracian Networks”, https://scholarblogs.emory.edu/samothraciannetworks/the-samothracian-social-network/, accessed 14 March 2022.

② Emory Center for Digital Scholarship, “VR|AR|MR”, https://digitalscholarship.emory.edu/expertise/reality.html, accessed 14 March 2022.

三、数字素养教育培训

中心为教师提供数据学术方面的培训和支持①，将数字学术融入教学过程中；为教师制订了数字学术相关培训安排，包括夏季教师研讨会、春季研究生训练营以及在线研究生教学，提供一对一数字教学咨询。与此同时，中心也向学生提供数字学术支持，包括学生项目指导、面向学生数字学术课程、数字学术最佳实践案例提供等。

中心在数字人文项目管理教育支撑上也发挥了重要作用，其负责开发的“数字人文项目管理”（PM4DH）网站，是一个专为学术图书馆和其他机构管理数字项目而设计的教育资源合集。该网站涵盖了数字项目生命周期的各个阶段，包括提案、启动、规划、执行和结束。每个阶段都提供了详细的行动指南、考虑要点以及相关的网络资源和样本文档。此外，PM4DH 还汇集了大型软件开发项目的项目管理办公室文档、课程文档等。通过这些丰富的资源，网站致力于支持和促进数字人文学领域的项目管理和发展。

四、数字学术交流出版

中心提供开放获取出版和数字出版服务②，支持多种类型数字学术研究成果的出版。这些服务不仅包括书籍和期刊等传统出版形式，还涵盖学术期刊的开放获取模式、GIS 设计展览地图、在线艺术展览等。例如，中心与北卡罗来纳大学出版社合作，出版了 Sounding Spirit 项目中的五本美国本土神圣歌曲集的数字版本，这些版本包含注释、歌曲的历史和社会文化背景。此外，中心还出版了《南方空

---

① Emory Center for Digital Scholarship, “Pedagogy”, https://digitalscholarship.emory.edu/expertise/pedagogy.html, accessed 14 March 2022.

② Emory Center for Digital Scholarship, “Publishing”, https://digitalscholarship.emory.edu/expertise/publishing.html, accessed 14 March 2022.

间》，这是一个经过同行评审的多媒体开放获取期刊，包含文字、照片、短片和评论等内容，探索数字学术成果出版的创新方式。

第三节　迈阿密大学

迈阿密大学数字学术中心由图书馆的创造和创新部门（The Create and Innovate，C+I）负责，旨在提供各类型数字学术支持。中心为课程项目开发提供支持，包括策划和集成分阶段的作业、评分标准和教学指导。中心帮助识别研究或教学所需的合适资源，如合适的平台、文本、图像、数据集等，并协助识别、开发和应用各种工具，如数据可视化、制图、文本挖掘和转录。此外，中心还提供项目规划、内容和数据管理的培训和支持，协助将数字项目融入课程，并为数字人文学研究或教学提供创意方案。①

一、数字学术空间提供

数字学术空间为师生提供专用的、充满活力的协作空间。这些空间专门用于头脑风暴、数字学术研究、3D 打印、创客空间、多媒体制作等多种创新活动。② 创客空间内配置了激光切割机、3D 打印机、

① Miami University Libraries, "Digital Scholarship: Home", https://libguides.lib.miamioh.edu/digital-humanities, accessed 14 March 2022.

② Miami University Libraries, "The Create and Innovate C+I", https://libguides.lib.miamioh.edu/create, accessed 14 March 2022.

缝纫机等多种工具和特定的免费材料。虚拟现实实验室提供了沉浸式VR眼镜及配套基础设备、可触屏等。音频实验室配置播客和视频拍摄的专业技术设备。

二、数字人文项目支撑

中心提供数字人文项目管理设计方法、项目管理培训、项目可视化手册和研究数据管理计划工具等资源和服务。[①]（1）数字人文项目管理设计方法。中心会解释数字人文的项目管理特殊性，介绍适合数字人文的项目管理原则与方法。（2）数字人文项目管理培训。中心推荐埃默里大学数字学术中心搭建的PM4DH网站，该网站将数字人文项目分为提案、启动、计划、执行和结束五个阶段并提供相应的培训材料。（3）数字项目可视化手册。中心推荐《数字项目手册》，该手册由杜克大学图书馆出版，旨在帮助学者和学生创建数字项目。手册分为五个部分，介绍了数字项目的概念和类型、规划和管理、数据收集和管理、设计和开发、分享和传播等内容。（4）数据管理计划。中心提供DMPTool，帮助研究者创建数据管理计划，提供数据管理的最佳实践与帮助。

三、数字素养教育培训

中心提供了丰富的信息素养教育资源。[②]这些资源涵盖图书、学

① Miami University Libraries, “Digital Scholarship: Digital Project Management”, https://libguides.lib.miamioh.edu/c.php?g=22190&p=7757118, accessed 14 March 2022.

② Miami University Libraries, “Digital Scholarship:Digital Project Pedagogy”, https://libguides.lib.miamioh.edu/digital-humanities/pedagogy, accessed 14 March 2022.

术论文、期刊、视频以及教学资源。此外，中心还提供专业发展相关资源和指南，以及其他辅助性的资源。这些资源主要围绕数字素养教育的核心目标进行布局，通过解释数字学术的相关知识、介绍数字学术研究的方法论、推荐常用的软件工具，以及典型案例分析等多种方式，帮助用户更深入地理解和掌握数字学术领域的核心要素。这不仅有助于提高师生的信息素养，也为数字学术领域的研究和发展提供了重要的支持。

四、数字学术交流出版

中心数字学术交流出版服务包括了开放获取、数字学术编辑、数字出版平台等服务。[①]（1）开放获取服务汇集了全球范围内的开放获取期刊和出版商列表、开放数据列表、开放书籍清单、开放获取存储库和学术共享中心。其中，迈阿密大学学术共享中心由图书馆建设，主要存储了校内各部门和中心的研究成果，包括数据集、师生的学术论文、学术讲座和研讨会等。（2）数字学术编辑提供数字学术成果的编辑方式，比如数字文本编码方法、文本编码倡议（TEI）指南和示例；同时也提供数字文本编辑的项目成果展示。（3）数字出版平台汇集了各类数字出版平台的信息，包括开放期刊系统、开放图书出版商和开放专刊会议等常见出版物的平台。同时，中心还整理了一些专业性质的出版平台，例如 ArcGIS 地图故事平台、微视平台和 WordPress 网站搭建平台。

---

① Miami University Libraries, "Digital Scholarship: Digital Publishing Platforms", https://libguides.lib.miamioh.edu/c.php?g=22190&p=6920348, accessed 14 March 2022.

第四节 布朗大学

布朗大学数字学术中心（CDS）是图书馆跨部门的工作小组。通过与师生及校内各部门之间合作，激发智慧和创造力。中心是布朗大学的数字学术枢纽，为师生提供数字学术方法、项目开发和出版支持、专业知识和教学。中心坚持合作、包容性、创新、社区建设和培养下一代数字学术实践者的价值观。①

一、数字学术空间提供

中心提供数字工作室②，有 4,500 平方英尺（约 418 平方米）的空间，位于洛克菲勒图书馆，可供数字项目的内容和设计咨询、数据建模、多媒体演示等。中心配有专业的数字学术中心和图书馆团队，为师生提供数字成像、迭代项目设计和实施、版权和合理使用、数据策展和管理、数据存档和仓储、数字学术方法和实践，以及数字内容传播等方面的协助。

数字工作室室包括以下空间：（1）数字学术实验室，可容纳 45 人，配备视频墙，适用于课程、大型聚会和协作工作；（2）音视频录制套房，开放式工作区，设有工作台、工作站和灵活的座位区，以及可共享的显示屏幕；（3）小型咨询室，配有屏幕，可容纳 10 人；（4）研讨室，配有屏幕，可容纳 14 人。

---

① Brown University, "Center For Digital Scholarship: About Us", https://library.brown.edu/create/cds/about/, accessed 14 March 2022.

② Brown University, "Center For Digital Scholarship: Studio", https://library.brown.edu/create/cds/studio/, accessed 14 March 2022.

二、数字工具技术支持

中心提供全面的数字工具技术支持，包括硬件设备和软件应用。[①] 硬件方面，中心主要提供扫描、摄影等数字化工具和数字空间实验室，具体包括：（1）中心提供数字制作服务，负责学术研究和教学材料的数字化，配备了平板扫描仪、影印相机、数码相机等专业设备，提供数字成像和转换的指南与标准；（2）中心建立了 Sidney E. Frank 数字工作室，配置了绘图打印机、展示墙、专业音视频录制室和写作空间。软件方面，中心提供以下支持：（1）文本和定量分析，包括 Voyant、AntConc、Gephi、ORC、XML、R 和 Stata 等工具，帮助人文和社会科学领域的研究者处理数据；（2）GIS 及制图，利用 ArcGIS Pro、ArcGIS Online、ArcGIS 地图故事、PostGIS 和 Spatialite 等工具，支持地理数据的可视化和空间分析；（3）数据可视化，通过研讨会和一对一咨询，帮助研究者进行数据展示；（4）视觉设计和用户界面开发，提供 Photoshop、Sketch、Illustrator 和 inVision 等软件，提升数字人文项目的网络界面设计。

三、数字人文项目支撑

中心在过去几十年里为布朗大学的数字化项目提供支撑，由其主导或者协助开展的数字人文项目多达 88 项。[②] 数字学术中心团队为多个项目提供技术指导，涉及超文本、XML、网站建立、平台搭建

① Brown University, "Center For Digital Scholarship", https://library.brown.edu/create/cds/, accessed 14 March 2022.

② Brown University, "Center For Digital Scholarship: Projects", https://library.brown.edu/create/cds/projects/, accessed 14 March 2022.

等。以“以色列 / 巴勒斯坦铭文”项目为例[①]，该项目旨在创建一个包含约 15,000 条古代铭文的在线可搜索语料库，每条铭文均有英文翻译。数字学术中心为此项目提供了持续的技术支持与指导。中心高级数字人文馆员艾莉·米洛纳斯作为技术总监领导，带领团队为项目数据库提供了文档类型定义咨询、标记策略建议，并探索了使用 XML 开源工具为铭文提供灵活且强大的 Web 检索界面。团队还负责处理 Unicode 数据的存储、搜索和页面展示，开发了 MySQL 数据库及其浏览和编辑界面，使全球合作者更容易访问这些资源。

四、数字学术交流出版

中心提供数字学术交流出版服务主要内容包括开放获取支持、数字学术出版。[②]（1）开放获取：支持布朗大学向师生讲解开放获取的方式、意义与方法，建立全球开放获取出版物的检索页面，提供布朗数字机构库（Brown Digital Repository，BDR）入口，该机构库是用于收集、索引、保存和传播布朗大学师生数字内容集合的平台。除此之外，布朗大学还提供了一个开放数据集网站，用于存储由该校师生创建的开放数据集。该网站不仅托管布朗大学的数据集，还提供数字对象标识符的申请服务，为数据集的保存提供协议、元数据推荐以及数据引用的标准参考格式。（2）数字学术出版[③]：布朗大学图书馆和学院合作，开展了布朗数字出版物计划，推动数字学术出

① Brown University, “Center For Digital Scholarship: Inscriptions of Israel/Palestine”, https://library.brown.edu/create/cds/inscriptions-of-israelpalestine/, accessed 14 March 2022.

② Brown University Library, “Brown Digital Repository: Brown University Open Data Collection”, https://repository.library.brown.edu/studio/collections/id_671/, accessed 14 March 2022.

③ Brown University Library, “Brown University Digital Publications”, https://library.brown.edu/create/digitalpublications/, accessed 14 March 2022.

版的发展，使得出版不再局限于纸质或者 PDF 形式的文章和专著。中心把《炉与赋格》(1618)作为试点项目，将文本、图像、声音进行融合，出版具有交互性新型出版物，该书的权利人为布朗大学，出版商为弗吉尼亚大学出版社。

第五节　弗吉尼亚大学

弗吉尼亚大学图书馆的学者实验室(SLab)是一个跨学科实验性学术研究社区，专注于数字人文学、空间技术和文化遗产研究。实验室不仅是一个学习新方法和探索学科边界的平台，还提供一系列的导师辅导、团队协作和丰富的社区体验。实验室配有国际认可的学术团队，擅长领域包括数字人文学、地理信息系统、文化遗产信息学等。①

一、数字学术空间提供

SLab 创客空间致力于打造一个开放包容的空间，为所有人提供学习、探索、创造的机会。创客空间通过提供设备、工具、培训、资源和活动，帮助人们提升技能、激发创造力、促进创新，从而为学术研究、社区建设和社会发展做出贡献。② 创客空间提供的服务内容主

---

① University of Virginia Library, "Scholars'Lab", https://scholarslab.lib.virginia.edu/about/#what-is-the-scholars-lab, accessed 14 March 2022.

② University of Virginia Library, "Scholars'Lab: Makerspace", https://scholarslab.lib.virginia.edu/makerspace/, accessed 14 March 2022.

要可以分为以下几个方面：（1）设备和工具。创客空间拥有各种先进的设备和工具，用户可以使用这些设备和工具来制作各种创意作品，包括 3D 打印机、激光切割机、数控机床、电子设备等。（2）培训和指导。创客空间提供各种培训和指导，帮助用户学习如何使用设备和工具。（3）项目支持。创客空间为用户提供项目支持，包括设备维护、材料供应和资金支持，帮助用户完成创意项目。（4）资源。创客空间提供各种学习资源，包括教程文档、数据库等，帮助用户学习和制作创意作品。（5）活动。创客空间定期举办各种活动，为用户提供交流和学习的机会。

二、数字工具技术支持

除创客空间提供的各种软硬件支持外，SLab 也提供多种数字学术工具技术支持，主要包括：

（1）GIS 及映射制图。[①]SLab 团队拥有 GIS 学科背景，为 GIS 和空间分析提供全面的支持，包括软件（如 ArcGIS Pro、ArcMap 和 ArcGIS Server）、数据资源（Shared Drive 和 Open Data Portal）、专业工具（手持 GPS 装置、谷歌地球等）以及教育指导。SLab 每学期为师生举办 GIS 研讨会，主题涉及空间分析技术的应用。

（2）Neatline 插件。[②]Neatline 是 SLab 与乔治梅森大学历史和新媒体中心合作开发的 Omeka 平台地理时间展览构建器。SLab 团队负责 Neatline 的开发与升级，提供免费下载。该插件允许用户在 Omeka 项目中引入时空信息，以增强项目展示效果。例如，弗吉尼

---

① University of Virginia Library, “UVA GIS Resources”, https://guides.lib.virginia.edu/gis, accessed 14 March 2022.

② University of Virginia Library Scholars’Lab, “Neatline”, http://neatline.org/, accessed 14 March 2022.

亚大学的丽莎·赖利教授和本科生利用Neatline完成了“圣地的观点”项目，展示了圣地清真寺一千年的变迁。

三、数字素养教育培训

SLab 特别注重 3D 文化遗产数据方法和工作流程的研究。通过举办文化遗产信息学培训和教程文档提供，支持学校在这一领域的建设。[①] 在文化遗产信息学培训中，3D 专家威尔·罗克带领学生学习 3D 技术、激光扫描、VR 和 AR 等先进技术和设备，帮助学生实践文化遗产信息学。学生们不仅可以掌握专业技能和知识，还有机会获得学分。例如，2017 年春季的一个实习项目中，一位建筑史研究生通过使用 3D 成像技术来进行历史保护，并将其实习成果应用于论文。文化遗产信息学教程文档提供方面，SLab 和弗吉尼亚大学图书馆获得了学校的资金支持，创建了关于 VR、AR 技术的教程文档。这些文档涵盖了 VR、AR、3D 建模内容的在线资源介绍、单镜头反光相机摄影测量工作流程、Steam VR 环境等内容，每篇教程都内容清晰、步骤完整。

四、数字人文项目支撑

SLab 积极与学校各项目团队合作，并提供必要的技术支持。典型的案例是“绘制船舶目录”项目[②]，这是 SLab 与弗吉尼亚大学古典

---

① University of Virginia Library Scholars’Lab, “Cultural Heritage Informatics Internship”, https://scholarslab.lib.virginia.edu/cultural-heritage-informatics-internship/, accessed 14 March 2022.

② University of Virginia Library Scholars’Lab, “Mapping the Catalogue of Ships”, https://ships.lib.virginia.edu/credits, accessed 14 March 2022.

学团队的合作项目。项目通过结合地理空间分析和文学研究，详细绘制了《伊利亚特》第二册中的城镇和特遣队的分布。利用 GIS 技术、NeatLine 插件和 Omeka 平台，该项目使用户能够从地理空间的角度深入理解《伊利亚特》的内容。SLab 还提供数字人文研究资助计划①，专门面向弗吉尼亚大学的博士生，旨在推动人文学科的创新工作。SLab 为计划参与者提供关于数字学术内容创作和分析方法的指导和建议。每学年，该计划提供 20 万美元的资金支持，包括全额学费减免及其他相关大学费用。

第六节　纽约大学

纽约大学数字化学术服务部（Digital Scholarship Services，DSS）位于纽约大学博斯特图书馆（Elmer Holmes Bobst）内，作为大学图书馆部的一部分，提供全方位的数字学术支持服务。②这些服务包括数字存储库、数字出版、网站创建和托管，以及数字人文工具和方法、版权与合理使用方面的专业知识。DSS 的使命是“帮助纽约大学的师生将数字学术工具和方法融入他们的研究和教学中，并协助用户在规划、分析、可视化、存储、分享和发布数字项目方面提供支持”。值

① University of Virginia Library Scholars’Lab, “Digital Humanities Fellows Program”, https://scholarslab.lib.virginia.edu/digital-humanities-fellows/, accessed 14 March 2022.

② Association of Research Libraries, “Digital Scholarship Profile: New York University”, https://www.arl.org/library-digital-scholarship-support-profile-new-york-university/, accessed 14 March 2022.

得注意的是，DSS 并非一个拥有独立空间的自给自足的中心，而是通过与多个附属部门的合作，来提供上述广泛的服务。

一、数字学术空间提供

数字工作室是一个专为纽约大学师生设计的多媒体材料创建和编辑空间[①]，提供视频、音频、文本和图像等多媒体材料的创建、使用、存储和分享方面的支持。学者们可以直接操作数字工作室配备的先进硬件、软件和在线工具，以完成他们的研究、教学和学习。为了帮助用户高效利用这些资源，数字工作室提供了工具和软件的操作培训，同时还就项目的最佳实践、规划和设计提供专业咨询。工作室的设施包括专门的视频编辑工作站和扫描工作站，以及用于模拟转数字、实物转数字、后期制作和音频创建与编辑的相关硬件和软件。此外，工作室还定期举办各类活动，为纽约大学社区提供进一步的学习和交流机会。

二、数字学术平台建设

DSS 和纽约大学其他部门、图书馆兄弟部门合作，为师生提供数据存储库和数据存储服务，建设了多个数字学术平台。(1)教师数字档案馆(The Faculty Digital Archive，FDA)是图书馆和大学信息技术部共同提供服务，主要为教职工数字作品集提供可靠、安全的存放空间。[②]教师数字档案馆的内容类型包括论文手稿、出版论文、灰

① New York University Libraries, "Digital Scholarship Services", https://library.nyu.edu/departments/digital-scholarship-services/, accessed 14 March 2022.

② New York University, "Faculty Digital Archive", https://archive.nyu.edu/, accessed 14 March 2022.

色文献、数据集、代码等。教师数字档案馆旨在提高纽约大学创造的数字内容的稳定、长期的开放访问，支持开放获取。(2)空间数据库(Spatial Data Repository)是纽约大学的地理空间数据的发现、存储的平台，使用GeoBlacklight开源软件创建[①]，允许用户通过在地图上缩放到特定位置或通过搜索文本元数据来从视觉上发现地理空间资源。

三、数字人文项目支持

DSS已将其数字人文支持深深融入师生的研究与教学活动中。通过提供虚拟主机托管服务，对数字人文项目提供基础设施支持[②]，这是一项由Reclaim Hosting公司提供技术支持的网络托管服务。该服务向纽约大学的师生提供网站托管和2GB的免费服务器空间，支持一键式安装诸如Omeka、Scalar和WordPress等专业软件，以帮助用户建立并维护他们的数字身份和数字作品的所有权。这种服务方式通过提供基础设施支持，而非直接将DSS人员嵌入各个项目中，从而能够服务更广泛的用户群体。例如，"流离失所的历史"项目就是DSS与教师项目合作的一个典型案例。在这个项目中，教师希望将学期末的项目转化为Omeka展览。DSS工作人员在了解了课程的主要成果和内容后，利用虚拟主机服务创建了项目的Omeka网站，并指导教师和学生如何使用Omeka。该项目主要关注了社区居民的

---

① Andrew Battista, Stephen Balogh, "Creating GeoBlacklight Metadata Records", https://andrewbattista.github.io/geoblacklight/2018/01/11/creating-geoblacklight-metadata.html, accessed 14 March 2022.

② New York University Digital Scholarship Services, "Web Hosting", https://hosting.nyu.edu/, accessed 14 March 2022.

个人历史，研究城市发展和街道变迁对居民的影响，主要成果包括文件档案、学生策划的主题展览、居民访谈和照片等。

四、科研数据全域管理

数据管理服务旨在帮助研究人员高效管理研究数据。该服务覆盖研究数据管理的全过程，涉及数据的收集、处理、分析、保存和发布，以确保研究材料的可发现性、有序性、文档完整性和安全性。[①]这些措施不仅提高研究过程的效率，还确保研究成果的可复用性和易理解性。数据管理服务提供的支持包括：(1)审查资助申请中的数据管理计划；(2)选择合适的存储库发布数据和代码；(3)提供数据引用方式；(4)确定针对特定项目的数据管理最佳实践，例如存储和备份程序；(5)提供一系列专业工具的使用指导，如OSF等。此外，纽约大学还通过各种形式提供数据管理相关的服务，包括定期在图书馆举办的工作坊、嵌入式培训、预约培训、一对一咨询等。通过这些服务，纽约大学致力于支持师生在研究过程中高效利用数据管理工具和方法。

五、数字学术交流出版

数字学术交流出版服务专注于支持期刊的创建和维护，包括为有志于创办新期刊的个人或团队，以及有期刊发表需求的用户提供指导和帮助。该服务提供了一个全面的指南，可以帮助解决期刊出版过程中遇到的各种问题，包括如何获取纽约大学提供的相关支持。此外，

① New York University Libraries, “Research Data Management”, https://guides.nyu.edu/data_management, accessed 14 March 2022.

这一服务特别强调开放获取的重要性，对开放获取的增长和发展投入了战略性的重视。服务中的指南不仅涵盖了构建开放获取期刊的具体方法，还包括了适用于任何类型期刊的基本原则。通过这些服务，DSS 旨在帮助学术工作者更有效地发表和分享他们的研究成果。

第七节　哥伦比亚大学

哥伦比亚大学图书馆的数字人文中心（Digital Humanities Center，DHC）是哥伦比亚大学图书馆实施数字学术服务的主体，位于哥伦比亚大学最大的图书馆——巴特勒图书馆内。中心是哥伦比亚大学图书馆人文与历史部（Humanities and History Division，H&H）的一部分，也是哥伦比亚大学图书馆三个学科导向数字中心之一，其前身为哥伦比亚大学图书馆电子文本服务。中心作为哥伦比亚大学图书馆的研究和教学设施，旨在帮助哥伦比亚大学的师生将基于计算机的文本、书目、图像和视频信息融入其研究、学习和教学中。①

一、数字工具技术支持

中心提供文本和图像分析工具、媒体编辑、视频播放、3D 打印服务。② 主要服务内容包括：（1）数字文本和图像的创建。中心配

① 安结：《美国哥伦比亚大学图书馆数字人文实践探究》，《图书情报工作》2018 年第 8 期。

② Columbia University Libraries, “Digital Humanities Center”, https://library.columbia.edu/services/digital-scholarship/digital-scholarship-services.html, accessed 14 March 2022.

备了6台高端文本和图像扫描仪，以及ABBYY FineReader、Adobe Acrobat和Adobe Photoshop软件，使用户能够制作图像文件或可读文本。(2)媒体编辑。中心支持数字视频、音频和多媒体设计工作，配备了Macintosh工作站及一系列工具，如Adobe Premiere、FinalCut Pro和iMovie等，用于编辑、字幕制作和内容生产。(3)视频播放。中心提供蓝光/DVD多区域播放器以及4K播放器。(4)其他服务。中心还提供其他相关服务和设施，包括3D打印、数字音乐实验室和研究数据服务。数字音乐实验室位于图书馆内，提供专业人员和设备，支持用户演奏、作曲、录制、扫描、记录、编辑、编程和分析数字音频和乐谱。

二、数字学术项目支持

哥伦比亚大学图书馆的“利用数字学术教学”项目[①]致力于协助教师将计算研究方法和技术技能融入课堂教学项目中。通过评估研究和学习目标，系统地设计作业和技能，在课堂中融入GIS制图、社会网络分析、3D打印、增强现实(AR)和虚拟现实(VR)技术，从而提升现有课程的质量。中心提供多种软件和技术支持，包括WordPress、Scalar、Omeka等。教师可通过在线表单申请，项目团队将提供咨询服务，协助规划项目的时间线、工作流程及必要的培训。此外，项目展示了多个教学合作案例，涵盖人权研究、历史、文学等多个领域。2020—2021年间，项目团队与教师合作完成14个数字学术教学项目。

---

① Columbia University Libraries, “Tech With DS”, https://library.columbia.edu/services/digital-scholarship/teach-with-ds.html, accessed 14 March 2022.

三、数字学术交流出版

图书馆和数字学术团队支持高质量、开放获取研究的创建、发现和传播，通过与师生合作探索新的出版方式。[①]（1）期刊出版。图书馆和数字学术团队致力于出版一系列由专业人士和学生领导的开放获取期刊，涵盖多个学科领域；图书馆为期刊合作伙伴提供技术支持、个性化咨询和研讨会，帮助他们掌握出版软件的使用方法，并开展开放、道德和高效的出版工作流程。此外，它还会定期举办数字出版探讨会，提供出版、数字技术和学术交流的机会。（2）播客。图书馆探索播客的学术交流流程，从全校师生中选择播客合作伙伴，提供播客相关技术的培训，支持播客内容的存储共享，从而培养、建立一批有影响、专业的播客。（3）其他出版形式。图书馆提供数字人文项目、开放教育资源、数字展览等的出版，更好满足数字学术和数字人文研究项目的研究者需求。例如，"数字但丁"由哥伦比亚大学意大利语系和图书馆数字学术部门合作出版。图书馆尽全力支持该项目，数字学术部门主任担任该项目的项目经理，西欧人文图书馆馆长为该项目的编辑委员会成员，图书馆资源部门提供相关资源的善本和手稿，数字转化部门对材料进行数字化处理，技术团队提供网站设计和运营维护。"数字但丁"项目实现了文本、翻译、评论、图像和多媒体内容的视觉互动，超越了传统文本出版形式，是图书馆与其他部门成功合作出版的数字人文项目。

① Columbia University Libraries, "Publish With Columbia Libraries", https://library.columbia.edu/services/digital-scholarship/publish-with-columbia-digital-scholarship.html, accessed 14 March 2022.

第八节　俄勒冈大学

俄勒冈大学图书馆的数字学术服务（DSS）部门，提供数字学术空间、数字项目支持、研究数据管理等数字学术服务，支持师生将新媒体和数字技术应用于研究和教学。[①]

一、数字学术空间提供

中心提供创客空间、可视化实验室和多媒体实验室。[②]（1）创客空间，是面向师生的 DIY 工作室，空间内配置了激光切割机、3D 打印机、工业缝纫机和手工工具。（2）可视化实验室，主要用于高分辨率显示和可视化的研究与教学。实验室配有 24 个高清显示器组成的 5,000 万像素的屏幕，还有 3 个 85 英寸 4K 屏幕可供使用。（3）数字研究、教育和媒体实验室（DREAM Lab），旨在为从事数字学术研究和教育的师生提供活动空间。举办数字学术培训，支持新形式、富有活力的数字研究。

二、数字人文项目支持

俄勒冈大学图书馆的数字学术服务在数字项目领域提供两大类支持：一是教育培训，二是直接参与数字项目。（1）教育培训。[③] 图

① University of Oregon Libraries, “Digital Scholarship Services”, https://library.uoregon.edu/digital-scholarship-services, accessed 14 March 2022.

② University of Oregon Libraries, “Rooms and Study Spaces”, https://library.uoregon.edu/rooms-study-spaces, accessed 14 March 2022.

③ University of Oregon Libraries, “Ownig Your Omeka Workshop Series”, https://researchguides.uoregon.edu/owningyouromeka, accessed 14 March 2022.

书馆定期举办 Omeka 系列研讨会，由专业馆员指导，帮助用户掌握 Omeka 工具的使用，包括原理与安装。此外，还有开放数字项目系列研讨会，介绍项目管理工具，以及数据管理计划撰写和开放科学框架（OSF）的使用方法。（2）数字项目。图书馆参与数字项目实践，比较典型的案例是“红线”数字项目[①]，该项目源于维拉·凯勒教授的课程“全球色彩历史”，通过 StoryMapJS 和 OmekaS 技术，将旅游文库、学生作品和推荐文献结合，全面介绍全球范围内天然红色颜料的发展。DSS 团队在该项目中负责技术支持和营销推广，确保项目的顺利进行和有效传播。展示了 DSS 在数字学术工具培训和实际项目实施中的专业能力，促进了数字学术研究和教育的发展。

三、科研数据全域管理

数据服务部门帮助俄勒冈大学的研究人员组织、管理和策展数据。提供的服务包括创建数据管理计划、为研究寻找合适的数据类型、软件培训和协助等。（1）数据服务研讨会。图书馆开展多种形式的研究数据相关研讨。其中，“咖啡 + 数据与编码”是图书馆提供的定期非正式交流活动，以轻松的氛围探讨数据科学相关话题，适合所有技能水平的人士。活动提供线下聚会和 Zoom 线上参与的选项，并会提供咖啡和小吃。（2）数据服务咨询。图书馆提供全面的数据生命周期支持。该服务旨在帮助研究者在不确定所需帮助类型时，能够与专业人员进行沟通和交流。咨询范围包括但不限于统计、R 语言、Python、定性数据分析、调查设计、数据管理计划、数据保存、SQL 以及 Excel/Power BI 等领域的专业指导。

---

① Jordan Schnitzer Museum of Art, University of Oregon, “Red Thread: A Journey Through Color”, https://redthread.uoregon.edu, accessed 14 March 2022.

第九节　圣母大学

圣母大学数字学术中心成立于 2013 年夏，旨在满足校园对先进研究专业知识和数字图书馆服务的迫切需求。2018 年，纳瓦里家族基金会捐赠 1,000 万美元用于支持数字化计划。这笔捐赠使图书馆能够扩大数字化计划，并为校内和校外学者提供更多的数字资源。2018 年夏，圣母大学正式成立了纳瓦里家族数字学术中心。该中心由图书馆管理，致力于为学者提供数字学术的各种服务。①

一、数字学术空间提供

中心所处楼层的平面设计结合了多种不同的功能空间，旨在促进互动、合作，其中，高级研究中心拥有高性能工作站，配备扩展内存，专门于数据处理和研究分析。中心在有工作人员在场时向校内人员开放，提供一系列软件和数字工具。②

二、数字学术技术支持

中心提供软硬件支持③，其中，硬件设备包括：（1）PC计算机集群

① Association of Research Libraries, “Digital Scholarship Profile: University of Notre Dame”, https://www.arl.org/library-digital-scholarship-support-profile-university-of-notre-dame/, accessed 14 March 2022.

② University of Notre Dame Hesburgn Libraries, “Spaces”, https://cds.library.nd.edu/spaces/index.shtml, accessed 14 March 2022.

③ University of Notre Dame Hesburgn Libraries, “Technology”, https://cds.library.nd.edu/technology/index.shtml, accessed 14 March 2022.

包括10台高性能双显示器单位、1台Waucom互动笔式显示器、转录站和屏幕录像站（Camtasia）；（2）Mac工作站包括4台27英寸双启动iMac；（3）GPS设备包括8台Garmin eTrex 20手持设备和2台Trimble Juno 3b手持设备；（3）专业打印机包括3D打印机和Canon Pro 4000s大幅面彩色打印机；（4）专业扫描仪包括Esri HD Ultra 4350i+ 42英寸宽幅色彩扫描仪；（5）数字化硬件包括Kirtas APT2400扫描仪和2台Epson Expression 11000XL图形艺术扫描仪。

软件包括：（1）数据使用与分析提供的软件包括ATLAS.ti、DistillerSR、Gephi、MatLab、R、SAS、S-Plus、SPSS、Stata、Stat Transfer、Tableau，Tabula；（2）数字化与元数据服务提供的软件包括ABBY FineReader OCR和Adobe Photoshop/Illustrator；（3）文本编码、挖掘与分析提供的软件包括ATLAS.ti、ABBY FineReader OCR、Oxygen XML等，以及推荐的网络工具如Bamboo Dirt、HathiTrust等；（4）地理信息系统提供了多种GIS平台，如ESRI ArcGIS、GRASS、Quantum GIS、uDig，以及用于可视化、影像分析和向量分析的软件工具，如Google Earth、HyperCube、Sketchup等。

三、数字素养教育培训

中心为教师和研究生提供个别项目咨询和各种工作坊[①]，包括一小时的介绍课程以及为期数天的“训练营”。此外，中心还定期与校园内的其他学术部门合作举办有关数字学术研究新兴主题的讲座和活动。中心尤其在地理信息系统（GIS）教育和实践领域扮演着重要

① University of Notre Dame Hesburgn Libraries, “Workshops”, https://cds.library.nd.edu/workshops/index.shtml, accessed 14 March 2022.

角色，主要通过以下三个途径开展 GIS 培训：（1）GIS 课程。由 GIS 专家馆员主持，课程旨在使学生熟悉地理信息系统的可视化和分析，以及掌握基本的 GIS 分析软件和工具。（2）GIS 研讨会和培训。这些培训活动涵盖从 GIS 基础到高级应用，如卫星图像分析、ArcGIS 和 ESRI 的使用，以及 R 语言和 Python 在 GIS 中的应用。（3）融入项目的培训。中心为学生提供实践机会，应用 GIS 技术为社区做出贡献。

四、科研数据全域管理

中心提供全面的数据生命周期咨询服务[①]，旨在协助用户优化数据管理和确保遵守相关法规。咨询范围包括：

（1）数据管理计划：为研究项目提供数据管理规划的咨询。

（2）数据文档 / 元数据指导：指导研究人员如何有效记录和管理数据元数据。

（3）引用服务：提供数据引用标准和引用管理的相关服务。

（4）资助机构要求和法规遵从：协助研究人员理解并遵守资助机构的数据管理要求和相关法规。

（5）可重复和开放科学：支持研究的可重复性和开放性，提升科学研究的透明度和可信度。

此外，中心还提供一系列的数据管理工具，如 DMPTool OSF 和圣母大学数字存储库（CurateND）。

---

① University of Notre Dame Hesburgn Libraries, “Research Data Services”, https://cds.library.nd.edu/expertise/research-data-services/index.shtml, accessed 14 March 2022.

第十节 华盛顿州立大学

华盛顿州立大学数字学术研究与策展中心成立于 2014 年，是华盛顿州立大学图书馆、艺术与科学学院长期合作的成果。中心的主要任务和目标是培育数字项目和工具的发展，服务于本校和更广泛的社区。①

一、数字学术技术支持

中心提供了丰富的资源和先进设备，旨在支持数字学术的教学和研究。②不仅为个人或团体提供专业培训和咨询服务，覆盖 Omeka、Mukurtu CMS、WordPress 等多个平台的操作培训，同时还组织数字叙事和数字素养工作坊，并提供图像、音频和视频的数字化服务。

硬件设备方面，中心配备了移动式 80 英寸显示器、平板式座位、合作工作桌、可重新排列的扶手椅、移动式白板，以及灵活配置的演讲、讲座或小组工作空间。此外，中心设有 6 台安装 Windows 8 的数字媒体工作站，配备了 Blackmagic Intensity 音视频采集卡、Epson Expression 11000XL 大幅面平板扫描仪、用于数字化的 VHS 录像机和磁带盒式录音机。软件资源方面，中心提供了一系列支持数字化项目和研究的软件，包括 Adobe Creative Cloud、ArcGIS Online、Audacity 等。为确保设备和软件的有效利用，中心要求使用者在使

---

① Association of Research Libraries, "Digital Scholarship Profile: Washington State University", https://www.arl.org/library-digital-scholarship-support-profile-washington-state-university/, accessed 14 March 2022.

② Washington State University's Center for Digital Scholarship and Curation, "Mission and Vision", https://cdsc. libraries.wsu. edu/mission-vision/, accessed 14 March 2022.

用某些设备前接受必要的培训，且部分设备的使用需要工作人员的批准。

二、数字内容创作服务

Mukurtu CMS 是华盛顿州立大学数字学术和策展中心开发和维护的一个免费开源社区数字访问平台和内容管理系统。[①] 该系统专为数字馆藏的管理、共享和策展而设计，使得机构和单位能够在数字化档案或馆藏后，依照自身文化协议进行网站建设和设置访问级别。系统的一大特色是支持机构和单位使用自定义的文化协议来指导内容的管理和展示。典型应用是高原人民门户网站（Plateau People's Web Portal），该网站由 Mukurtu CMS 开发，展示了斯波坎印第安人部落、科尔维尔保留地联盟部落和印第安人科达伦部落等多个部落的文化。展品来源丰富，包括华盛顿州立大学、西北艺术与文化博物馆、国家人类学档案馆和史密森学会美洲印第安人国家博物馆的手稿、档案和特别收藏。

三、数字学术教育培训

可持续遗产网络（Sustainable Heritage Network，SHN）是由华盛顿州立大学数字学术研究与策展中心管理的网络平台。[②] 该平台专注于文化遗产的数字管理、长期保存和交流，推动文化遗产的可持续

---

① Washington State University's Center for Digital Scholarship and Curation, "Web Mukurtu", https://mukurtu.org/, accessed 14 March 2022.

② Washington State University's Center for Digital Scholarship and Curation, "Sustainable Heritage Network", https://www.sustainableheritagenetwork.org/, accessed 14 March 2022.

性。通过提供视频教程、文档等教育资源，以及组织现场研讨会和设置数字工作台，为社区、机构和专业人士提供了一个共享知识、技术和教育资源的平台，共同推动文化遗产的数字化和保护。SHN 的课程内容包括数字保存的基本概念、规划步骤，口述历史访谈的计划和操作，以及照片和图像处理保存等多个方面，同时还提供了机构成员的数字文化遗产相关资源列表和数据资源库，如夏威夷数据库，以帮助用户更好地了解并利用这些资源。

— 附录三 —

其他国家数字学术服务的实践与进展

本章节专注于探究加拿大、英国和俄罗斯的数字学术服务领域，具体研究了麦克马斯特大学、多伦多大学、新不伦瑞克大学、温莎大学、维多利亚大学、阿尔伯塔大学、牛津大学以及俄罗斯国家研究型高等经济大学等高等教育机构中建立的数字学术中心或实验室。这些机构通过建设先进的数字学术空间、发展丰富的数字学术平台、执行创新的数字素养教育培训、提供专业的数字工具技术支持、扶持多样的数字人文项目、实行综合的科研数据管理、创作高质量的数字内容服务以及促进积极的数字学术交流出版等多方面工作，不仅推动了该校自身数字学术研究的进步，也为数字学术的全球创新发展提供了可贵的参考和启示。本章旨在全面审视这些国际典范数字学术机构的实践和进展，力求从中抽取宝贵的经验和灵感，为全球范围内的数字学术服务的推进和创新提供实用的参考。

第一节　麦克马斯特大学

麦克马斯特大学的路易斯和露丝·谢尔曼数字化学术中心（Lewis and Ruth Sherman Center for Digital Scholarship，SCDS）位于麦克马

斯特大学米尔斯图书馆一楼，与图书馆放开时间协调，面向从事数字学术研究的学者与学生，为其提供服务和设施。同时，路易斯和露丝·谢尔曼数字化学术中心（以下简称"谢尔曼中心"）承担麦克马斯特大学的机构知识库建设任务，为大学数字化学术提供研究支持框架。谢尔曼中心通过优化图书馆研究资源共享机制，提供定制和可扩展的信息技术基础设施，支持教师和研究生的数字化人文研究项目，并为数字化项目提供编程、数据管理、系统管理以及数字学术空间等技术支持和咨询服务，以此来促进和传播麦克马斯特大学数字化研究。①

一、数字学术空间提供

谢尔曼中心的空间服务②致力于提高研究人员在高性能计算和创新设计领域的工作效率。中心提供的空间不仅配备了高端计算机——这些高端计算机配备了强大的处理器，非常适合处理大数据、进行复杂科学模拟以及执行高清晰度可视化任务，中心还提供一整套的 3D 打印服务，这些服务涵盖了从初步设计概念到最终产品模型的全过程，为研究人员提供了便捷的一站式解决方案，帮助他们实现研究目标。这些服务加上中心提供的其他资源，共同创造了一个便利、资源充沛的研究环境，有助于推动学术交流和创新成果的产出。

二、数字素养教育培训

谢尔曼中心不仅是研究服务的枢纽，也是推动校园内创新教学方

---

① Sherman Center for Digital Scholarship McMaster University, "About the Centre", https://scds.ca/about-the-centre/, accessed 24 February 2022.

② Sherman Center for Digital Scholarship McMaster University, "Welcome to the Sherman Centre", https://scds.ca/, accessed 24 February 2022.

法的先锋，尤其在社会科学和人文学科的教育培训中发挥重要作用。中心精心策划了包含多个主题的教学计划，其中“揭秘数字学术中心工作坊系列”颇负盛名。这些工作坊通过动手实践和互动式学习，有效地向参与者传递数字学术方法和工具的相关知识。

谢尔曼中心面向本科生推出了创新课程——“电子学基础课程”①，让学生有机会学习基础编程，并掌握 Raspberry Pi 和 Arduino 这类微型计算机技术，不仅提升了他们的技术能力，也拓宽了他们在数字人文学科的学术视野。

此外，中心下设的数据分析支持中心（Data Analysis Support Hub）通过一系列的培训和研讨会，使师生熟悉并掌握多种数据分析软件和编程语言，如 Excel、LaTeX、Python、R 和 SPSS。这些技能对于处理复杂数据和进行高级分析至关重要。②

谢尔曼中心还推出了“软件自由系列”工作坊，这是由学生主导的互动式技能提升工作坊，旨在提高师生的技术使用的流利度和意识③，进而增强校园社区的整体数字素养。

三、数字工具技术支持

谢尔曼中心致力于为学术研究人员提供全面的数字工具技术支持。中心配备了多台先进的高性能物理服务器，专门为各类研究项目部署必要的虚拟机与存储解决方案，旨在保障数据处理与分析的效率

① Sherman Center for Digital Scholarship McMaster University, “Courses”, https://scds.ca/events/courses/, accessed 24 February 2022.

② Sherman Centre for Digital Scholarship MsMaster University, “Data Analysis Support Hub”, https://scds.ca/events/dash-data-analysis-support-hub/, accessed 24 February 2022.

③ Sherman Centre for Digital Scholarship MsMaster University, “Software Freedom Series”, https://scds.ca/events/software-freedom-series/, accessed 24 February 2022.

及安全性。[①]

为满足研究人员对高规格计算资源的需求，谢尔曼中心特别配置了三台 HP z840 工作站，这些工作站搭载了强大的 10 核心 Xeon 处理器、64GB 运行内存以及 500GB 的固态硬盘。配备了 Nvidia Quadro K2200 GPU 及双重 4K 显示器，工作站为高强度图形渲染及其他资源密集型计算任务提供了强大的硬件支持。此外，工作站上预装了丰富的专业级和开源软件，以适应多样化的数字学术需求，无论是数据分析还是复杂模拟，都能得到有效的技术支撑。

考虑到数字化建模与原型制作的研究需求，谢尔曼中心还精心选配了三台尖端的 3D 打印机：Ultimaker 2、Makerbot5 和 Lulzbot TAZ 4。这些设备不仅为研究人员提供将其创意和设计具象化的实体工具，也为数字学术研究尤其是在工程、设计和艺术领域探索新视野提供可能性。

此外，谢尔曼中心还提供学术知识库服务、期刊出版和仓储方面的技术咨询。

四、数字人文项目支撑

在过去的十年间，谢尔曼中心已成为麦克马斯特大学数字人文学科的坚实基石。该中心致力于为师生提供专业的咨询服务与技术支持，以促进师生的数字项目的顺利完成[②]，并推动校内外的学术合作与交流。谢尔曼中心致力于在提供指导与支持的同时，维护研究的自主性，确保服务能够惠及全校范围。

谢尔曼中心的工作团队与研究人员密切联系，以便为研究人员提供个性化的指导，协助他们制定可实现的研究目标，明确研究问题，

① Sherman Centre for Digital Scholarship MsMaster University, “Technical Services”, https://scds.ca/what-we-do/technical-services/, accessed 24 February 2022.

② Sherman Centre for Digital Scholarship MsMaster University, “Consultation & Support”, https://scds.ca/what-we-do/consultation-support/, accessed 24 February 2022.

并规划项目时间进度安排。中心全力支持研究人员选取最适合项目的数字化工具和技术，并教授相关技能，使研究人员能够独立开展学术工作。此外，中心对数据管理和项目存档提供指导，以确保研究成果能够得到长期保存和共享。

五、科研数据全域管理

科研过程中，数据的存储、备份及归档是研究人员普遍关注的问题。谢尔曼中心提供专业的科研数据全域管理的咨询服务，旨在协助研究人员及其团队优化科研文件管理流程，确保关键研究资料的安全性与可访问性。

谢尔曼中心与麦克马斯特大学图书馆的研究数据管理服务紧密协作，后者由图书馆研究数据管理团队运营。谢尔曼中心与图书馆研究数据管理团队协同作业，解决研究人员可能遇到的种种数据相关问题。

谢尔曼中心的科研数据管理指导主要是通过开展研讨会进行的，研讨会分为六大部分，如附表 3.1 所示。每一节研讨会都会录制并采用 CC BY 开放许可协议公开发布，可在官网找到相关视频。

附表 3.1　谢尔曼中心科研数据管理研讨会内容

研讨会名称	研讨会内容
为研究成功做好准备：像专业人士一样管理你的数据，并获得自己的 ORCID 配置文件[1]	学习如何通过创建一个免费的 ORCID 账户来区分自己和其他研究人员，自动展示所有的学术活动。
研究中数据管理的最佳实践	如何投入少量的时间组织数据，讨论数据规划、存储、组织、保存和共享方面的最佳方案。

续表

研讨会名称	研讨会内容
使用开放科学框架（OSF）组织你的研究项目	OSF 是一个支持研究和协作的免费开放平台。了解如何使用它来组织你的研究项目，为你的研究小组建立一个合作的空间，并公开发表研究成果。
三机构研究数据管理政策需知	学习三个资助机构（CIHR、NSERC 或 SSHRC[2]）的研究数据管理政策。
在麦克马斯特大学的数据库在线存储和共享数据	学习如何分享数据供其他研究人员重复使用；了解数据的长期可访问性；了解在线存储库如何帮助提高研究数据的可用性。
数据保密实践	讨论保障资料私隐的最佳做法，包括对收集、使用和分享个人资料的考虑。我们还将讨论隐私影响评估过程，确定适当的存储数据和分析供应商的解决方案。

备　注：

[1] Open Researcher and Contributor ID, ORCIR.

[2] Canadian Institutes of Health Research, CIHR; Natural Sciences and Engineering Research Council, NSERC; Social Sciences and Humanities Research Council, SSHRC.

六、数字学术交流出版

作为麦克马斯特大学数字人文领域研究与交流的核心设施，谢尔曼中心致力于通过数字技术推动学术出版的创新。利用基于公共知识项目的开放期刊系统软件，中心与麦克马斯特大学图书馆出版社紧密合作，提供了一个支持学术期刊出版的综合性平台。① 该平台不仅功能全面，能够满足现代数字出版的复杂需求，还包括了一系列关键服务，例如 DOI 的生成与注册，这些服务保证了学术成果的可追溯性和长期可访问性。通过这种方式，谢尔曼中心为学术社群提供了宝贵的资源，以促进知识的传播和学术对话。

① Sherman Center for digital Scholarship McMaster University, “Technical Services”, https://scds.ca/what-we-do/technical-services/, accessed 24 February 2022.

第二节　多伦多大学

多伦多大学士嘉堡分校图书馆的数字学术中心（Digital Scholarship Unit，DSU）为士嘉堡分校的数字学术提供专门支持，这包括数字化、元数据管理、软件开发、数据保存、项目咨询和学术交流等方面。[①]

一、数字素养教育培训

数字学术中心为学生提供高质量的、数字学术的体验式课程和课外实习机会，同时与教师、教学与学习中心合作，创建了数字学术相关的教学项目，提供数字学术和数字研究方面的教育资源平台。

该数字学术中心致力于培养师生的数字素养能力，确保他们在数字化环境中能够成功和创新。中心设计了一系列教育项目和资源[②]，这些项目不仅促进了师生对数字知识的深入理解和应用，而且重视师生的批判性思维和技术熟练度的提高。同时，中心提供关于最新的数字研究工具和软件的培训，这些工具覆盖数据分析、可视化、数字出版和编码等多个方面。

此外，中心探索校内外机构合作机制，鼓励教师积极参与，提供个性化的一对一咨询服务，以满足学习者的独特需求。这些综合性的

---

① The University of Toronto Scarborough Library's Digital Scholarship Unit, "Digital Scholarship Unit", https://digital.utsc.utoronto.ca, accessed 24 February 2022.

② The University of Toronto Scarborough Library's Digital Scholarship Unit, "Teaching and Learning", https://digital.utsc.utoronto.ca/teaching-and-learning, accessed 24 February 2022.

教学活动和资源展示了多伦多大学图书馆数字学术中心致力于提升师生的数字素养，确保他们在学术研究和职业领域的数字竞争力与创新能力。

二、数字工具技术支持

数字学术中心在数字工具技术支持方面提供了一系列全面的服务，以满足学术研究中对数据和技术的需求。

在数据采集与规范化方面，数字学术中心为用户提供了多种数据集的许可使用，包括了地理空间数据、遥感资源、2019 新冠病毒疾病数据、地图数据图书馆（the Map & Data Library）创新项目数据等①资源，并配备了关键的数据处理软件包。研究人员可浏览地图与数据图书馆的网站来深入了解这些资源。如果需要数据查找、整理和清洗方面的帮助，以支持研究工作，用户可联系专门的图书馆员，获取一对一帮助。

在转介服务上，数字学术中心作为多伦多大学士嘉堡分校专属的服务入口，为用户开启了一扇通往整个多伦多大学图书馆系统及更广泛服务网络的大门。用户可访问位于多伦多市中心的数字学术服务网页，进一步探索可用的工具和服务。

在软件开发领域，数字学术中心积极参与 Islandora 软件的测试与开发，并且是 Islandora 社区的一部分。多伦多大学图书馆作为 Islandora 基金会的合作伙伴，支持 Duraspace 项目，并且与计算机科学的学生合作，通过“新兴专业人员计划”，将他们纳入教师的研究项目中。此外，数字学术中心还支持用户利用加拿大数字研究联盟的

---

① Map and Data Library the University of Toronto, “Numeric Data”, https://mdl.library.utoronto.ca/collections/numeric-data/, accessed 01 March 2022.

资源，这些资源可以用于研究和网站托管。

在数据可视化方面，数字学术中心提供了设计最佳视觉化方案的帮助，以便分析和传达研究成果。用户不仅可以通过参加 Digital Scholarship@UTSC 系列的数据可视化工作坊来提升自己的技能，还可以联系联络图书馆员预约咨询，进一步讨论如何将复杂数据转化为直观的图表。

在数字化方面，数字学术中心依托多伦多大学士嘉堡分校图书馆，与互联网档案馆、多伦多大学罗伯茨图书馆的扫描服务部门合作，将本地档案数字化。该中心向师生提供档案与特别收藏资料的复制服务、规划数字化项目的咨询服务。

数字学术中心承担着从数据获取到最终数据展示的整个数字工具技术支持流程，以保障研究人员在数字学术研究过程中获得全面的支持。

三、科研数据全域管理

数字学术中心在科研数据全域管理方面的工作包括元数据管理和数据保存两个关键领域。①

在元数据管理方面，中心致力于协助研究人员描述他们的数据，并理解如何对数据进行结构化处理，以及如何实现数据之间的转换。中心提供专业指导，帮助设计数据处理流程和数据字典，确保数据能以标准化和系统化的方式进行管理。这不仅提高了数据的可用性，同时也增强了研究的连续性和透明度。

在数据保存方面，中心强调在研究项目开始阶段就设计数据流程

---

① The University of Toronto Scarborough Library's Digital Scholarship Unit, "Digital Scholarship Unit", https://digital.utsc.utoronto.ca, accessed 24 February 2022.

的重要性，以确保数据的安全和可访问性。中心指导研究人员了解如何将数据存储到合适的数据库，并获取数据的长期标识符。此外，多伦多大学图书馆研究数据网站还提供了丰富的资源，以供研究人员参考和使用。

通过这些服务，中心确保了研究数据的完整性和长期可用性，支持了学术研究的深度和广度。研究人员可以更加专注于他们的研究工作，同时信赖数字学术中心在数据管理方面提供的技术支持和专业指导。

四、数字学术交流出版

该数字学术中心在数字学术交流出版领域提供的服务内容包括帮助理解开放获取资金的要求、解析版权和授权问题，以及协助研究成果存储于 TSpace，这是一所专门的机构知识库。此外，中心还提供有关数据存储方案、研究指标和开放出版的咨询，包括使用 Pressbooks 和开放期刊系统等工具进行出版。面向学术交流的各个环节，该中心均能提供专业指导，确保师生的数字人文研究成果能在全球范围内得到有效的认可与传播。

第三节　新不伦瑞克大学

新不伦瑞克大学图书馆数字学术中心（Centre for Digital Scholarship，CDS）继承了其前身 1996 年成立的电子文本中心的传统，作为数字化、数字收藏和电子出版的领航者，其职责包括数据出版、策展、保存和传播等，中心旨在提升学术研究与资源的影响力。[①] 数字学术中心通过连续不断的项目实践，致力于推动新不伦瑞克大学的数字学术发展，同时引导学术出版和传播的创新方法。

一、数字学术空间提供

数字学术中心提供数字学术空间服务，配备了 12 台双显示器的高性能电脑，以及专用于数据可视化和媒体设计的专业软件。[②] 该数字学术空间是数字学术中心的重要组成部分，它是研究共享和数字项目发展的枢纽，专注于培养数字项目设计、数字出版、数据管理及可视化，以及人文学科计算的各级技能。

通过这些专业化的空间和服务，数字学术中心显著拓展了传统学术范畴，为师生提供了实现学术创新与交流的理想环境。

二、数字学术交流出版

数字学术中心致力于推动数字学术出版和交流的前沿服务，以满足现代学术界的多元需求。该中心为学术出版提供全方位的服务，包括出版服务、学术存储库服务、图像数字化服务等，中心还为师生提供数字学术交流出版服务。

1. 出版服务

通过公共知识项目（Public Knowledge Project）的开源期刊系统，

---

① University of New Brunswick Libraries, “Centre for Digital Scholarship”, https://lib.unb.ca/cds/, accessed 23 February 2022.

② University of New Brunswick Libraries, “Digital Scholarship Hub”, https://lib.unb.ca/researchcommons/digital-scholarship-hub/, accessed 23 February 2022.

数字学术中心提供包括在线期刊创建和管理、稿件提交、同行评审、订阅和邮件管理、在线支付、使用率统计与DOI管理在内的综合服务。[①] 此外，中心的专业团队还负责设计、质量控制、排版编辑、产生符合行业标准的元数据，以及PDF和HTML格式文件的生成，确保期刊服务的高质量执行。目前，数字学术中心已成功管理二十余种学术期刊。

2. 学术交流服务

数字学术中心致力于为师生提供全面的学术交流支持，旨在涵盖从研究成果发布到其共享的整个流程。[②] 数字学术中心重点关注以下若干服务领域，包括开放获取策略、优化研究数据管理、确保数字化资料的长期保存、维护作者版权及探索学术出版的新模式。这些服务领域涉及电子书籍、电子期刊、开放教科书和图书馆出版倡议，并且包括建设各类数字存储库，既服务于机构，也满足特定学科需求。

同时，中心强调对学术交流和开放获取理念的教育，目标是提高新不伦瑞克大学学术社区的整体知识水平。作为中心支持学术交流的核心项目，新不伦瑞克大学学者研究存储库为大学师资、员工和学生提供了一个平台，用以汇集、保存和共享其学术成果，同时促进这些成果的广泛传播。该存储库不仅凸显了对开放获取、沟通和透明度的承诺，而且确保了学术成果可以被省内外的广泛受众访问。

数字学术中心通过这些综合服务，不断推动学术交流的进步，确

---

① University of New Brunswick Libraries, “Publishing Services”, https://lib.unb.ca/cds/publishing-services/, accessed 23 February 2022.

② University of New Brunswick Libraries, “Scholarly Communications”, https://lib.unb.ca/cds/scholarly-communications, accessed 23 February 2022.

保知识传播的自由和持久，同时增强大学学术研究成果的可达性和影响力。

3. 电子论文服务

数字学术中心的电子论文服务面向新不伦瑞克大学学生，涵盖了从论文模板的选择到最终提交的全过程。① 该中心主要负责提供多样化的论文模板，并辅以专业的咨询，确保学生能够顺利完成学术论文写作。

在多样化的模板选择中，中心考虑到不同学科和个人偏好，提供了包括 Microsoft Word 和 LaTeX 在内的多种格式化选项。每种模板都根据新不伦瑞克大学的学术规范进行了预先设置，以便学生能够更容易地遵循标准，并集中精力于内容创作之上。

在专业咨询服务中，中心协助那些在论文格式化过程中遇到困难的研究生，鼓励学生在使用模板时遇到任何疑问，或者在论文格式化要求上需要更深入理解时，积极联系中心的专业人员。

4. 图像数字化

数字学术中心还通过其高级设备和专业团队，为校内外的数字出版和资源保存项目提供图像数字化服务。②这些服务包括将历史文献、文物、艺术品、建筑图纸和地形图等转换为数字文件，无损成像，缩微胶卷数字化，超大尺寸材料的数字拼接，以及图像修复、颜色校正等。中心致力于为数字图像的长期保存、获取和使用开发相应的管理软件，确保资源的可持续利用。

---

① University of New Brunswick Libraries, “Electronic Theses Dissertations”, https://lib.unb.ca/cds/electronic-theses-dissertations, accessed 23 February 2022.

② University of New Brunswick Libraries, “Digital Imaging”, https://lib.unb.ca/cds/digital-imaging/, accessed 23 February 2022.

第四节 温莎大学

温莎大学图书馆的数字学术中心（The Centre for Digital Scholarship, CDIG）致力于为学生、教师和工作人员打造一种协同合作的学术环境。该中心的主要使命在于为期刊出版与托管、项目支持以及开放获取和数据开放倡议等领域提供全面支持。[①] 在这一框架下，中心致力于开发可公开访问的收藏与工具，以最大化扩展研究成果的影响力；同时，通过改善科研成果的获取方式，加强温莎大学研究成果的推广和传播。此外，中心亦为学生开放了参与数字学术研究的机会，以期学生在此过程能增加实践操作的经验。

一、数字学术空间提供

该数字学术中心位于温莎大学莱迪图书馆的第四层，其创立宗旨在于为师生提供一系列数字学术技能的发展机遇。[②] 该中心的空间既被用作数字学术的课堂教学之地，也为数字学术的研究活动提供了必要的物理环境。中心提供的专门空间不仅仅是物理意义上的区域，它更是知识和技术共享的平台。中心将专业知识、尖端技术以及培训资源进行集中提供，为师生的数字学术研究营造了一个鼓励合作、智慧交流、发现创新的学术氛围。

---

① Centre for Digital Scholarship the University of Windsor, "About Us", http://cdigs.uwindsor.ca/drupal/about-us/, accessed 24 February 2022.

② Centre for Digital Scholarship the University of Windsor, "Digital Classroom Projects Connection", http://cdigs.uwindsor.ca/drupal/digital-classroom-projects-connection/, accessed 24 February 2022.

二、数字工具技术支持

数字学术中心承担着为师生提供全方位数字工具及技术支持的重要职责，促进学术研究与展示的数字化转型。该中心不仅提供西南安大略数字档案（Southwestern Ontario Digital Archive，SWODA）服务，还新开辟了一项服务，使教师和学生能够自主开发与托管个性化的在线展览。[①]通过使用该中心支持的 Omeka 托管实例，用户可利用丰富的 Omeka 插件，享有图像托管空间，得以创建专业的策展式数字展览，并通过地图和时间线等工具，增强与观众的互动体验。

软件支持方面，中心提供 Omeka 的安装及任意插件的安装服务。硬件支持则包括计算机、数字扫描器和录音设备。此外，中心还提供 Adobe Cloud Suite 等增值软件，帮助用户创建专业级别的数字作品。为确保教师和学生能够有效利用这些工具于教学和研究，该中心将提供培训及设置指导支持。

数字学术中心已成功支持多项项目，如“Public History 497”（公共历史 497 课程）、“Breaking the Colour Barrier”（打破色彩障碍）以及“Spanish Republic of Letters”（西班牙书信共和国）。这些项目充分显示了 Omeka 和 Neatline 工具的强大功能和灵活性。

三、数字学术交流出版

数字学术中心致力于推进学术交流出版的现代化，通过提供专业

① Centre for Digital Scholarship the University of Windsor, “Digital Archives & Exhibits”, http://cdigs.uwindsor.ca/drupal/digital-archives-exhibits, accessed 24 February 2022.

托管服务，支持学术期刊、专著及会议出版的全流程。[①]中心运用开放期刊系统（Open Journal Systems，OJS）和开放专著出版系统（Open Monograph Press，OMP），为学术界提供完整的工作流管理及出版解决方案。这些系统专为期刊和书籍设计，覆盖从用户管理、投稿、同行评审、编辑推送到出版和索引检索等关键环节。

此外，数字学术中心与编辑部紧密合作，旨在将传统纸质期刊转化为数字格式，进一步扩大学术成果的影响力。中心还承担着培训管理人员和组织者使用相关软件的职责，确保其能够独立高效地管理出版物。

为了确保所支持的学术内容达到高质量标准，数字学术中心要求接受服务的期刊必须设有专业的编辑团队和由领域专家组成的编辑委员会。此外，期刊必须设立明确的评审程序，无论是编辑评审、单盲审或是双盲同行评审，都应遵循严格的学术规范。中心支持的期刊还需满足开放获取期刊的标准，比如符合开发获取期刊目录（Directory of Open Access Journals，DOAJ）的要求，以便于将出版物提交至谷歌图书（Google Books）和开放获取图书目录（Directory of Open Access Books）等平台。

数字学术中心还致力于协助开放出版的学术作品获得恰当的知识共享许可协议，保障作品的合法共享与传播。[②]通过这些综合服务，温莎大学图书馆的数字学术中心展现了其在数字学术交流出版领域的领导力，并为学术界的可持续发展做出了积极贡献。

---

① Centre for Digital Scholarship the University of Windsor, “Journal Publishing and Hosting”, http://cdigs.uwindsor.ca/drupal/journal-publishing-and-hosting/, accessed 24 February 2022.

② Centre for Digital Scholarship the University of Windsor, “Monograph Publishing”, http://cdigs.uwindsor.ca/drupal/monograph-publishing/, accessed 24 February 2022.

第五节　维多利亚大学

维多利亚大学的电子文本文化研究实验室（Electronic Textual Cultures Lab，ETCL）作为该校的数字学术实验室[①]，致力于文本的数字化研究、数字化传播以及开放社会学术的多领域交叉研究。该实验室在国际学术社区中发挥作用，比如积极组织数字人文研究的研讨会，加入加拿大社会知识研究所，参与数字人文暑期研究所（Digital Humanities Summer Institute，DHSI）等。

一、数字素养教育培训

电子文本文化研究实验室致力于推动数字人文教育和研究的发展，其贡献在于搭建了一个促进师生之间数字人文研究技能交流与提升的有效平台。[②]实验室通过策划和执行一系列活动与研讨会，为数字人文领域的师生提供了宝贵的教育机会，加深了他们对该领域进展的理解。在研讨会方面，实验室所举办的会议议题涵盖数字版本制作、情感智能等领域，为教育创新和多样性研究提供了新的视角，特别是在促进同理心教学和包容性数字文化的进步方面表现突出。在培训与指导方面，电子文本文化研究实验室通过其项目管理、开放资源保存以及数字协作的工作坊，不断强化数字人文教育的多维性。这些努力确保了学者和学生都能掌握在数字化时代中推动人文学科发展所

---

① Electronic Textual Cultures Lab the University of Victoria Libraries, “About”, https://etcl.uvic.ca/about/, accessed 02 March 2022.

② Electronic Textual Cultures Lab the University of Victoria Libraries, “Events & Activities Archive”, https://etcl.uvic.ca/events-activities-archive/, accessed 02 March 2022.

需的关键技能和知识。

电子文本文化研究实验室领导的数字人文暑期研究所（Digital Humanities Summer Institute，DHSI）[①] 更是在全球范围内被誉为数字化人文课程的佼佼者。该研究所汇聚了约 75 个合作伙伴和赞助商，形成了一个日益扩大的教学与国际培训网络，凸显了其在建立教育合作伙伴关系方面的领先地位。

总的来说，电子文本文化研究实验室通过其综合的活动和举措，已成为该校数字人文领域教育和研究的一个重要动力源泉。实验室的工作推动了跨学科的交流与合作，开启了一个全新的学术交流时代，为数字人文学科的持续进步和创新提供了坚实的基础。

二、数字人文项目支撑

自 2017 年起，电子文本文化研究实验室与维多利亚大学的图书馆、文学院联合推出了开放知识实习项目（Open Knowledge Practicum，OKP）。该项目是实验室在支持数字人文项目方面的关键举措，为师生在探索和发展研究项目方面提供了平台，从而推进知识开放、促进跨学科的交流与合作。

实验室通过提供丰富的资源、图书资料及档案馆的访问权限，并结合专家的咨询和指导，为研究人员在数字人文领域的探索提供了有力支持。OKP 项目鼓励研究成果的开放共享，如将研究贡献给维基百科等公共知识库，这一做法不仅推动了学术知识的普及，也为公众提供了高质量的学术资源。

维多利亚大学的教师、学生以及社区成员都可以加入 OKP 项目。该项目每一期的持续时间为 12 周。在此期间，参与者不仅能深入了

① Electronic Textual Cultures Lab the University of Victoria Libraries, “Digital Humanities Institute”, https://etcl.uvic.ca/, accessed 02 March 2022.

解数字人文的理念，还能亲身实践这些理念，将它们应用于具体的研究中去。实验室通过这种模式，确立了自身在数字人文领域中支持学术研究和推广开放知识的重要作用。

第六节　阿尔伯塔大学

阿尔伯塔大学的数字学术中心专注于提升研究与教学的数字实践，配备专门的工作坊和课程，以培养师生在数字学术领域的技能。[①]中心不仅为师生提供必要的工具认证，以支持其学术和个人发展，而且在项目实施、教学设计、研究拓展等方面提供工具和软件的辅助。此外，中心提供专业的咨询与指导服务，协助研究团队充分利用数字技术加强研究活动，并指导他们在申请项目资助时有效地整合这些技术。中心鼓励师生在学术研究中积极探索和应用数字技术，以此激发创新思维并扩展数字学术工具的使用范围。

一、数字学术空间提供

阿尔伯塔大学图书馆的数字学术中心（The Digital Scholarship Centre，DSC）坐落在阿尔伯塔大学北校区的卡梅隆科技图书馆二楼，拥有约 8,000 平方英尺（约 743 平方米）的研究空间。[②]该研究空间提

① University of Alberta, “What we do”, https://dsc.library.ualberta.ca/what-we-do/, accessed 07 Match 2022.

② University of Alberta, “Spaces”, https://dsc.library.ualberta.ca/book-rooms-equipment/, accessed 07 Match 2022.

供大型可视化显示墙、配有可移动桌椅的研讨室、高性能电脑、专业软件、多媒体设备、协作工作区。

该数字学术中心以提供多样化、优质的空间服务闻名，中心拥有可视化实验室、多功能室、录音室、VR 工作室和数字化站。（1）可视化实验室配备一面巨大的触摸屏墙，适合数据可视化，同时配置用于视频会议或演示的摄像头和麦克风，方便团队协作。（2）多功能室是一间大型灵活教室，配有可移动的桌椅，拥有四个大屏幕，可以支持同时演示。（3）录音室配备了必要的录音设备，为用户提供专业环境来录制音频内容。（4）VR 工作室配备了 HTC Vive 耳机，创建了一个沉浸式的虚拟现实环境，支持从学术研究到创意表达的各种项目。（5）数字化站配备了高性能的 Epson 12000XL-PH 扫描仪，能够处理大幅面的扫描需求，非常适合那些需要高质量扫描印刷材料、照片、幻灯片和底片的用户。

数字学术中心的核心使命是支持师生的数字学术研究活动，包括研究小组会议、技术研讨会、研究项目等，通过提供专业环境与技术工具，辅助师生开展数字学术研究。

二、数字素养教育培训

数字学术中心致力于数字学术研究的技术创新和研究进步，通过设立创客空间认证计划，帮助师生提高数字技能。[①] 该中心的创客空间拥有各种先进数字学术的工具，可供阿尔伯塔大学师生学习使用，比如用于构建模型或原型的 Ultimaker 3D FDM 打印机、适用于高细节树脂打印的 Formlabs 2 树脂打印机、用于多种材料上切割和雕刻

① University of Alberta, “Makerspace”, https://dsc.library.ualberta.ca/makerspace/, accessed 03 March 2022.

的 Fabool 激光切割机和多功能切割机 Cricut Maker。

通过参与创客空间认证计划，用户在安全的前提下学习操作这些复杂的机器。这个程序不仅包含了理论知识的学习，而且强调了实践操作的重要性。在线上完成基础的测试后，用户与中心的专业工作人员一同进入实践操作阶段，这种面对面的指导对于深化理解和技能的提升至关重要。

中心通过这一系列的认证流程，确保了所有用户都具备了必要的知识和技能，以安全有效地使用设施内的工具。更加重要的是，这些经验不仅仅使用户在数字学术领域内获得了实践技能，更在无形中培养了他们解决问题和创造性思维的能力。如此一来，中心不仅是一个技术学习的场所，更是一个培养创新精神和研究能力的环境。

三、数字工具技术支持

阿尔伯塔大学数字学术中心致力于提供的数字工具技术支持，旨在强化学术研究的数据可视化能力。该中心认为将数据转化为直观的视觉叙述，对于促进知识的理解和传播至关重要。为了实现这一目标，中心配备了一系列尖端设施和软件资源。中心的高级设备专为数字人文研究而设，包括能够将复杂数据集转化为动态视觉显示的多点触控墙，以及配备 Windows 10 系统的 Ideum 交互式触摸表，非常适合互动式地展示和共享地图及其他视觉数据。中心的软件资源涵盖了 Tableau、R Project 与 R Studio、Adobe Illustrator 以及 Arc GIS 等。这些软硬件工具涵盖了数据处理的整个流程，从深入分析到地图制作等多个方面，为研究人员提供了一系列定制化的解决方案，以确保他们的特定需求得到满足。

通过这种全方位的技术支持，中心不仅提升了研究和教学的质量，也促进了学者之间的交流和协作。

第七节　牛津大学

牛津大学图书馆的数字学术中心（The Centre for Digital Scholarship，CDS）是致力于推动数字学术实践和研究的交流平台。[①] 该中心的核心使命包括促进牛津大学博德利图书馆与海内外数字学术的对话与合作、在数字学术领域的最前沿进行研究与创新、领导和支持牛津大学的数字学术相关研究项目，以及为各类学术社群提供支持，既包括资深研究者，也包括初次涉足数字学术的学生，并指导他们获取相关资源，如牛津大学的 iSkills 培训项目。

一、数字学术空间提供

牛津大学图书馆的数字学术中心位于牛津大学博德利图书馆。作为牛津大学的物理和虚拟的数字学术中心，中心提供空间预约，包括小隔间、休息区和小型工作空间，以促进牛津大学数字学术领域的创新、协作和知识共享。[②]

二、数字素养教育培训

牛津大学图书馆数字学术中心在数字素养教育培训方面发挥着关键作用，旨在增强师生对数字学术的理解和应用能力。该中心定期举

---

① Bodleian Libraries University of Oxford, “About the Centre For Digital Scholarship”, https://www.bodleian.ox.ac.uk/digitalscholarship/about, accessed 07 March 2022.

② Bodleian Libraries University of Oxford, “Centre for Digital Scholarship”, https://www.bodleian.ox.ac.uk/digitalscholarship, accessed 07 March 2022.

办工作坊和研讨会，特别关注与当前研究项目和资助申请相关的主题。这些活动通常是邀请制的，吸引来自不同大学和相关工作领域的专家和访客。中心定期组织针对数字学术的最新研究趋势和资金申请策略的工作坊与研讨会。这些活动往往需受邀参加，吸引了来自各学科领域的专家和学者。

中心举办的培训活动涵盖了多种主题，例如“数字学术视觉化入门”旨在培养参与者将复杂的数据转换为直观的图形表示的能力；“稀有书籍发现与元数据增强工作坊”则专注于提升图书馆信息资源的可发现性和描述性。这些活动不仅提升了参与者的技能，还促进了跨学科之间的对话和合作。

为了扩大其影响力，数字学术中心与牛津电子研究中心（Oxford e-Research Centre，OeRC）、人文研究中心（The Oxford Research Centre in the Humanities，TORCH）和牛津数字学术（Digital Scholarship at Oxford，DiSc）等建立了合作伙伴关系，共同推进数字学术研究的边界。

中心的活动不限于学术界内部，多数活动对公众开放，鼓励所有对数字学术有兴趣的人士参与。这样的开放性确保了知识的广泛传播，并激发了公众对数字学术领域的兴趣和参与。通过这些互动，数字学术中心不仅在牛津大学内部，而且在全球范围内推动了数字学术的发展和创新。

三、科研数据全域管理

数字学术中心承担着维护和增强学术研究活力的重要使命，其中科研数据全域管理是其核心职责之一。在该中心的架构下，可持续数字学术团队（Sustainable Digital Scholarship，SDS）扮演着关键角色，旨在为牛津大学研究人员及其项目提供长期的数字资产保护方案，确保研究成果能够得到可持续的保存和利用。

为了满足不同研究项目的需求，中心提供一系列科研数据管理解决方案[①]，包括多种数据存储选项——牛津研究档案库（Oxford University Research Archive，ORA）、数字保存服务（Digital Preservation Service，DigiSafe）和研究文件服务（Research File Service，RFS）等，以及自建的可持续数字学术平台（Sustainable Digital Scholarship Platform，SDS Platform）。该SDS平台作为一个在线开放获取的研究存储库，使研究人员能够存放和访问多类型的研究输出，如文本文档、图像、视频内容及XML文件等。

此外，可持续数字学术团队不仅致力于提供和优化SDS平台，还积极与牛津研究数据管理团队、开放学术支持等部门协作，为牛津大学师生提供全面的数据管理建议和指导。跨团队的合作模式确保了研究人员能够根据项目的具体需求，找到最合适的科研数据管理方案，从而推动知识的创造、保存和传播。

第八节　俄罗斯国家研究型高等经济大学

俄罗斯国家研究型高等经济大学的数字人文研究中心成立于2016年，是由数字人文领域的专家组成的协会，这些专家同时隶属于该校的人文学院。[②]该中心特别关注学生的数字素养教育培训、数

---

① Bodleian Libraries University of Oxford, “Why Digital Sustainability Matters”, https://www.sds.ox.ac.uk/why-digital-sustainability-matters, accessed 07 March 2022.

② HSE Centre for Digital Humanities, “About the Centre”, https://hum.hse.ru/digital/about, accessed 07 March 2022.

字人文项目支撑。

一、数字素养教育培训

数字人文研究中心提供了一系列综合性课程和视频讲座[①]，旨在提升师生的数字学术能力。这些教育资源跨越了数字学术研究主题，涵盖了从数据分析到数字技术在人文学科中应用的广泛内容。

在综合性课程方面，中心所提供的本科生和研究生课程共同构成了一个全面的数字素养教育培训体系。(1)本科生课程专注于培养关键技能，例如从数字资源中提取和分析数据的能力、计算机编程，以及自然语言处理。这些技能不仅加深了学生对语言数据的理解，还增强了他们运用数字工具进行文本分析的能力。此外，课程鼓励学生发展批判性思维和探索人文学科的现代方法。(2)研究生课程进一步深入，提供了对计算机语言的全面学习，强调语言资源和系统设计的重要性，同时探索数字人文技术在资源开发、工具应用和案例研究中的应用。这些高级课程旨在培养学生在理论和实践层面的专业知识，以便在数字时代的人文学科领域进行创新和研究。

在视频讲座资源方面，中心提供了最新学术成果，比如数字人文主义者会议“DH Advent 2020”。该会议的主题包括了大型众包项目的挑战、数字人文专业的就业市场以及人文数据集质量的评估等。这些讲座不仅展现了学术界的最新研究，也涉及了数字技术在学校教育中的应用。

此外，中心还定期发布中心工作人员和特邀嘉宾的讲座录音，包括关于艺术作品数字化的节目、诗歌研究方法的讲座、数字人文领域

---

① HSE Centre for Digital Humanities, “Archive”, https://hum.hse.ru/digital/archive, accessed 07 March 2022.

的职业发展策略等。

通过这些课程和讲座，数字人文研究中心致力于提供全面的数字学术教育，帮助师生掌握关键技能，以适应不断演进的数字化世界。

二、数字人文项目支撑

该中心自成立以来，已实施多个大型项目，比较著名的有“俄罗斯戏剧文本语料库”(Russian Drama Corpus，RusDraCor)、“对国家艺术科学院遗产的数字化反思”和“奥西普·曼德尔施塔姆数字项目”。[①]

俄罗斯戏剧文本语料库是该中心学者组织开发的数字学术项目。[②]该语料库共收录二百多部18世纪40年代至20世纪40年代的俄罗斯戏剧，将传统的文本集合转换为所谓的“可编程语料库”，方便研究人员使用API接口、GitHub仓库等技术来访问、分析和探索戏剧作品[③]，使得研究人员使用网络分析法、图论法等方法比较不同文化、趋势和时代的戏剧提供便利。

奥西普·曼德尔施塔姆数字项目是由数字人文研究中心联合曼德尔施塔姆学会开放的项目[④]，通过创建奥西普·曼德尔施塔姆数字化(Osip Mandelstam Digital)在线资源平台，来整合和保护诗人奥西普·曼德尔施塔姆的作品及其各种版本，以及专门对这些诗歌进行研

---

① HSE Centre for Digital Humanities, “Digital Humanities from the Inside: An Employee of the Center for Digital Humanities Research Spoke at the Opening of El’Manuscript 2021”, https://www.hse.ru/ma/dh/news/461675363.html, accessed 07 March 2022.

② HSE Centre for Digital Humanities, “The Staff of the Center for Digital Humanities Discussed Network Analysis of Drama at the Faculty of Computer Science”, https://hum.hse.ru/news/215320640.html, accessed 07 March 2022.

③ Drama Corpus, “Russian Drama Corpus”, https://dracor.org/rus, accessed 07 March 2022.

④ Russian National Public Library for Science and Technology, “Osip Mandelstam Digital”, https://english.gpntb.ru/biblioteki-i-mir/6066-osip-mandelstam-digital.html, accessed 07 March 2022.

究的学术成果。[①] 该平台通过建立作品与研究成果之间的链接，使用户能够轻松在诗歌文本和相关研究文献之间切换，极大地增强了文献检索和学术研究的便捷性。网站支持用户在曼德尔施塔姆诗歌的不同出版版本间自由转换，同时，为特定版本的诗歌提供了专业学者撰写的学术分析，旨在增进读者对诗歌的深层次理解。此外，该项目还对曼德尔施塔姆学术研究的相关数据进行可视化处理，帮助用户直观地掌握曼德尔施塔姆研究领域的学术趋势。

① HSE Centre for Digital Humanities, “Osip Mandelstam Digital”, https://hum.hse.ru/news/456528176.html, accessed 07 March 2022.

后　记

在21世纪的第三个十年，数字技术的迅猛发展正深刻重塑学术研究的格局，作为一门新兴的跨学科领域，数字学术（Digital Scholarship）推动着学术研究和知识传播的范式变革。在这个机遇与挑战并存的背景下，上海外国语大学数字学术中心（SISU Digital Scholarship Center）应运而生。2021年5月，中心筹备工作正式启动，标志着上海外国语大学在数字学术领域的战略布局迈出了关键一步。随后于6月，中心成功举办了主题为“跨界交流，融合发展”的学术研讨会，汇聚了众多学者，共同探讨图书馆在“新文科”建设中的角色以及数字人文与跨学科研究的前景。

同年11月，上海外国语大学数字学术中心正式成立。中心依托数字人文实验室，响应“双一流”高质量发展和学校“多语种+”的战略号召，致力于满足校内数字学术的多元需求。中心注重前瞻性探索与现实研究并重，理论学术与实践操作共举，不断推进数字技术与人文、社科学术的学术视角、思维方式与研究方法的创新与变革。

在中心建设过程中，外面秉承“数字赋能，科际通融”之精神，围绕支持学校教学、学科建设、科学研究和社会服务等诸多方面不断深入探索。中心以“数据中台”理念为依托，积极响应新时代的学校发展需求，推动数字人文研究的创新与数字学术实践的深化。我们的工作重点涵盖五个领域：一是数字学术教育与培训，推广数字学术的理念与方法；二是支撑重大科研项目的开展，提供创新的研究范式；三是提供沉浸式实践与体验，培养学者的数字思维；四是提供决策咨询服务，为学校发展贡献智力支持；五是推进学术产出与推广，实现学术价值的最大化。

行为知始，知为行成。近年来，中心在理论和实践探索方面取得了显著进展。我们倾力打造了跨学科支撑实践场所“数字人文实验室”，以人文计算与人文社科研究应用创新为目标，集研究、教学、传播于一体，推动数字环境下的人文社会学科发展。我们还建设了多语种研究数据支撑和数字学术服务平台，促进数据驱动的新型研究范式形成，打破学科壁垒，构建数字学术生态下多学科交叉融合的合作平台。同时，我们协助师生利用数字工具和方法开展人文研究，为广大师生学者提供了实践基地和创新交流的空间。我们通过与国内外学者的合作，在前沿理论中探索与争鸣，推动数字学术发展，助力学校数字人文研究。借助新媒体平台，成功举办了一系列线上线下广受欢迎的前沿论坛和学术沙龙，扩大了学术影响力。此外，中心为科研团队的重大项目提供了数字化支撑服务，助力项目的数字呈现与展示，成功打造了“中国故事在世界文学中的征引阐释及启示研究”、多语种舆情数据及学科数据管理平台。

展望未来，中心将以人文计算与数字应用创新、数字创作、数字出版、数字内容管理和保存为目标，以多语言信息处理及多语种信息资源中心建设、多语种研究数据支撑平台和数字学术服务平台建设、数字学术馆员队伍及师生人文与技术交叉学科的教育培养等为任务，进一步嵌入相关研究团队和重大项目中，以多语种数字学术研究支撑学校人文社会学科的跨学科研究与创新。

本书凝聚了上海外国语大学数字学术中心团队近年来在理论前沿的追踪与实践创新的成果，旨在为数字学术服务领域的理念更新、学科发展与学术精进提供参考与借鉴。我们衷心期望，本书能够为高校图书馆事业的创新发展贡献力量，推动学术研究与数字技术的深度融合，共同见证数字学术领域的辉煌未来！